AF365974

Edición: Primera. Septiembre de 2022

ISBN: 978-84-18929-66-3
Depósito legal: M-18894-2022

IBIC: WSDF, 4GB, YQW

Diseño: Gerardo Miño
Composición: Eduardo Rosende

dirección postal: Tacuarí 540 (C1071AAL)
Ciudad de Buenos Aires, Argentina
tel-fax: (54 11) 4331-1565
e-mail producción: produccion@minoydavila.com
e-mail administración: info@minoydavila.com
web: www.minoydavila.com
redes sociales: @MyDeditores, www.facebook.com/MinoyDavila

Cristina Pascual-Arias, Víctor M. López-Pastor, Miriam Sonlleva Velasco
(coordinadores)

Buenas prácticas de Evaluación Formativa y Compartida en todas las etapas educativas

Raúl A. Barba-Martín

Emilio José Barrientos Hernán

Iván Bueno Pérez

Silvia Fernández Amaya

Carla Fernández Garcimartín

Teresa Fuentes Nieto

Isabel Fuentetaja Velasco

Sofía García Herranz

Cristina Gil Puente

Marcos Herranz Sancho

Víctor M. López-Pastor

Juan Carlos Manrique Arribas

Aroa Mediero González

Miriam Molina Soria

Vanesa Ortega-Quevedo

Cristina Pascual-Arias

Vanesa Reyes Alonso

Silvia Sánchez Valencia

Miriam Sonlleva Velasco

Cristina Vallés Rapp

Índice

Introducción al libro

Cristina Pascual-Arias, Víctor M. López-Pastor y Miriam Sonlleva Velasco

Facultad de Educación de Segovia (Universidad de Valladolid)

En el curso académico 2017/2018 se inicia, en la Facultad de Educación de Segovia, (Universidad de Valladolid) un Proyecto de Innovación Docente (en adelante PID) titulado "La Evaluación Formativa y Compartida en educación. Transferencia de conocimiento entre universidad y escuela". Su principal objetivo es promover un modelo de evaluación que mejore los procesos de enseñanza-aprendizaje, y se asienta sobre dos líneas de intervención. La primera de ellas se lleva a cabo a través de la Formación Inicial del Profesorado. La segunda, se concreta en la Formación Permanente del Profesorado y se realiza a través de un seminario internivelar en el que se trabaja mediante ciclos y espirales de Investigación-Acción.

Esta segunda línea es la que impulsa el libro que se presenta en las siguientes páginas. La finalidad de este trabajo es recopilar evidencias de algunas de las buenas prácticas sobre Evaluación Formativa y Compartida (a partir de ahora "EFyC") que los docentes participantes en el seminario han programado y puesto en práctica en sus aulas durante los últimos años. Se trata de experiencias recientes de todas las etapas del actual sistema educativo, algunas de ellas longitudinales, puesto que recogen los resultados de varios cursos académicos, otras comparativas y otras centradas en analizar los cambios que se produjeron en la evaluación tras el confinamiento motivado por la crisis sanitaria ocasionada por la pandemia COVID-19.

El libro está divido en veintiún capítulos organizados en tres grandes apartados.

En el primero de ellos se plantea un breve marco teórico sobre la temática de la EFyC en las aulas, en todas las etapas educativas. Esta parte está organizada en dos capítulos. El primer capítulo lleva por título *Seminario Internivelar de Formación Permanente sobre Evaluación Formativa y Compartida* y en él se explica el funcionamiento de dicho seminario, cuál es su función, los objetivos que tiene, así como la trayectoria del mismo y los resultados que se han obtenido. El segundo capítulo se titula *La Evaluación Formativa y Compartida en todas las etapas educativas* y en él se realiza una introducción sobre esta temática. Para ello, se aborda su definición, las ventajas e inconvenientes que tiene, la importancia de implicar al alumnado en su propia evaluación y, además, se hace una revisión de estudios que muestran que la EFyC es posible en todas las etapas educativas.

La segunda parte del libro está compuesta por una recopilación de dieciocho buenas prácticas sobre EFyC en diferentes etapas educativas: Infantil, Primaria, formación profesional y universidad. Todas las experiencias acumuladas han sido contrastadas en la práctica por un numeroso grupo de autores (veinte personas); todos ellos forman parte del Seminario de EFyC de la Facultad de Segovia y de la Red de EFyC en Educación.

A continuación, vamos a realizar una breve presentación de las experiencias acumuladas en cada una de las cuatro etapas educativas.

En Educación Infantil se presentan tres experiencias de EFyC.

La primera experiencia (capítulo 3) se contextualiza en el CEIP "Marqués de Lozoya", situado en la localidad de Torrecaballeros (Segovia) y su autora es Sofía García Herranz. Esta experiencia se titula *"El papel de la Evaluación Formativa y Compartida en el aprendizaje de la lectoescritura en el primer curso del segundo ciclo de Educación Infantil"*. En ella se presenta una doble vía de aprendizaje para desarrollar la lecto-escritura a través de la EFyC, fomentando en los alumnos su dedicación a las tareas, su responsabilidad y su compromiso. Los resultados son muy positivos en esta temprana etapa educativa.

El capítulo 4 lleva por título *"Transformación hacia una Evaluación Formativa y Dialogada en Educación Infantil"* y su autor es Raúl A. Barba-Martín. En este caso, se recoge la experiencia de una maestra de Educación Infantil que cambió su perspectiva respecto a la Evaluación Formativa gracias a su participación en un proyecto de formación docente en el que se desarrollaban procesos de Investigación-Acción. Los resultados muestran que la maestra encuentra útil este sistema de evaluación ya que le facilita ser más consciente del proceso de enseñanza-aprendizaje.

La tercera experiencia se titula *"Evaluación Formativa y Compartida en Educación Infantil: una experiencia como maestra en prácticas"*. Está recogida en el capítulo 5 y los autores son Carla Fernández Garcimartín, Víctor M. López-Pastor y Cristina Pascual-Arias. Esta experiencia se llevó a cabo en el CEIP "Fray Juan de la Cruz" (Segovia) durante el periodo de prácticas de la primera autora. Utilizó seis instrumentos diferentes de EFyC, que recoge en el capítulo, y obtuvo unos resultados muy positivos: encontró una evolución progresiva del aprendizaje y de la participación del alumnado, una mejora en la relación entre maestra y alumnos, aunque también destaca el aumento en la carga de trabajo del docente al comenzar a emplear EFyC.

Los ocho capítulos que se presentan posteriormente recogen las experiencias de EFyC llevadas a cabo en el nivel de Educación Primaria.

En el capítulo 6 se recoge el trabajo titulado *"Introducción de la Evaluación Formativa en el primer curso de la etapa de Primaria"*, de Isabel Fuentetaja Velasco. La propuesta se desarrolla en el curso académico 2019/2020 en la escuela de la localidad de Hontanares de Eresma ("CRA Los Llanos", Segovia). La autora expone cómo llevó a cabo la introducción de la EFyC en el primer curso de Educación Primaria en el área de Lengua Castellana y Literatura, y analiza los cambios que sufrió el sistema de evaluación programado con motivo de la pandemia COVID-19. Los resultados demuestran cómo la enseñanza telemática no favoreció la puesta en práctica del sistema de Evaluación Formativa en el tercer trimestre, que había dado buenos resultados en los primeros meses del curso.

La segunda experiencia del bloque de Educación Primaria (capítulo 7) está escrita por Silvia Fernández Amaya y lleva por título *"Desafíos educativos en tiempos de pandemia. Una experiencia de gamificación y Evaluación Formativa en el área de matemáticas para segundo de Educación Primaria"*. Esta propuesta se ha desarrollado en el CEIP "Agapito Marazuela" de La Granja de San Ildefonso (Segovia) durante el curso 2019-2020, desarrollado de manera presencial el primer trimestre y después telemática, debido al confinamiento durante la pandemia COVID-19. En este capítulo se explica cómo se llevó a cabo la experiencia en estas circunstancias y se detallan los resultados encontrados; algunos de los más relevantes muestran que los alumnos mejoraron su rendimiento escolar y su pensamiento crítico a partir de procesos de autoevaluación y autocalificación.

El capítulo 8 lleva por título *"Evaluación Formativa, rendimiento académico y desarrollo profesional. Resultados de un estudio de caso longitudinal en Educación Primaria"* y su autor es Marcos Herranz Sancho. Se ha llevado a cabo en el CEIP "Las Cañadas" de Tres Casas (Segovia) y recoge un estudio longitudinal de tres cursos escolares completos con el mismo grupo de alumnos sobre el área de Lengua Castellana y Literatura. El sistema de EFyC empleado ha fomentado la participación de los alumnos en su propia evaluación, la reflexión crítica y la objetividad en su autoevaluación y su autocalificación.

El siguiente capítulo, el número 9, está escrito por Iván Bueno Pérez y lleva por título *"Los procesos de Evaluación Formativa y Compartida como base para el cambio metodológico"*. En este trabajo el autor analiza la experiencia de evaluación que puso en práctica durante el curso 2019/2020 en el área de Lengua Castellana y Literatura con 4º curso de Educación Primaria, contextualizada en el CRA "Los Llanos" (Segovia), en la localidad de Hontanares de Eresma. La propuesta demuestra los cambios a nivel cognitivo y emocional que sufrieron los niños tras la puesta en práctica del sistema de EFyC, a pesar de la situación de confinamiento vivida en los dos últimos trimestres del curso escolar.

La quinta experiencia en Educación Primaria (capítulo 10) se titula *"Evaluación Formativa y Compartida en Primaria, comenzando presencial y terminando online"*, de Silvia Sánchez Valencia. Se ha llevado a cabo en el CRA "Los Llanos" de la provincia de Segovia y, en este caso, se recoge la experiencia de EFyC que la autora desarrolló en su aula de 5º de Educación Primaria, durante el repentino cambio que sufrió el sistema educativo debido a la pandemia. Los resultados son muy favorables.

La sexta experiencia (capítulo 11), de Vanesa Reyes Alonso, titulada *"La Evaluación Formativa y Compartida: de la enseñanza presencial a la enseñanza online"* también explica cómo afrontó la situación de educación telemática debido a la pandemia COVID-19, concretamente en el Colegio Integrado de Música "Padre Antonio Soler", de San Lorenzo de El Escorial (Madrid). Los resultados muestran que encontró una mejora notable según van avanzando en el curso gracias a la EFyC, y también detalla los problemas encontrados debido al confinamiento.

La siguiente experiencia (capítulo 12) se titula *"Poner nota en Plástica: ¿Cómo lo hago?"*, de la autora Aroa Mediero González. Este capítulo presenta un estudio longitudinal desarrollado durante tres cursos académicos sobre la aplicación de EFyC con diferentes grupos de Educación Primaria. En esta experiencia se presentan los diferentes instrumentos utilizados y los resultados obtenidos con los diferentes grupos de estudiantes.

La última experiencia de la etapa de Educación Primaria (capítulo 13) está escrita por Emilio Barrientos y lleva por título *"Creación de un portfolio digital del área de Educación Física utilizando la plataforma de Google Suite"*. El autor utiliza un sistema de EFyC en el curso 2020/2021, en el área de Educación Física (EF), en 4º curso de Educación Primaria, en el CEIP Las Acacias de Pozuelo de Alarcón (Madrid). Para ello, utiliza de manera transversal la plataforma Google Suite, creando un aula virtual del área de Educación Física, como soporte a los aprendizajes y actividades que el alumnado va adquiriendo de manera presencial. Los resultados obtenidos son positivos y redundan en la mejora de la calificación de los escolares.

En Educación Secundaria solo hay un caso. El capítulo 14 muestra la experiencia de EFyC llevada a cabo en Secundaria, concretamente en formación profesional. Esta experiencia se titula *"Evaluación Formativa y Compartida en formación profesional"*, y su autora es Teresa Fuentes Nieto. Se ha llevado a cabo en IES "La Albuera" (Segovia) en una asignatura del Ciclo Técnico Superior de Enseñanza y Animación Sociodeportiva (TSEAS). El sistema de evaluación utilizado busca implicar al alumno en su aprendizaje, la evaluación y la continua mejora en los procesos de enseñanza-aprendizaje. Los resultados académicos obtenidos son muy positivos.

Las últimas experiencias que se recogen en el libro forman parte del nivel universitario. Se trata de seis capítulos que exponen prácticas en las que se utilizan sistemas y procesos de EFyC en educación superior. Todos los autores de estos capítulos son profesores en la Facultad de Educación de Segovia (Universidad de Valladolid).

La primera experiencia (capítulo 15) lleva por título *"Resultados comparativos de tres cursos académicos sobre la aplicación de la Evaluación Formativa y Compartida y el flipped classroom"*, y ha sido escrita por Juan Carlos Manrique Arribas. La experiencia combina el modelo denominado "clase invertida" con el sistema de EFyC en una asignatura optativa: "Educación Física y Salud", de la mención de Educación Física en el Grado de Educación Primaria. El capítulo recopila y analiza los datos recogidos durante tres cursos seguidos, comparando los resultados obtenidos y el grado de satisfacción alcanzado.

La segunda experiencia (capítulo 16) se titula *"Aprendiendo a evaluar. Experiencia comparativa de dos cursos académicos en el aula universitaria"*, y ha sido escrita por Miriam Sonlleva Velasco. En este capítulo se recoge la experiencia de una docente universitaria en la creación y puesta en práctica de un sistema de EFyC especialmente diseñado para la asignatura denominada: "Corrientes pedagógicas de la Educación Infantil", del Grado en Educación Infantil, revisando la evolución y los resultados de este sistema durante los cursos académicos 2018-2019 y 2019-2020 (el último influido por el confinamiento domiciliario, de marzo a junio de 2020, derivado de la situación sanitaria originada por la pandemia).

La tercera experiencia (capítulo 17) lleva por título *"Una experiencia de Evaluación Formativa y Compartida en la asignatura de Expresión corporal en Educación Infantil, en la formación inicial del Profesorado de Educación Infantil"*, y ha sido escrita por Miriam

Molina Soria, Carla Fernández Garcimartín, Cristina Pascual Arias y Víctor M. López Pastor. Este capítulo presenta un ejemplo de buena práctica de EFyC en una asignatura de la Formación Inicial del Profesorado (FIP) durante el curso académico 2020-2021, en la que se ofrece al alumnado diferentes vías de aprendizaje y evaluación. A lo largo del estudio se explica con detalle toda la organización de la asignatura, los instrumentos de evaluación utilizados y los principales resultados alcanzados.

La cuarta experiencia (capítulo 18) lleva por título *"Descubrimiento del entorno a través de procesos de Evaluación Formativa en la formación inicial del profesorado"*, y ha sido escrita por Cristina Vallés Rapp. A lo largo del capítulo se presenta una propuesta de intervención en el Grado de Maestro de Educación Infantil en la asignatura "Actividades experimentales para el descubrimiento del entorno". En la primera parte se describen las características generales de la asignatura y el proceso de evaluación llevado a cabo; y en la segunda se presentan los resultados encontrados tras su implementación y su análisis.

El capítulo 19 lleva por título *"Experiencia de Evaluación Formativa y Compartida en el Grado de Educación Primaria: Área de ciencia, tecnología y sociedad"*, y ha sido escrito por Vanessa Ortega-Quevedo y Cristina Gil Puente. En él se recoge una experiencia de EFyC en la asignatura "Ciencia, tecnología y sociedad", cursada en el Grado de Maestro en Educación Primaria. A lo largo del capítulo se explica el sistema de EFyC desarrollado, las técnicas aplicadas y su relación con las principales actividades de aprendizaje programadas. También se presentan los resultados obtenidos.

La sexta experiencia (capítulo 20), *"Evaluación Formativa y Compartida durante el proceso de elaboración y desarrollo de los Trabajos de Fin de Grado"*, ha sido escrita por Carla Fernández-Garcimartín y Teresa Fuentes-Nieto. En este capítulo se explica la organización de un seminario de formación permanente sobre la utilización de sistemas de EFyC durante todo el proceso de tutorización de los Trabajos de Fin de Grado (TFG), el protocolo establecido para aplicar con más garantías los sistemas de EFyC durante este proceso y los resultados obtenidos inicialmente.

El libro termina con el último bloque, desarrollado en el capítulo 21, en el que se presenta una panorámica sobre el trabajo realizado en el seminario internivelar del que parten las experiencias expuestas con anterioridad. En él, se realiza un repaso por las líneas de intervención del seminario, se analizan las enseñanzas vinculadas con la aplicación de sistemas de EFyC en el aula y con el trabajo en grupo a través de la Investigación-Acción y se exponen las futuras líneas que guiarán la práctica del seminario en los próximos cursos, en las que se sigue apostando por la transferencia bidireccional de conocimiento entre universidad y escuela.

—BLOQUE 1—

Evaluación formativa y compartida en las aulas, en todas las etapas educativas

CAPÍTULO 1

Seminario Internivelar de Formación Permanente sobre Evaluación Formativa y Compartida en Educación

Cristina Pascual-Arias y Víctor M. López-Pastor

Facultad de Educación de Segovia (Universidad de Valladolid)

Introducción

El Seminario Internivelar sobre Evaluación Formativa y Compartida (EFyC) es la actividad principal del Proyecto de Innovación Docente (PID) "La Evaluación Formativa y Compartida en Educación. Transferencia de conocimiento entre universidad y escuela", que se ha desarrollado desde el curso 2017/2018 hasta la actualidad en la Facultad de Educación de Segovia (Universidad de Valladolid). Este seminario de formación permanente está integrado por docentes de todas las etapas educativas (desde Educación Infantil hasta educación universitaria), que acuden al mismo para compartir experiencias y aprender sobre EFyC (Pascual-Arias et al., 2021; Pascual-Arias & López-Pastor, 2019). Como hemos señalado, lo más importante del seminario es la formación permanente sobre EFyC, siendo esta el punto de partida para el cambio educativo en las aulas de los docentes participantes en este grupo. Entendemos Evaluación Formativa como la evaluación que busca la mejora en tres perspectivas: (a) mejora del aprendizaje del alumnado; (b) mejora de la calidad docente del maestro; y (c) mejora del proceso de enseñanza-aprendizaje en sí mismo (López-Pastor, 2009). En este mismo sentido López-Pastor & Pérez-Pueyo (2017, p. 36) señalan que es "todo proceso de evaluación cuya finalidad principal es mejorar los procesos de enseñanza-aprendizaje que tienen lugar, sirve para que el alumnado aprenda más (y/o corrija sus errores) y para que el profesorado aprenda a trabajar mejor (a perfeccionar su práctica docente)". Para que esta Evaluación Formativa además sea compartida el alumnado debe implicarse en el proceso de evaluación mediante técnicas como la autoevaluación, la coevaluación (o evaluación entre iguales) y la evaluación compartida o calificación dialogada (López-Pastor, 2009); estos procesos suponen numerosas ventajas, como la mejora del aprendizaje y la adquisición de competencias personales, académicas y/o profesionales (López-Pastor & Pérez-Pueyo, 2017, p. 41).

Desde su creación, el seminario funciona desarrollando ciclos de Investigación-Acción (I-A) sobre las prácticas de EFyC que cada profesor lleva a cabo en su aula. Los ciclos de I-A están constituidos por cuatro fases que se repiten de forma cíclica, formando una espiral de I-A: (a) planificación; (b) actuación; (c) observación; y (d) análisis (Kemmis & McTaggart, 1988; Latorre, 2003).

La I-A se desarrolla en el seminario desde una doble perspectiva: (a) de manera individual, cada docente realiza I-A en su aula, sobre el sistema de EFyC que está empleando en una o varias asignaturas, de cara a perfeccionarla progresivamente y aprender de ella; y (b) de manera grupal, mediante la puesta en común en las sesiones del seminario de las diferentes experiencias de EFyC que se están llevando a cabo por el profesorado participante; de esta forma, los participantes aprenden a través de las experiencias de sus compañeros y del diálogo que se genera en el grupo.

Utilizar los ciclos y espirales de I-A en la formación permanente tiene una larga trayectoria, que ha conseguido muy buenos resultados en los últimos veinte años. López-Pastor et al. (2011) detallan el caso de un grupo de trabajo de formación permanente sobre Educación Física, en el que los participantes resuelven sus prácticas, comparten experiencias y recursos, lo que les ayuda a su desarrollo docente. Hamodi et al. (2014) explican que la Red de Evaluación Formativa Internacional desarrolla seminarios de formación permanente locales, que sirven para compartir experiencias y reflexiones sobre la práctica docente. La I-A también se utiliza en contextos similares para desarrollar formación permanente sobre otras temáticas, como es el caso de la experiencia de Barba-Martín et al. (2016) sobre educación inclusiva a través de aprendizaje colaborativo.

Pertenecer a un grupo de formación permanente que realice I-A tiene numerosas ventajas (Córdoba et al., 2016; López Pastor et al., 2016; Santos et al., 2009): (a) participar en grupos de trabajo de I-A impulsa el desarrollo profesional docente mediante la reflexión que se produce; (b) permite solucionar los problemas reales que surgen en la práctica educativa; (c) mejora la calidad educativa; (d) mejora la autonomía del docente; (e) fomenta la predisposición positiva hacia la formación permanente; (f) el apoyo mutuo entre docentes propicia el aprendizaje colaborativo, la resolución de problemas comunes y la creación de conocimientos compartidos. Como señalan Córdoba et al. (2016), es importante compartir lo que se aprende, ya que compartir entre docentes trabajos similares pero en diferentes contextos tiene una doble repercusión: genera aprendizajes en uno mismo y en los demás.

La doble vía de transferencia de conocimiento del seminario internivelar

El funcionamiento del seminario genera una doble vía de transferencia de conocimiento: (a) desde la universidad a los centros educativos; y (b) desde los centros educativos a la universidad.

Desde la universidad a los centros educativos, porque la Facultad de Educación de Segovia facilita una formación permanente que sirve para proporcionar recursos, conocimientos y experiencias sobre EFyC a los docentes de todas las etapas educativas que forman el seminario; así como asesorarles sobre las problemáticas emergentes que puedan tener en sus aulas sobre la implantación y desarrollo de sistemas de EFyC. De esta manera podrán utilizar la EFyC para mejorar el aprendizaje de los alumnos, mejorar la capacidad docente de los profesionales y mejorar el propio proceso de enseñanza-aprendizaje. Por tanto, desde la Facultad se ayuda a generar innovación educativa en los centros de enseñanza obligatoria, con la finalidad de mejorar la calidad en los mismos y el perfeccionamiento profesional del profesorado.

La estrecha colaboración entre universidad y escuela nos permite mejorar la formación inicial del profesorado gracias al contacto con la realidad de los centros educativos; al conocer en profundidad las prácticas educativas que se desarrollan en los centros educativos, nos ofrece la posibilidad de participar en ellas mediante: Proyectos de Aprendizaje Tutorado, prácticas puntuales en algunas asignaturas, prácticum, Trabajos Fin de Grado (TFG) y Trabajos Fin de Máster (TFM).

Desde los centros educativos a la universidad, porque las innovaciones, prácticas y experiencias que se desarrollen en los centros educativos pueden ser útiles para formar a los futuros maestros en la universidad. Los futuros maestros de Infantil y Primaria deberían conocer sistemas y experiencias de evaluación innovadoras como la EFyC, que les permitan mejorar sus prácticas en el aula.

Objetivos del seminario internivelar

El objetivo principal del seminario es desarrollar una actividad de formación permanente sobre sistemas de EFyC con el profesorado interesado de todas las etapas educativas, desde Educación Infantil hasta la universidad. Ahora bien, a lo largo de los cuatro años de funcionamiento del seminario los objetivos han ido cambiando y acomodándose a las necesidades, demandas y situaciones por las que han pasado los docentes participantes, comenzando siempre por los objetivos iniciales del curso 2017/2018. Debemos hacer una mención especial al curso 2019/2020, en el que la situación de confinamiento y educación a distancia en todas las etapas educativas debido a la pandemia COVID-19, hizo que el transcurso del seminario se realizara de manera telemática para solventar los retos y problemáticas que tuvieron los participantes del mismo para ejercer su praxis (Pascual-Arias, 2021). En este sentido, el seminario se convirtió en un grupo de apoyo y recursos ante la situación de emergencia que se vivió. A continuación, en la Tabla 1 mostramos los objetivos detallados:

Tabla 1. Objetivos específicos del seminario internivelar desde el curso 2017/2018 hasta el 2020/2021.

Curso académico	Objetivos específicos del seminario internivelar de formación permanente sobre EFyC
2017/2018	-Asesorar al profesorado participante del seminario sobre los sistemas de EFyC a desarrollar en sus aulas y colaborar para solventar las problemáticas que emergen, de forma que vayan mejorando sus prácticas docentes. -Desarrollar una transferencia de conocimiento bidireccional sobre la EFyC. -Desarrollar procesos de aprendizaje colaborativo entre los participantes del seminario. -Utilizar la EFyC para mejorar el aprendizaje de los alumnos, mejorar la capacidad docente de los profesionales y mejorar el propio proceso de enseñanza-aprendizaje. -Mejorar la Formación Inicial del Profesorado gracias al contacto con la realidad de los centros educativos: realizando diferentes actividades de aprendizaje en dichos centros, proyectos de aprendizaje tutorado, prácticas puntuales en algunas asignaturas, prácticum, TFG, TFM y tesis doctorales.
2018/2019	-Mantener los mismos objetivos, seguir cumpliendo los que han sido conseguidos y mejorar el grado de consecución de aquellos que no ha sido posible cumplir al 100% durante el curso 2017/2018. -Conocer los sistemas de EFyC que se desarrollan en los colegios de Segovia, y ahondar en los beneficios que éstos pueden suponer aportar en procesos colaborativos con la FIP. -Seguir realizando una transferencia de conocimiento entre universidad y escuela y recíproca en las dos direcciones. -Participar en el desarrollo del XII Congreso Internacional de Evaluación Formativa en Educación: Buenas prácticas de Evaluación Formativa y Compartida en todas las etapas educativas, celebrado en Segovia del 1 al 3 de julio de 2019.
2019/2020	- Mantener los mismos objetivos, seguir cumpliendo los que han sido conseguidos y mejorar el grado de consecución de aquellos que no ha sido posible cumplir al 100% durante el curso 2018/2019. -Utilizar el seminario para intentar solventar los retos y problemas que tuvieron los docentes participantes debido a la situación de educación a distancia por la pandemia COVID-19. -Desarrollar las reuniones de seminario de manera telemática para dar continuidad al mismo durante la situación de confinamiento por COVID-19. -Sintetizar las experiencias de EFyC realizadas durante el confinamiento y educación a distancia debido a la pandemia COVID-19 y compartirlas entre los miembros del seminario.
2020/2021	- Mantener los mismos objetivos, seguir cumpliendo los que han sido conseguidos y mejorar el grado de consecución de aquellos que no ha sido posible cumplir al 100% durante el curso 2019/2020. -Adaptar los sistemas de EFyC a la nueva situación por la pandemia COVID-19, especialmente en lo relativo a la enseñanza online o mixta, según evolucione la situación a lo largo del curso. -Recopilar las distintas situaciones de EFyC que los docentes participantes del seminario han desarrollado en todas las etapas educativas durante la situación de confinamiento y educación online ocasionada por la pandemia, así como analizar los resultados obtenidos. Mantener las acciones que han tenido éxito e introducir otras nuevas como su aplicación más sistemática en las prácticas en los centros del alumnado de la Facultad.

Metodología del seminario internivelar

Como hemos señalado anteriormente, la metodología del seminario se basa en la I-A. Los ciclos y espirales de I-A facilitan a los docentes del seminario aprender sobre su práctica real y las experiencias de sus compañeros. Es decir, reflexionan e investigan sobre su práctica para volver a planificar e implementar las mejoras oportunas de manera permanente, dando continuidad en la mejora del proceso de enseñanza-aprendizaje con su alumnado.

Al tratarse de un seminario en el que participan docentes de todas las etapas educativas, toma especial relevancia el aprendizaje colaborativo que se produce, entendiendo este como el trabajo conjunto del grupo de docentes para conseguir un fin común: desarrollar sus competencias profesionales ligadas a la EFyC de una manera colaborativa.

Este aprendizaje colaborativo se produce al realizar un trabajo grupal entre docentes cuando comentan sus procesos de I-A y analizan el desarrollo de prácticas y resultados desde distintas perspectivas.

Contexto del seminario internivelar

El seminario se desarrolla en la Facultad de Educación de Segovia (Universidad de Valladolid). Los participantes del mismo son docentes de todas las etapas educativas, desde Educación Infantil hasta educación universitaria. La mayoría de ellos imparten su docencia en la provincia de Segovia y en algún caso en la cercana comunidad de Madrid. Los participantes del seminario tienen diversos niveles de conocimientos y experiencia previa sobre EFyC; algunos de ellos no conocían los procesos de EFyC, mientras que otros son egresados de la propia Facultad de Educación de Segovia y han seguido ligados a ella por su formación permanente (máster y doctorado). Todos comparten la inquietud por aprender sobre EFyC.

A lo largo de estos años, el grupo de docentes que ha formado parte del seminario ha ido creciendo (Tabla 2), motivados por el aprendizaje que realizan, al pertenecer a un grupo de formación permanente que sirve de apoyo docente y fuente de recursos didácticos.

Tabla 2. Número de docentes participantes en el seminario de formación permanente en EFyC desde el curso 2017/2018 hasta 2020/2021.

		Curso 2017/2018	Curso 2018/2019	Curso 2019/2020	Curso 2020/2021
Docentes	E. Infantil	1	2	1	1
	E. Primaria	4	4	8	7
	ESO-FP	2	1	0	1
	Universidad	8	9	9	10
	TOTAL	**15**	**16**	**18**	**19**

Trayectoria del seminario

En estos cuatro cursos desde el seminario se han realizado actividades similares que han permitido consolidar su trayectoria. A lo largo de cada curso el seminario pasa por una serie de etapas:

a) **Formación inicial para los participantes del seminario**: al inicio de cada curso se imparte una sesión de formación inicial sobre EFyC para los nuevos docentes participantes del seminario, así como para que los docentes que ya han participado en años anteriores puedan aclarar conceptos y partir de una base común. Se lleva a cabo por especialistas en EFyC que constatan los conocimientos previos de los participantes, se analiza un dossier de instrumentos de EFyC y se aclaran las posibles dudas que puedan tener los participantes. Además, los docentes que han participado en el seminario en años anteriores dan su visión sobre la EFyC y cuentan su experiencia. También se realiza la lectura de los cuatro primeros capítulos de la obra de López-Pastor &

Pérez-Pueyo (2017), a modo de contenidos básicos para comenzar a implementar la EFyC.

b) **Reuniones de seminario**: se desarrollan una vez al mes, con una duración de 60-70 minutos aproximadamente. Los seminarios han seguido siempre una estructura similar, adaptándola a los cambios que han surgido a lo largo de los cursos para adecuarnos a las demandas de los docentes. En las reuniones del seminario se llevan a cabo las siguientes acciones:

  a. Exposición de experiencias de EFyC; por turnos los docentes cuentan la experiencia de EFyC que están llevando a cabo, así como exponen dudas, vivencias, problemas surgidos de la práctica educativa, etc.

  b. Reflexión grupal sobre lo ocurrido; todos los docentes que asisten a la reunión del seminario reflexionan sobre los debates que surgen, aportan posibles soluciones y/o alternativas a las prácticas que comentan los compañeros, etc. Los docentes participantes del seminario valoran este proceso especialmente porque genera mucho apoyo formativo entre iguales.

  c. Tertulias dialógicas; mensualmente se realiza una lectura común para todos los participantes del seminario sobre un texto acordado y en las reuniones se realiza una tertulia dialógica sobre ese texto, comentando y debatiendo los aspectos más interesantes del mismo.

  d. Exposición detallada de experiencias de EFyC; en algunos seminarios uno de los participantes explica en detalle su experiencia de EFyC: el contexto, las actividades de aprendizaje, los instrumentos de evaluación que realiza y los resultados que está obteniendo.

  e. Concreción del plan de acción y fecha de la siguiente reunión; todo lo ocurrido y hablado en las reuniones queda reflejado en un acta de sesión, que se utiliza para su posterior análisis y se difunde entre los miembros del seminario para su reflexión.

c) **Elaboración de informes de buenas prácticas**: a lo largo de cada curso los participantes del seminario redactan informes de buenas prácticas docentes en los que plasman la experiencia de EFyC que han desarrollado en su aula y los resultados encontrados. Tiene una primera parte con la planificación del sistema de EFyC a poner en práctica, y una segunda parte con los resultados obtenidos en la experiencia de EFyC en su aula. Los informes siguen la plantilla establecida por la Red Internacional de Evaluación Formativa y Compartida, y cada docente realiza el informe acorde a su situación: (a) informe de etapa no universitaria; (b1) informe de etapa universitaria sencillo, sin cuestionarios de investigación; o (b2) informe de etapa universitaria complejo, con resultados de cuestionario de investigación. Dichos informes los revisa previamente el coordinador del PID a lo largo del curso. Al final de cada curso, los informes se recogen y se acumulan como resultados de investigación, de modo que se pueda realizar un análisis global y profundo de los mismos.

d) **Jornada final de evaluación**: al final del curso se realiza una jornada en la que se reflexiona de manera conjunta sobre lo sucedido durante el curso, se destacan los puntos fuertes así como los aspectos que pueden mejorarse y los retos que quieren asumirse al curso siguiente a modo de prospectiva de futuro.

A través de esta experiencia la trayectoria del seminario está forjando un cambio metodológico en las aulas de los profesores participantes, ya que desarrollan una innovación docente a través de sus sistemas de EFyC y los ciclos de I-A llevados a cabo. La EFyC vertebra esta experiencia por completo y se desarrolla a través de los procesos dialógicos que se producen en las sesiones de seminario entre los propios participantes y a través del *feedback* que se aporta en las revisiones de los informes que realizan los coordinadores del seminario.

Resultados del seminario

Los resultados del seminario durante estos cuatro cursos académicos son muchos y muy positivos. Para concretarlos vamos a establecer tres categorías: (a) funcionamiento del seminario durante estos cuatro cursos; (b) ventajas que aporta pertenecer al seminario; (c) inconvenientes del seminario y propuestas de mejora.

En cuanto al funcionamiento del seminario, el principal resultado es que docentes de todas las etapas educativas comparten sus experiencias, retos e inquietudes para seguir formándose en esta metodología de evaluación. Detallamos a continuación los resultados que hemos podido extrapolar del funcionamiento del seminario durante estos cuatro cursos:

a) Los docentes que participan en el seminario realizan una innovación en sus aulas, al desarrollar sistemas de EFyC a través de ciclos de I-A.
b) La doble vía de transferencia de conocimiento sigue funcionando positivamente. Los docentes de los colegios se vinculan al seminario para formarse mediante aprendizaje colaborativo y para mejorar su práctica docente y perfeccionarla. Por otro lado, los docentes universitarios pueden mejorar tanto su propia práctica de EFyC, como aprender prácticas de etapas obligatorias y poder transferirlas a sus estudiantes, mejorando así la docencia que imparten en la Formación Inicial del Profesorado; de esta manera pueden ofrecer una formación que se ajusta mejor a la realidad de las aulas.
c) El número de participantes ha ido creciendo año a año, además la mayoría de los docentes no se desvinculan del seminario cuando acaba el curso y algunos de ellos invitan a otros docentes a conocer dicho seminario.

Las dinámicas del seminario se han ido mejorando, cambiando y acomodando a las necesidades e inquietudes de los participantes, en función de lo que ha ido sucediendo curso a curso. Por ejemplo, se han realizado adaptaciones para poder seguir funcionando a pesar de la pandemia COVID-19, realizando las reuniones por videoconferencia (desde marzo de 2020 hasta junio de 2021). Durante este tiempo el seminario pasó a ser una fuente de recursos y apoyo entre docentes.

Centrándonos en las ventajas que tiene el seminario, podemos destacar las mejoras que hemos recogido en sus cuatro años de funcionamiento:

a) El desarrollo profesional del profesorado es constante, ya que el seguimiento individualizado y el apoyo grupal que reciben en el seminario les permite adecuarse al ritmo de sus alumnos, mejorar las prácticas que no funcionaban y aprender de manera colaborativa gracias al seminario. Además, todos los docentes del seminario señalan que mediante la I-A han reconducido su práctica educativa, gracias a la implantación de sistemas de EFyC que ha ayudado a mejorar su práctica docente. Este proceso lo han realizado sistematizando el proceso de I-A, planificando la puesta en marcha de sistemas de EFyC, analizando los mismos para mejorar, partiendo siempre de las necesidades del alumnado y de lo que pretenden enseñar como docentes. El profesorado participante recibe un seguimiento individualizado durante todo el curso, lo que permite la mejora de sus prácticas de EFyC de manera continua.

b) El aprendizaje colaborativo que se produce es muy enriquecedor y ayuda a superar la sensación de aislamiento profesional que a veces pueden tener los docentes en sus aulas. A través del seminario comparten sus experiencias y reflexionan de manera colaborativa.

c) El profesorado valoró mucho tener un seminario durante el curso 2019/2020, en el que pudieron solventar dudas y problemáticas durante la situación de educación a distancia generada por la pandemia. También valoraron positivamente el hecho de compartir dudas e inquietudes sobre cómo adaptar el proceso de enseñanza-aprendizaje a la nueva normalidad durante el curso 2020/2021.

d) En cuanto a la mejora en el aprendizaje del alumnado, los docentes consideran que al desarrollar prácticas de EFyC se respeta el ritmo del alumnado. Este proceso se realiza mediante *feedback*, de manera continua e individualizada, para fomentar diálogos de mayor calidad indicándoles lo que pueden mejorar, incentivando así el desarrollo del alumnado. Por otra parte, los docentes participantes señalan que los instrumentos y procedimientos de EFyC que utilizan sirven para tener constancia del aprendizaje del alumnado, les facilita la atención a la diversidad en el aula y también les sirve para mejorar la relación docente-alumnado. Los sistemas de EFyC que se han implementado en las aulas generan un incremento en la participación del alumnado, porque los docentes les dan voz y les incitan a tomarse la tarea de evaluación con rigor en todas las etapas educativas, fomentando su responsabilidad, reflexión y autocrítica.

e) En referencia al proceso de enseñanza-aprendizaje, el hecho de implementar EFyC en las aulas hace que los docentes puedan reconducir el proceso de enseñanza-aprendizaje y enriquezcan el mismo a lo largo del curso (resuelven problemas, buscan alternativas y refuerzan las prácticas de éxito). Los procesos de EFyC aportan transparencia al proceso de enseñanza-aprendizaje, porque desde el principio se pone en conocimiento del alumnado los criterios de evaluación, los instrumentos que se van a emplear y las tareas que docente y alumnado tendrán que realizar. De esta manera se muestran las "reglas del juego" desde el principio y se da importancia al aprendizaje.

f) A lo largo de estos cuatro cursos se han desarrollado con éxito muchas experiencias de EFyC en todas las etapas educativas, la mayoría de ellas con continuidad entre cursos en dos sentidos: (a) continuidad de los sistemas y dinámicas de EFyC con el alumnado, al desarrollar la docencia con los mismos alumnos durante varios cursos seguidos; (b) continuidad al utilizar los mismos instrumentos y técnicas de EFyC en los mismos cursos o asignaturas, aunque con alumnos diferentes. De esta forma las han podido implementar una vez que las han adaptado a cada grupo de alumnos y, así, las han mejorado a lo largo de los cursos. Muestra de ello son los capítulos de este libro sobre experiencias de EFyC en todas las etapas educativas.

En cuanto a los inconvenientes, los participantes han señalado algunos durante las reuniones del seminario y en sus informes de buenas prácticas de EFyC así como sus respectivas propuestas de mejora para intentar solventarlos. Los recogemos en la tabla 3.

Tabla 3. Inconvenientes encontrados por los docentes en los sistemas de EFyC y propuestas de mejora.

Inconvenientes encontrados por los docentes	Propuestas de mejora
Cuando se empiezan a desarrollar los sistemas de EFyC los alumnos tienen mayor preocupación por la calificación que por el aprendizaje. También pueden tener dificultades para comprender los sistemas de EFyC.	-Explicar con detalle en qué consisten las prácticas de EFyC que se van a desarrollar, independientemente de la etapa educativa. - Informar al alumnado, profesores y familias de los beneficios de los sistemas de EFyC. -Dar a los alumnos los instrumentos de EFyC al comienzo del curso o antes de su utilización y explicar su funcionamiento de manera detallada.
El docente puede tener excesiva carga de trabajo y dificultades para realizar un seguimiento individualizado de los alumnos.	-Los docentes pueden adaptar sistemas de EFyC con los instrumentos y técnicas que ya hayan utilizado al nuevo contexto en el que tengan que impartir docencia. -Llevar a cabo procedimientos grupales, como: (a) actividades colaborativas; (b) procesos de *feedback* oral con varios alumnos a la vez, para reducir así el número de trabajos a corregir.
Falta de objetividad de los alumnos en procesos de autoevaluación y coevaluación. En ocasiones inflan o bajan la valoración propia o de sus compañeros.	-Utilizar instrumentos de auto y coevaluación sencillos y de fácil comprensión para facilitar el rigor. -Concienciar a los alumnos de la necesidad de rigor y responsabilidad en estos procesos.

Conclusiones

Consideramos que los objetivos del seminario se han cumplido todos los años y se han ido adaptando anualmente, en función de las demandas de los participantes del seminario y de la propia situación educativa; por ejemplo, a partir de marzo de 2020, debido a la situación de pandemia.

Los participantes del seminario destacan que: (a) pertenecer a un seminario internivelar sobre cómo aplicar EFyC en sus aulas les ha ayudado a incrementar su desarrollo docente; (b) el proceso de aprendizaje del seminario internivelar es colaborativo y, por tanto, al tener diversas perspectivas pueden compartir conocimientos de manera internivelar; (c) la doble vía de transferencia entre escuela-universidad y universidad- escuela es muy enriquecedora para todos ellos.

El funcionamiento del seminario ha sido muy positivo durante estos cuatro cursos y tenemos la intención de seguir trabajando juntos. Gracias a la implicación de los participantes el aprendizaje colaborativo es muy enriquecedor y las experiencias de EFyC que se desarrollan en todas las etapas educativas son cada vez más completas.

Como coordinadores, nuestra valoración es muy positiva, tanto por el desarrollo docente que están teniendo los participantes y su implicación en el seminario, como por el aprendizaje que se genera en el alumnado de todas las etapas educativas. En este sentido, consideramos que es un privilegio formar parte de un grupo de docentes comprometidos con la enseñanza.

Referencias bibliográficas

Barba-Martín, R. A., Barba, J. J., & Martínez Scott, S. (2016). La formación continua colaborativa a través de la Investigación-Acción. Una forma de cambiar las prácticas de aula. *Contextos educativos, 19*, 161-175. https://doi.org/10.18172/con.2769

Córdoba, J. M. et al. (2016). Educación Física Cooperativa, formación permanente y desarrollo profesional. De la escritura colectiva a un relato de vida compartido. *Retos, 29*, 264-269. https://recyt.fecyt.es/index.php/retos/article/download/40965/25492

Hamodi, C., López, A. T. & López-Pastor, V. M. (2014). La Red de Evaluación Formativa y Compartida en docencia universitaria: Creación, consolidación y líneas de trabajo. *Revista de Evaluación Educativa (REVALUE), 3*(1). http://revalue.mx/revista/index.php/revalue/issue/current

Kemmis, S. y McTaggart, R. (1988). *Cómo planificar la Investigación-Acción*. Laertes.

Latorre, A. (2003). *La investigación acción. Conocer y cambiar la práctica educativa*. Graó.

López-Pastor, V. M. (coord.) (2009). *Evaluación formativa y compartida en educación superior. Propuestas, técnicas, instrumentos y experiencias.* Narcea.

López-Pastor, V. M. et al. (2016). Veinte años de formación permanente del profesorado, Investigación-Acción y programación por dominios de acción motriz. *Retos, 29*, 270-279. https://doi.org/10.47197/retos.v0i29.42494

López-Pastor, V. M., Monjas, R. & Manrique, J. C. (2011). Fifteen years of action research as profesional development: seeking more collaborative, useful and democratic systems for teachers. *Educational Action Research, 19*(2), 153-170.

López-Pastor, V. M. & Pérez-Pueyo, A. (2017). *Buenas prácticas docentes. Evaluación formativa y compartida en educación: Experiencias de éxito en todas las etapas educativas.* Universidad de León (E-book). https://buleria.unileon.es/handle/10612/5999

Pascual-Arias, C. (2021). Resultados de un seminario internivelar y viabilidad de la Evaluación Formativa y Compartida durante el confinamiento por la pandemia COVID-19. En J.A. Marín, J. M. Trujillo, G. Gómez & M. N. Campos (Eds.), *Hacia un modelo de investigación sostenible en educación* (pp. 690-702). Dykinson.

Pascual, C. & López-Pastor, V. M. (2019). Seminario de formación permanente internivelar sobre Evaluación Formativa y Compartida. *Infancia, Educación y Aprendizaje (IEYA), 5*(2), 66-70. https://doi.org/10.22370/ieya.2019.5.2.1527

Pascual-Arias, C., López-Pastor, V. M. & Hamodi, C. (2021). Seminario de formación permanente internivelar en Evaluación Formativa y Compartida en educación. Resultados de transferencia de conocimiento entre universidad y escuela. En C. Hamodi-Galán & R.A. Barba-Martín (Coords.), *Evaluación Formativa y Compartida. Nuevas propuestas de desarrollo en Educación Superior* (1 ed., pp. 271-283). Dextra.

Santos, M., Martínez, L. F. & López-Pastor, V. M. (Coords.) (2009). *La innovación docente en el Espacio Europeo de Educación Superior.* Universidad de Almería.

CAPÍTULO 2

La Evaluación Formativa y Compartida en todas las etapas educativas

Víctor M. López-Pastor, Cristina Pascual-Arias y Miriam Sonlleva Velasco

Facultad de Educación de Segovia (Universidad de Valladolid)

Introducción

La finalidad de este capítulo es realizar una introducción sobre la temática de la Evaluación Formativa y Compartida (EFyC) en todas las etapas educativas. Para ello comenzaremos definiendo qué se entiende por EFyC. En un segundo apartado analizaremos las ventajas e inconvenientes que tiene la utilización de sistemas de EFyC en educación. En tercer lugar, debatiremos sobre la importancia educativa que tiene fomentar la participación del alumnado en los procesos evaluativos. Por último, revisaremos los estudios que muestran que los sistemas de EFyC son viables en todas las etapas educativas.

Definición de Evaluación Formativa y Compartida

A lo largo de los últimos veinticinco años, la EFyC ha demostrado ser un sistema eficaz para mejorar el aprendizaje del alumnado y el desarrollo profesional docente, además de ser muy útil y coherente a la hora de avanzar hacia modelos de aprendizaje dialógico.

El concepto de "Evaluación Formativa" se refiere a cualquier procedimiento de evaluación cuyo objetivo principal sea mejorar el aprendizaje del alumnado y los procesos de enseñanza-aprendizaje. Sirve para que el alumnado aprenda más (y/o corrija sus errores) y para que el profesorado aprenda a trabajar mejor (a perfeccionar su práctica docente). Por decirlo de otro modo, la finalidad principal de este modelo de evaluación no es calificar al alumno, sino disponer de información que permita comprender mejor los procesos de aprendizaje del alumnado y, a partir de ahí, ayudarle a mejorar y aprender más. Además, debe servir también para que los profesores aprendamos a hacer nuestro trabajo cada vez mejor, potenciando el desarrollo profesional (López-Pastor, 2009; 2019). En este sentido, la Evaluación Formativa es parte integral del proceso de enseñanza-aprendizaje (López-Pastor, 2019).

Nuestra propuesta une y relaciona dos conceptos: "Evaluación Formativa" y "evaluación compartida". Entendemos que la Evaluación Formativa debe facilitar y dar también importancia a la participación del alumnado en los procesos de evaluación, a través de diferentes técnicas: la autoevaluación, la evaluación entre iguales y la evaluación compartida o dialógica (López-Pastor, 2009). El concepto de "evaluación compartida" hace referencia a los procesos de diálogo que mantiene el profesor con su alumnado sobre la evaluación de los aprendizajes y los procesos de enseñanza-aprendizaje que tienen lugar. Este tipo de diálogos pueden ser individuales o grupales y suelen estar basados en procesos previos de autoevaluación o evaluación entre iguales. Esta forma de entender el proceso educativo y evaluativo (la EFyC) está muy relacionada con la cesión de responsabilidad en el aula y con la implicación del alumnado en la toma de decisiones que afectan a los procesos de aprendizaje.

Por tanto, el modelo de EFyC busca generar procesos de mejora y aprendizaje en tres sentidos: (a) optimizar progresivamente los procesos de aprendizaje y la calidad de las producciones del alumnado; (b) perfeccionar la práctica docente; y (c) reconducir los procesos de enseñanza-aprendizaje que se llevan a cabo en el aula, tanto durante el propio desarrollo de la asignatura como tras la finalización del mismo (López-Pastor, 2009; 2019; López-Pastor y Pérez-Pueyo, 2017). En este proceso la utilización correcta del *feedback* es un punto clave.

Ventajas e Inconvenientes de la Evaluación Formativa y Compartida

En trabajos anteriores (López-Pastor, 2006, 2009; López-Pastor y Pérez-Pueyo, 2017) hemos recopilado las numerosas ventajas que poseen los sistemas de EFyC a la hora de mejorar la calidad de la enseñanza y los niveles de aprendizaje del alumnado. Las principales son las siguientes:

a) Es la forma de evaluación más lógica y coherente cuando la docencia se basa en sistemas de aprendizaje dialógico y/o en el uso de metodologías activas y/o en los modelos centrados en el aprendizaje del alumnado y en el desarrollo de competencias.
b) Suele mejorar la motivación e implicación del alumnado en el proceso de aprendizaje.
c) Ayuda a corregir los problemas que surgen en el proceso de enseñanza-aprendizaje, de forma que permite mejorar los procesos de aprendizaje del alumnado, así como los procesos de enseñanza-aprendizaje que se llevan a cabo en el aula.
d) Desarrolla la responsabilidad y autonomía del alumnado en los procesos de aprendizaje, con lo que adquiere un gran potencial de cara al desarrollo de sistemas de autorregulación del aprendizaje, la competencia de aprender a aprender y las estrategias de aprendizaje permanente.
e) Constituye una experiencia de aprendizaje en sí misma.
f) Facilita el desarrollo de la capacidad de análisis crítico y la autocrítica.
g) Suele mejorar el rendimiento académico, como efecto lógico de las ventajas enunciadas anteriormente.

En cuanto a los inconvenientes que pueden tener los sistemas de EFyC, destacamos los más frecuentes que se han encontrado en trabajos anteriores, en todas las etapas educativas (López-Pastor, 2006, 2009; López-Pastor & Pérez-Pueyo, 2017; Castejón et al., 2011; López-Pastor et al., 2013; Romero et al., 2014).

a) Al comenzar con sistemas de EFyC en cualquier etapa educativa los alumnos suelen tener una falta de hábito y desconocimiento que les genera desconfianza y bastante confusión. En muchos de estos trabajos se propone la necesidad de ser muy claro con los alumnos y explicarles el sistema de EFyC desde el principio, y tantas veces como sea necesario a lo largo del proceso. Si conocen "las reglas del juego" será mucho más fácil que lo aprenden y despejen las dudas y resistencias iniciales.

b) El proceso de EFyC requiere que los alumnos sean responsables y autocríticos con su propia práctica educativa; es posible que al principio muestren falta de responsabilidad hacia el proceso, tendencia que suele irse corrigiendo con el tiempo si el profesor hace énfasis en ello.

c) La carga de trabajo es otro de los inconvenientes que puede tener la EFyC, tanto para los alumnos como para los docentes. Los docentes tienen que invertir tiempo inicial en organizar bien su sistema de EFyC para que realmente sirva para mejorar su docencia, el aprendizaje del alumnado y el proceso de enseñanza-aprendizaje en sí mismo. Si bien es cierto que hay varias investigaciones que señalan que la sobrecarga de trabajo no es tan grande como suele parecer, ni para los docentes ni para los estudiantes.

d) El proceso de EFyC exige asistencia obligatoria y activa a clase, participar en la propia evaluación y un mayor esfuerzo por parte del alumnado. Sin embargo, algunos estudios han explicado que son características propias del proceso de EFyC, y que los alumnos dejan de ver estas características como inconvenientes cuando se acostumbran y conocen el proceso de EFyC (Gallardo et al., 2018; López-Pastor, 2009; Martínez, Vallés & Romero, 2015).

e) La discontinuidad en el uso de estos sistemas de EFyC entre asignaturas, cursos o niveles. En el estudio de Silva & López-Pastor (2015) se señala que esta discontinuidad favorece el desconocimiento de los sistemas de EFyC y las reticencias iniciales de los alumnos. Por tanto, una vez que lo conocen, señalan que sería positivo que todas las asignaturas emplearan dichos sistemas de evaluación para aprender más y mejor.

La utilización de sistemas de EFyC implica desarrollar de forma sistemática ciclos de I-A sobre el propio sistema de evaluación, de forma que estos inconvenientes se vayan solucionando curso a curso (López-Pastor et al., 2011).

Participación del alumnado en la Evaluación Formativa y Compartida

La participación del alumnado en la evaluación tiene también numerosas ventajas educativas (López-Pastor, 2009 y López-Pastor y Pérez-Pueyo, 2017), entre las que se destacan la influencia positiva en el aprendizaje, por parte del alumnado, y la adquisición de ciertas competencias personales, académicas y/o profesionales. Muchas coinciden con las vistas en el modelo general de EFyC. Las principales son las siguientes:

1. Mejora el aprendizaje.
2. Mejora la autonomía personal, los procesos de autorregulación del aprendizaje y la competencia de aprender a aprender.

3. Desarrolla la capacidad de análisis crítico y la autocrítica.
4. Suele ser muy útil en la mejora del clima del aula y en la resolución de problemas de convivencia en el aula y/o en el centro.
5. Es un proceso fundamental en la formación de personas responsables y en el desarrollo de una educación democrática.
6. En algunos casos, también es una cuestión de coherencia con las convicciones educativas del profesorado y con los proyectos curriculares propios o del centro.

A la hora de fomentar la participación del alumnado en los procesos de evaluación, las técnicas más habituales son: la autoevaluación, la evaluación entre iguales (o co-evaluación), la evaluación compartida, la autocalificación y la calificación dialogada. Vamos a ir revisando de una en una las diferentes técnicas que existen para implicar al alumnado en los procesos de evaluación educativa. Tomamos para ello como referencia el libro coordinado por López-Pastor (2009):

1) Autoevaluación. Suele referirse a la evaluación que una persona realiza sobre sí misma o sobre un proceso y/o resultado personal. En nuestra profesión, la mayoría de las veces que se utiliza este término es para referirse a la autoevaluación del alumnado, pero también puede encontrarse haciendo referencia a la autoevaluación del profesorado, normalmente ligado a procesos de perfeccionamiento profesional. Puede ser tanto individual como grupal. En este último sentido, cuando las actividades de aprendizaje son de carácter grupal y/o colaborativo, lo coherente es que el proceso de autoevaluación también sea grupal. A lo largo de este libro pueden encontrarse diferentes ejemplos de cómo realizar este tipo de procesos en las diferentes etapas educativas, así como los instrumentos utilizados en cada caso.

2) Evaluación entre iguales (o co-evaluación). En castellano, durante muchos años se ha utilizado habitualmente el concepto de "co-evaluación" para referirse a la evaluación entre pares, entre iguales. Pero en los últimos diez años también se está utilizando este mismo concepto con el significado de "evaluación colaborativa". Por tanto, parece ser aconsejable utilizar el concepto de "evaluación entre pares" (que es la traducción literal del término inglés), para evitar confusiones con el término co-evaluación.

En este caso, su utilización en la literatura especializada suele limitarse a la evaluación entre alumnos. Cuando un profesor evalúa a otro compañero, normalmente dentro de procesos de formación permanente del profesorado o investigación educativa, no suele utilizarse este término, sino conceptos como: "profesor-observador", "amigo crítico" u "observador externo". Al igual que ocurría con la autoevaluación, la evaluación entre pares también puede ser individual o grupal. Si las actividades de aprendizaje son de carácter grupal (mediante grupos más o menos numerosos), los procesos de evaluación entre iguales también pueden y deben ser grupales. El realizar una coevaluación grupal no significa que las responsabilidades individuales deban verse diluidas. Es posible y conveniente, en muchos casos, valorar tanto los aspectos grupales como las aportaciones individuales de cada miembro del grupo.

3) Evaluación compartida. Este término hace referencia a los procesos dialógicos que mantiene el profesor con su alumnado sobre la evaluación de los aprendizajes y

     Buenas prácticas de Evaluación Formativa y Compartida

los procesos de enseñanza-aprendizaje que tienen lugar. Estos "diálogos" pueden ser individuales o grupales. También pueden estar basados o relacionados con procesos previos de autoevaluación y/o evaluación entre pares, así como con procesos paralelos o complementarios de *autocalificación y calificación dialogada*.

Habitualmente suponen una comunicación individual con cada alumno, aunque en bastantes ocasiones este tipo de conversaciones evaluativas son también grupales, colectivas, tanto en lo que afecta a cuestiones genéricas de los trabajos, como en las tutorías en que se revisan los trabajos por pequeños grupos. Por tanto, existen tres vías principales para llevar a cabo una evaluación compartida, que son complementarias entre sí dentro de la misma asignatura: (a) individual; (b) por grupos de trabajo y (c) por asamblea (todo el grupo-clase).

El término en inglés que más se aproxima a este tipo de procesos es "*Co-assessment*", aunque no tiene el mismo significado que nosotros le damos, sino más bien indica que el profesor tutoriza, revisa y controla los procesos de autoevaluación y/o coevaluación del alumnado de cara a la calificación final del trabajo, llegando incluso a identificar este término con los de "*collaborative assessment*" y "*cooperative assessment*" (Dochy, Segers & Sluijsmans,1999; Dochy, Segers & Dierik, 2002). Son términos menos utilizados en la literatura especializada que los de autoevaluación y co-evaluación.

Por otra parte, Salinas (2002) utiliza el concepto de evaluación compartida para referirse a la puesta en común y coordinación entre el profesorado de un centro sobre los sistemas de evaluación que utilizan en sus materias, el conjunto de criterios y juicios a utilizar, etc. Este autor considera muy importante promover la evaluación compartida entre docentes en los centros, dado que contribuiría a poner sobre la mesa criterios y juicios de valor más relacionados con la educación y no tan limitados por la mera instrucción y control. En cambio, nosotros utilizamos el concepto de evaluación compartida para hacer referencia a las dinámicas dialógicas y evaluativas que establecemos con el alumnado sobre sus procesos de aprendizaje.

4) Autocalificación. Es el proceso a través del cual cada alumno fija la calificación que cree merecer. En la mayoría de los casos se realiza tras un proceso en que el profesor acuerda con el alumnado los criterios de calificación, pero existen también otras muchas formas de llevar a cabo un proceso de autocalificación. Este tipo de diálogos y acuerdos previos con el alumnado sobre los criterios de calificación suelen formar parte de procesos más amplios de negociación curricular. Hay muchas formas de llevar a cabo este proceso, pero en todos los casos requiere que existan unos criterios de calificación claros y públicos desde el principio del proceso de aprendizaje. Pueden encontrar algunos ejemplos en los diferentes capítulos del libro.

5) Calificación dialogada. Es el proceso final a través del cual profesor y alumno fijan la nota definitiva del alumno en la asignatura en un trimestre, curso o unidad didáctica. Normalmente se realiza a partir de la autoevaluación y autocalificación previa del alumno, como parte final del proceso de evaluación compartida de final de trimestre o curso. Se debe basar siempre en los criterios de calificación fijados de antemano, y en las evidencias aportadas por profesor y alumno.

Dado que en el sistema educativo el profesorado tiene que poner calificaciones al final de cada trimestre y cada curso, la calificación dialogada es una consecuencia lógica y coherente con los procesos de evaluación compartida. En cualquier caso (y se haga o no), es importante tener claro que son dos procesos diferentes y que, a pesar de que en algún caso puedan estar relacionados, es conveniente dejar clara su separación, e incluso no entrar en este tipo de situación más veces de las estrictamente necesarias.

Por todo ello, entendemos que este proceso se debe llevar a cabo el mínimo de veces que sea estrictamente necesario. Por ejemplo, al final de cada trimestre en Primaria y Secundaria y al final de cada cuatrimestre en la universidad. En Educación Infantil no es necesario realizar procesos de autocalificación ni calificación dialogada, dado que en esta etapa no hay calificaciones, pero puede resultar muy interesante llevar a cabo procesos de evaluación compartida. En este libro pueden encontrarse algunas experiencias de este tipo.

Viabilidad de la Evaluación Formativa y Compartida en todas las etapas educativas

En el apartado anterior hemos explicado las ventajas que tiene la EFyC, según los resultados acumulados por la investigación educativa. Este modelo de evaluación puede ser utilizado en cualquier etapa del sistema educativo (López-Pastor, 2006, 2009; López-Pastor y Pérez-Pueyo, 2017; Santos, Martínez y López-Pastor, 2009; Pascual-Arias, García-Herranz y López-Pastor, 2019; López-Pastor, Sonlleva y Martínez, 2019; Hamodi-Galán y Barba-Martín, 2021; López-Pastor et al., 2021a; López-Pastor et al., 2021b).

Estudios realizados en los últimos años también parecen mostrar que hay una clara transferencia entre haber vivido procesos de EFyC durante la formación inicial del profesorado y su utilización posterior por parte de los docentes en las aulas de Infantil, Primaria y Secundaria (Hamodi et al., 2017; López-Pastor et al., 2021; Molina y López-Pastor, 2019; López-Pastor et al., 2020; Herrero-González, Manrique y López-Pastor, 2021).

Otros estudios están demostrando que muchos profesores también comienzan a desarrollar sistemas de EFyC en sus aulas a pesar de no haberlo vivido durante su trayectoria académica. En estos casos, la clave parece estar en varias dinámicas de formación permanente del profesorado: seminarios, grupos de trabajo, proyectos colaborativos de innovación educativa, congresos o jornadas de intercambio de experiencias, lecturas individuales en libros y artículos, etc. En esta segunda vía, la dinámica de formación permanente que parece resultar más potente y segura a la hora de que el profesorado pueda avanzar en la utilización de sistemas de EFyC en el aula son los grupos de Investigación-Acción (Barrientos et al., 2019; Córdoba, 2015; Córdoba et al., 2018; López-Pastor, Monjas y Manrique, 2011; López-Pastor et al., 2016; Molina y López-Pastor, 2019; Molina, Pascual y López-Pastor, 2020; Pascual-Arias et al., 2019). Por tanto, es importante trabajar en esta línea si hay un deseo real de avanzar hacia modelos de Evaluación Formativa en el aula.

En este libro hemos recopilado diferentes experiencias que ahondan en todas las evidencias anteriormente referidas: es posible llevar a cabo sistemas de EFyC en todas las etapas del sistema educativo (Educación Infantil, Primaria, Secundaria, Formación Profesional y Universidad); y este tipo de sistemas de evaluación suelen generar mejores resultados y un mejor funcionamiento del proceso de aprendizaje.

Referencias bibliográficas

Barrientos, E., López-Pastor, V. M., Pérez-Brunicardi, D. (2019). ¿Por qué hago Evaluación Formativa y compartida y/o evaluación para el aprendizaje en EF? La influencia de la formación inicial y permanente del Profesorado. *Retos, Nuevas tendencias en Educación Física, Deporte y Recreació*n, *36*, 37-43. https://recyt.fecyt.es/index.php/ retos/article/view/66478

Castejón, F.J., López-Pastor, V.M., Julián, J.A. & Zaragoza, J. (2011). Evaluación formativa y rendimiento académico en la formación inicial del profesorado de Educación Física. *Revista Internacional de Medicina y Ciencias de la Actividad Física y el Deporte*, *11*(42), 328-346.

Córdoba, C. (2015). La aventura de aprender: Relato autobiográfico del viaje a Ítaca de un docente reflexivo. *Retos, Nuevas tendencias en Educación Física, Deporte y Recreación*, *28*, 285-290.

Córdoba, T., López-Pastor, V. M., Sebastiani, E. (2018). ¿Por qué hago Evaluación Formativa en educación física? Relato autobiográfico de un docente. *Revista Estudios Pedagógicos (EPED)*, *44*(2), 21-38. http://revistas.uach.cl/index.php/estped/article/ view/4138

Dochy, F., Segers, M., Dierick, S. (2002). Nuevas vías de aprendizaje y enseñanza y sus consecuencias: una era de evaluación. *Revista de Docencia Universitaria, 2*(2), 13-30. http://www.uam.es/servicios/apoyodocencia/ice/redu

Dochy, F., Segers, M., Sluijsman, D. (1999). The use of self-, peer-, and co-assessment in higher education: a review. *Studies in Higher Education, 24*(3), 331-350.

Hamodi-Galán, C., & Barba-Martín, R. (2021). *Evaluación Formativa y Compartida: Nuevas propuestas de desarrollo en Educación Superior*. Dextra.

Hamodi, C., López-Pastor, A. T., & López-Pastor, V. M. (2017). If I experience formative assessment whilst at University will I put it into practice later as a teacher? Formative and shared assessment in Initial Teacher Education. *European Journal of Teacher Education, 40*(2), 171-190. https://doi.org/10.1080/02619768.2017.1281909

Herrero-González, D., Manrique Arribas, J. C., & López-Pastor, V. M. (2021). Incidencia de la Formación Inicial y Permanente del Profesorado en la aplicación de la Evaluación Formativa y Compartida en Educación Física. *Retos, 41*, 533-543. https://doi.org/10.47197/retos.v0i41.86090

López-Pastor, V. M. (coord.) (2006). *La Evaluación en Educación Física: Revisión de los modelos tradicionales y planteamiento de una alternativa: la Evaluación Formativa y Compartida*. Miño y Dávila editores.

López-Pastor, V. M. (coord.) (2009). *Evaluación formativa y compartida en educación superior. Propuestas, técnicas, instrumentos y experiencias*. Narcea.

López-Pastor, V. M. (2019). Avaliação formativa, participada e autêntica em Educaçao Física. En N. Ferro (coord.) *"A avaliação em Educação Física: perspetivas e desenvolvimentos"* (pp. 23-40). Sociedade Portuguesa de Educação Física (SPEF).

López-Pastor, V. M., et al. (2016). Veinte años de formación permanente del profesorado, Investigación-Acción y programación por dominios de acción motriz. *Retos, Nuevas tendencias en Educación Física, Deporte y Recreación, 29*, 270-279.

López-Pastor, V.M., Fuentes, T., Pascual Arias, C., Molina Soria, M., & Fernández, C. (2021). La evaluación educativa en la formación inicial del profesorado. Ventajas y posibilidades de la Evaluación Formativa y Compartida. En W. dos Santos (Coord.), *Evaluación educativa: diálogos en la formación inicial de profesores*. Appris Editora.

López-Pastor, V.M., Molina Soria, M., Pascual Arias, C., Fuentes, T., & Fernández, C. (2021). ¿Es importante vivir la Evaluación Formativa y Compartida en la formación inicial del profesorado para poder utilizarla como maestro en el futuro? En W. dos Santos, *Evaluación educativa: diálogos en la formación inicial de profesores*. Appris Editora (in press).

López-Pastor, V. M., Molina, M., Pascual, C., & Manrique, J. C. (2020). La importancia de utilizar la Evaluación Formativa y Compartida en la Formación Inicial del Profesorado de Educación Física: los Proyectos de Aprendizaje Tutorado como ejemplo de buena práctica. *Retos, Nuevas tendencias en Educación Física, Deporte y Recreación, 37*, 620-627.https://recyt.fecyt.es/index.php/retos/article/view/74193/45768

López-Pastor, V. M., Monjas, R., & Manrique, J. C. (2011). Fifteen years of action-research as professional development. Searching more collaborative, useful and democratic systems for teachers. *Educational Action-Research, 19*(2), 153-170.

López-Pastor, V. M. & Pérez-Pueyo, A. (2017). *Buenas prácticas docentes. Evaluación formativa y compartida en educación: Experiencias de éxito en todas las etapas educativas.* Universidad de León (E-book). https://buleria.unileon.es/handle/10612/5999

López-Pastor, V. M., Pintor, P., Muros, B. & Webb, G. (2013). Formative assessment strategies and their effects on student performance and on student ant tutor workload: The results of research projects undertaken in preparation for greater convergence on universities in Spain within the European Higher Education Area (EHEA). *Journal of Further and Higher Education, 37*(2), pp. 163-180. http://dx.doi.org/10-1080/0309877X.2011.644780

López-Pastor, V. M., Sonlleva Velasco, M., & Martínez Scott, S. (2019). Evaluación formativa y compartida en educación. *Revista Iberoamericana de Evaluación Educativa, 12*(1), 5-9.

Molina, M. & López-Pastor, V. M. (2019). ¿Evalúo cómo me evaluaron en la facultad? Transferencia de la evaluación vivida durante la formación inicial del profesorado a la evaluación practicada como docente. *Revista Iberoamericana de Evaluación Educativa, 12*(1), 85-101. https://doi.org/10.15366/riee2019.12.1.005

Molina Soria, M., Pascual Arias, C., & López Pastor, V. M. (2020). El uso de sistemas de Evaluación Formativa y Compartida en las aulas de educación física en educación primaria. *Educación Física Y Deporte, 39*(1). https://revistas.udea.edu.co/index.php/educacionfisicaydeporte/article/view/340292

Pascual-Arias, C., López-Pastor, V. M., & Hamodi, C. (2019). Proyecto de Innovación: La Evaluación Formativa y Compartida en Educación. Resultados de transferencia de conocimiento entre Universidad y Escuela. *Revista Iberoamericana de Evaluación Educativa, 12*(1), 29-45. https://doi.org/10.15366/riee2019.12.1.002

Pascual-Arias, C., García-Herranz, S. & López-Pastor, V.M. (2019). What do preschool students want? The role of formative and shared assessment in their right to decide / ¿Qué quieren los niños y niñas de Educación Infantil? El papel de la Evaluación Formativa y Compartida en su derecho a decidir. *Cultura y Educación*, 31-4: 865-880. https://doi.org/10.1080/11356405.2019. 1656486

Romero-Martín, R., Fraile-Aranda, A., López-Pastor, V. M. & Castejón-Oliva, F. J. (2014). The relationship between formative assessment systems, academic performance and teacher and student workloads in higher education / Relación entre sistemas de Evaluación Formativa, rendimiento académico y carga de trabajo del profesor y del alumno en la docencia universitaria. *Infancia y Aprendizaje. Journal for the Study of Education and Development, 37*(2), 1-32. http://dx.doi.org/10.1080/0 2103702.2014.918818

Salinas, D. (2002). *¡Mañana examen! La evaluación: entre la teoría y la realidad.* Graó.

Santos, M., Martínez, L. F. & López-Pastor, V. M. (coords.) (2009). *La innovación docente en el Espacio Europeo de Educación Superior.* Universidad de Almería.

Silva Rodríguez, I. & López-Pastor, V.M. (2015). ¿Cómo vive el alumnado la evaluación en formación inicial del profesorado? *@-tic Revista d'Innovación Educativa*, 14(14).

—BLOQUE 2—

Buenas prácticas en Evaluación Formativa y Compartida en diferentes etapas educativas: Infantil, Primaria, Formación Profesional y Educación Superior

CAPÍTULO 3

El papel de la Evaluación Formativa y Compartida en el aprendizaje de la lecto-escritura en el primer curso del segundo ciclo de Educación Infantil

Sofía García Herranz

Educación Infantil, CEIP Marqués de Lozoya (Torrecaballeros - Segovia)

Introducción

El objetivo de esta experiencia es valorar los resultados obtenidos en el ámbito lecto-escritor, al aplicar un sistema de Evaluación Formativa y Compartida (EFyC) en un aula de primer curso del 2º ciclo de Educación Infantil (EI) con alumnos de 3-4 años, durante el curso escolar 2018/2019.

Para ello, se describe el contexto en el que se desarrolla la experiencia, así como las principales actividades de aprendizaje realizadas en el aula de forma diaria y sistemática, creando rutinas estables y fijas. Así mismo, se muestra cómo aplicar la doble vía, dando a los alumnos la posibilidad de elegir la forma de realizar sus trabajos diarios, fomentando en el alumnado actitudes como alta dedicación a la tarea, responsabilidad y compromiso. Se describen los dos instrumentos de EFyC utilizados a modo de actividad de aprendizaje con los alumnos: (a) bombilla, martillo, tijera y estrella y (b) tendero de los deseos; el primero de ellos aplicado tras finalizar cada unidad didáctica y el segundo, al finalizar cada uno de los trimestres; obteniendo así el resultado-efecto en el rendimiento de los alumnos con respecto al ámbito lectoescritor.

Recogemos al final del capítulo las principales ventajas e inconvenientes encontrados a lo largo de la experiencia, así como las posibles mejoras a realizar para solventar las dificultades encontradas. Como conclusión podemos señalar: (a) la viabilidad de realizar procesos de EFyC desde edades tempranas; (b) estas experiencias generan procesos que influyen positivamente en el aprendizaje y la autonomía del alumnado; (c) se propicia una mejora en el clima del aula; (d) se puede fomentar la participación de las familias.

Contexto

El centro en el que se desarrolla la experiencia es el CEIP Marqués de Lozoya (Torrecaballeros). Es un colegio rural, situado a diez kilómetros de Segovia y al que acuden alumnos de dieciséis núcleos de población, incluida la cabecera (Torrecaballeros). Es un colegio de línea 2, cuenta con 276 alumnos (181 de Educación Primaria y 95 de Educación Infantil), con una ratio de entre 14 y 17 alumnos por aula. Es un centro de jornada continua, el cual dispone de buena dotación de recursos personales y materiales. La plantilla de docentes es fija y están muy implicados en los proyectos de centro, destacando el plan de convivencia con el programa TEI (Tutoría Entre Iguales) y los círculos restaurativos.

Esta experiencia de EFyC se llevó a cabo durante el curso escolar 2018-19 con los alumnos de primer curso del segundo ciclo de Educación Infantil (3-4 años) en el ámbito lecto-escritor. Concretamente en el aula contábamos con diecisiete alumnos de los cuales uno de ellos es un alumno con necesidades específicas de apoyo educativo (ACNEAE) y una alumna de origen marroquí con desconocimiento del idioma que se incorporó al aula en el segundo trimestre.

Para poder concretar **los objetivos de aprendizaje** en el ámbito lectoescritor, nos hemos basado en la legislación vigente, concretamente en el Decreto 122/2007 por el que se establece el currículo en el segundo ciclo de Educación Infantil, el cual establece –en el artículo 4 referente a los Objetivos Generales de Etapa– que en este tramo educativo el alumnado deberá "iniciarse en las habilidades lógico-matemáticas, en la lectoescritura y en el movimiento, el gesto y el ritmo" (Decreto 122/2007, 2008, p. 7). Es por ello por lo que se ha concretado este objetivo general en los objetivos didácticos de aprendizaje presentados en la tabla 1.

Tabla 1. Objetivos de aprendizaje por trimestres (lecto-escritura, primer curso del segundo ciclo de EI).

1º TRIMESTRE	2º TRIMESTRE	3º TRIMESTRE
- Iniciación en la pre-escritura a través del trazo. - Reconocimiento del nombre escrito.	- Realización de trazos horizontales y verticales con mayor precisión. - Escritura del nombre y reconocimiento del nombre de algunos compañeros.	- Realización del trazo con mayor precisión y tono adecuado. - Escritura del nombre, el de algunos compañeros e iniciación en la escritura de vocales. - Identificación de las vocales.

En cuanto a **las principales actividades de aprendizaje** llevadas a cabo en el aula, hay que destacar que éstas se enmarcan bajo una metodología vivencial donde el alumno es el motor de su propio aprendizaje.

Estas actividades se organizan dentro de periodos concretos, donde se busca que la concentración y atención del alumnado sea mayor. Ese es el motivo por el que el día a día se organiza en rutinas muy marcadas, destacando la primera asamblea de la mañana y el trabajo por rincones, momentos donde se desarrollan las siguientes actividades de aprendizaje:

- Programa de Estimulación Temprana (en adelante PET) utilizando categorías de bits de palabras y letras del abecedario. Estos bits se muestran diariamente y se realizan diferentes actividades en relación con los objetivos propuestos (identificar el nombre de los compañeros, escritura de letras, escritura de palabras sencillas, identificar vocales…).
- Bits de nombres de los alumnos en mayúscula.

   Buenas prácticas de Evaluación Formativa y Compartida

- Actividades desarrolladas en los diferentes rincones del aula:
  - Mesa de luz: composición de palabras en mayúscula a través de vasos traslúcidos de colores con letras en la parte inferior del vaso y composición de palabras a partir de moldes de letras rellenas con diferentes materiales: arena mágica, plastilina y masillas.
  - Visionado de cuentos y uso de la pizarra blanca magnética con letras imantadas y rotuladores borrables que utilizan los alumnos en el rincón de la biblioteca.
  - Pizarra tradicional con tizas, borrador, bits de palabras y blue-tack que utilizan de forma diaria en el rincón de la alfombra.

Explicación del sistema de evaluación y calificación

El sistema de EFyC presentado en esta experiencia pretende ser una herramienta al servicio del proceso de enseñanza-aprendizaje, que genere aprendizaje en sí mismo y no ser utilizado como medio de calificación (García-Herranz y López, 2015).

Este sistema está acorde con la forma de trabajar diaria, dando un sentido completo a todo el proceso; por ello la utilización de procesos de EFyC debe ser coherente con la metodología utilizada (López, 2009); como bien describe Santos (2003, p. 16) "dime qué y cómo evalúas y te diré qué y cómo enseñas".

A lo largo de toda la experiencia planteo un sistema de EFyC en mi aula dando a los alumnos la oportunidad de elegir la forma de elaborar sus producciones (fichas, actividad en mesa, trabajos, etc.): (a) sencilla, realizando la tarea lo mejor posible; (b) más compleja, realizar la tarea lo mejor posible y por el reverso de ésta demostrar sus conocimientos adquiridos, realizando de forma adicional otras tareas que ellos deciden para conseguir una valiosa cara sonriente.

En la siguiente imagen (fotografía 1) puede observarse un ejemplo de tareas adicionales realizadas en el reverso de las fichas; en la fotografía 1 se muestra la ficha a realizar por el alumno (escritura de dos nombres de compañeras de clase).

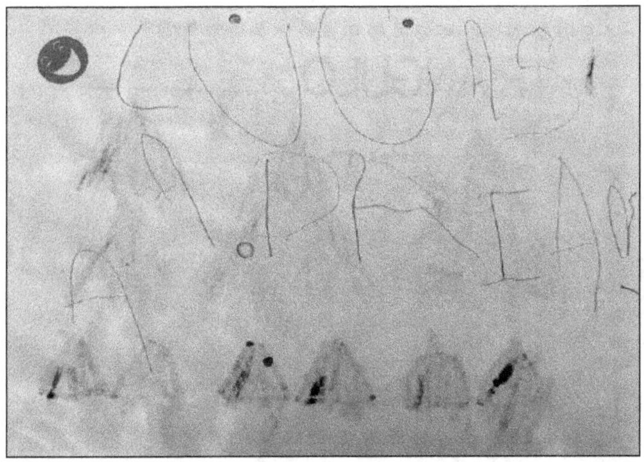

Fotografía 1. Reverso de ficha

En la primera asamblea de cada día se explica la ficha a realizar y los propios alumnos son quienes eligen qué opción seguir (sencilla o compleja). De la misma manera, a lo largo de la segunda y última asamblea, se produce un diálogo sobre lo acontecido y se explican las razones que han llevado a otorgar la cara sonriente; en el caso contrario, se razona conjuntamente de qué manera podría haberse conseguido, aportando *feedback* sobre cómo mejorar.

Durante esta experiencia los instrumentos de EFyC aplicados fueron dos (García-Herranz, 2018): (1) bombilla, martillo, tijeras y estrella (Martín, 2012); y (2) el tendero de los deseos (García-Herranz y López, 2015). El primer instrumento es utilizado al finalizar cada unidad didáctica y el segundo de ellos al finalizar cada uno de los trimestres.

Para realizar la actividad de "bombilla, martillo, tijeras y estrella" contamos con (1) imágenes plastificadas de una bombilla, un martillo, unas tijeras y una estrella; (2) en la asamblea grupal se va pasando cada una de las imágenes de tal forma que cuando el alumno tenga la bombilla explique algo que ha aprendido durante la unidad didáctica, con el martillo aquellos aspectos que le gustaría fijar en el tiempo porque le han gustado mucho, con la tijera aquello que le gustaría cortar porque no le han gustado y la estrella, para destacar a aquellos amigos que le han hecho sentir bien.

Para llevar a cabo la segunda actividad, el tendero de los deseos, los alumnos (1) cuentan con un número considerable de pinzas con sus nombres escritos en ellas; (2) se les plantean que dibujen aquellos "deseos" donde expliquen qué actividad, ficha, momento a lo largo del día... les ha gustado más o, por el contrario, les ha gustado menos; (3) una vez dibujados los deseos y expuestos de forma dialogada en la asamblea grupal, cada alumno pondrá una pinza en aquellos deseos con los que estén de acuerdo. Según el número de pinzas que haya en cada deseo se puede ver el grado de acuerdo y desacuerdo de la clase (ver fotografía 2), lo que supone una información muy valiosa de aquellos aspectos que han resultado aceptados y valorados, o por el contrario no han sido aceptados de la manera esperada. Esta actividad da la oportunidad de cambiar aquellas experiencias, materiales o dinámicas que no cuentan con la aceptación de los alumnos y de la misma manera, seguir afianzando y consolidando aquellos otros que cuentan con un número significativo de pinzas y por tanto de la aceptación de la clase (*feedback*).

Fotografía 2. Acuerdo y desacuerdo de cada alumno

Todo lo sintetizado hasta ahora puede verse reflejado a continuación en la tabla 2.

Tabla 2. Relación entre los elementos que forman parte de la EFyC.

FINALIDADES	ACTIVIDADES APRENDIZAJE	EVALUACIÓN FORMATIVA Y COMPARTIDA	ÍTEMS INFORME FINAL
Iniciarse en las habilidades lógico-matemáticas, en la lectoescritura y en el movimiento, el gesto y el ritmo.	Actividades diarias en el aula. Asambleas dialogadas.	Se les explica la actividad y se les da la oportunidad de realizar un trabajo extra para conseguir cara verde o dorada. El mismo día, en la asamblea de después del recreo se da el *feedback* de la actividad realizada.	- Realiza trazos con mayor precisión y tono adecuado. - Escribe su nombre, el de algunos compañeros y se inicia en la escritura de vocales. - Identifica las vocales.
	Actividad bombilla, martillo, tijera y estrella. Actividad tendero de los deseos.	A través de estas actividades se generan ciclos de Investigación-Acción en los que participa el alumnado, reorientando la práctica educativa. Además, permiten evaluar aspectos claves del día a día: espacios, tiempos, recursos, materiales, ...	

Resultados-efecto en el rendimiento académico del alumnado

Este sistema de EFyC ha permitido que los niños mejoren y evolucionen significativamente en su proceso de aprendizaje en el ámbito lectoescritor, iniciándose en la escritura de forma natural y espontánea. Además, vemos cómo a lo largo del curso se desarrollan importantes actitudes como el trabajo autónomo, la capacidad de superación personal y su dedicación a la tarea desde edades muy tempranas; no debemos olvidar que los primeros años de vida son claves para asentar conductas y actitudes que les marcará de forma significativa en años posteriores.

El enorme potencial educativo que posee este tipo de experiencia se ve reforzado por la responsabilidad que adquieren los alumnos al aprender a elegir desde el inicio; siendo ellos mismos conscientes de su evolución, lo que ha fomentado que cada vez más alumnos se hayan unido a la iniciativa.

En relación con los resultados obtenidos tras aplicar este sistema de EFyC en el ámbito lectoescritor, cabe decir que de todos los alumnos, catorce de ellos han alcanzado contenidos superiores a los recogidos en los ítems del informe final del curso; produciendo un aumento considerable en el rendimiento del grupo. Los aprendizajes en el ámbito lectoescritor se han dado de forma más natural y rápida, dada la buena disposición y alta motivación experimentada por estos alumnos; este aspecto ha favorecido que se fomente el gusto tanto por la lectura como la escritura, potenciando este ámbito desde edades tempranas, como es la Educación Infantil.

En aquellos alumnos con un nivel medio o más bajo (dos alumnos con necesidad específica de apoyo educativo) la EFyC les ha proporcionado la oportunidad de mejorar, siendo de nuevo la motivación el desencadenante que ha permitido que la evolución sea evidente.

Principales ventajas encontradas

Los argumentos expuestos anteriormente muestran que la EFyC genera efectos positivos en el alumnado, así como en los docentes y el propio proceso de enseñanza-aprendizaje. Es por ello que las principales ventajas encontradas pueden resumirse en las siguientes:

- Una mejora evidente y evolución significativa en relación con los objetivos propuestos del ámbito lectoescritor. La EFyC ha favorecido un mayor desarrollo de la capacidad lectoescritora en los niños, de una forma más natural y rápida, adquiriendo un aprendizaje en el alumnado más alto que lo que establece la normativa y lo que suele ser habitual en estas edades.
- Alta motivación por parte de los alumnos; en consecuencia, se ha tenido que elaborar nuevos espacios en el aula (rincón de las letras y rincón de la mesa de luz) que permita a los alumnos, a través del juego, potenciar el aprendizaje del ámbito lectoescritor.
- Alta motivación por parte de las familias; el hecho de que las familias conozcan la dinámica seguida en clase en relación con la EFyC es un aspecto positivo ya que se sienten partícipes y animan a sus propios hijos a mejorar.
- Iniciar a los alumnos en la responsabilidad de aprender a elegir (pudiendo conseguir caras doradas y verdes) desde edades tempranas.
- Iniciarles en un pensamiento crítico al darles voz durante toda la experiencia y ellos ver una consecuencia clara de sus opiniones.
- Al fijar unos momentos claves a lo largo de la jornada escolar para aplicar la doble vía y darles el *feedback*, ha hecho que la Evaluación Formativa y Compartida sea totalmente viable desde una temprana edad y fácil de aplicar.

Principales inconvenientes encontrados y posibles soluciones de mejora

Este tipo de EFyC requiere una organización muy concreta y específica dentro de los momentos diarios que conforman el día a día, además de constancia e implicación por parte del profesorado que permita dar un *feedback* al alumnado de forma diaria. Si a estos aspectos se le suma que el dar voz a los alumnos no siempre proporciona información real, dada su edad, nos encontramos con pequeños obstáculos que podrían considerarse inconvenientes. No obstantes, estos aspectos son fácilmente salvables llevando a cabo las indicaciones explicadas en la tabla 3.

Tabla 3. Principales inconvenientes encontrados y posibles soluciones para cada uno de ellos.

Principales inconvenientes encontrados	Posibles soluciones de mejora
Cuando la edad de los alumnos es más baja (2-3 años), la información proporcionada por el grupo al inicio de la experiencia no siempre es verídica.	Ser constante y dar un poco más de tiempo para provocar resultados objetivos.
Este tipo de evaluación en alumnos de Infantil implica una mayor organización y planificación de los momentos en los que se va a aplicar.	Programar con tiempo las actividades a realizar para llevar a cabo la EFyC y estipular momentos fijos a lo largo de la jornada escolar, para llevarlas a cabo.
No todos los especialistas que entran en el aula aplican el mismo sistema de evaluación.	Coordinación entre todo el equipo docente que entra en el aula.

Conclusiones

Tras la puesta en marcha de esta experiencia de EFyC, se constata la viabilidad de aplicar EFyC desde edades muy tempranas, aspecto clave para sentar las bases en años posteriores.

Este tipo de evaluación permite potenciar el pensamiento crítico en los alumnos, al darles en todo momento la posibilidad de elegir y ver cómo sus opiniones fomentan la creación de nuevos materiales, recursos, organización de espacios y tiempos...; a su vez, fomenta en el alumnado actitudes como alta dedicación a la tarea, superación personal y constancia.

Destacar que la EFyC ha permitido una mejora notable en el proceso de enseñanza y aprendizaje de los alumnos y en la motivación, lo que ha repercutido positivamente en un buen clima y convivencia escolar.

Todos estos aspectos hacen que la EFyC ocupe un puesto decisivo y clave en los momentos diarios de los alumnos, otorgando una valiosa fuente de información sobre el proceso de aprendizaje de los alumnos, el proceso de enseñanza del docente y aquellos aspectos claves (espacios, tiempos y recursos) que conforman el día a día.

Referencias bibliográficas

García Herranz, S. (2018). *Resultados de un programa de estimulación temprana en el segundo ciclo de educación infantil: un estudio de caso cualitativo.* [Tesis Doctoral, Universidad de Valladolid]. https://uvadoc.uva.es/handle/10324/36269

García-Herranz, S., & López, V. (2015). Evaluación Formativa y Compartida en Educación Infantil. Revisión de una experiencia didáctica. *Qualitative Research in Education, 4*(3), 269-298. https://doi.org/10.17583/qre.2015.1269.

García-Herranz, S. (2019). Experiencias de éxito en Evaluación Formativa y Compartida en el 2º ciclo de Educación Infantil: sentar las bases desde edades tempranas. *Infancia, Educación y Aprendizaje (IEYA), 5*(2), 137-142. https://doi.org/10.22370/ieya.2019.5.2.1685

Martín, P. (2012). *La importancia de la educación en valores en infantil* [Trabajo Fin de Grado, Universidad de Valladolid]. http://uvadoc.uva.es/handle/10324/1051

CAPÍTULO 4

Transformación hacia una Evaluación Formativa y dialogada en Educación Infantil

Raúl A. Barba-Martín

Facultad de Ciencias de la Actividad Física y el Deporte, Universidad de León

Introducción

En este trabajo se presenta la experiencia de una maestra de Educación Infantil que transformó su sistema de evaluación a través de su participación en un proyecto de formación docente con una metodología de Investigación-Acción. Los procesos reflexivos que la maestra llevó a cabo gracias a su participación en dicha formación le ayudaron a comprender la importancia que la evaluación podía tener en el aprendizaje de su alumnado y, por ello, decidió transformar su sistema de evaluación, sumativo y con carácter global, hacia otro sistema de evaluación formativo y compartido, donde buscó la participación constante del alumnado mediante procesos de autoevaluación y coevaluación, que le ayudasen a centrar su aprendizaje y a mejorarlo. La maestra construyó espacios para la evaluación durante sus clases y transformó sus instrumentos para poder reflejar y construir coherentemente su nueva forma de evaluar. Los resultados reflejan que, a pesar de algunos pequeños inconvenientes, la maestra encuentra su nuevo sistema de evaluación útil para el aprendizaje de su alumnado y que gracias a él le ha podido hacer consciente y participe de sus procesos de enseñanza-aprendizaje.

Contexto

La experiencia se contextualiza a través de un Proyecto de Innovación Docente sobre *formación permanente en educación inclusiva a través de una metodología de investigación-acción participativa* (PID-FPEIAP). En dicho proyecto participó un grupo de maestras de Educación Infantil de varios centros educativos de las localidades de Ávila y Segovia. En concreto para esta experiencia, vamos a exponer el caso de una maestra que, durante su participación en el proyecto, estuvo en tres centros educativos rurales diferentes, dando clase en todos los cursos de la Educación Infantil.

Resulta difícil, e incluso incoherente, concretar un momento exacto para explicar el sistema de evaluación formativo llevado a cabo por la maestra, ya que su participación en el proyecto le supuso un fuerte desarrollo profesional y, con ello, la consecución de un proceso continuado de transformación de sus acciones pedagógicas, metodológicas y sus actividades de enseñanza-aprendizaje y de evaluación. Por todo ello, expondremos brevemente un recorrido en su contextualización y en la consecución del sistema de evaluación. En su primer año fue maestra de psicomotricidad y, posteriormente, como maestra-tutora impartía docencia durante todas las clases, excepto las especialidades. El tamaño de los centros y sus clases fue variando, estando siempre en escuelas con entre dos y tres líneas por curso, y teniendo siempre ratios altas, con 20-25 alumnos por aula.

Al ser la maestra-tutora, sus principales objetivos y contenidos de aprendizaje eran los legislados para esta etapa educativa, dando ella especial énfasis a los aspectos de socialización y autonomía, y el fomento de otros aprendizajes a través de los mismos. Para conseguirlo, entre las principales actividades de aprendizaje y metodologías utilizadas de forma habitual, la maestra utilizaba un trabajo por rincones basado en el aprendizaje dialógico y la búsqueda de autonomía. Además, otra de las actividades de aprendizaje más destacadas eran la realización de grupos interactivos, una o dos veces por semana, en los cuales el alumnado trabajaba de forma grupal y contaba con la participación de miembros de la comunidad, familiares y padres/madres del alumnado en sus aulas.

Explicación del sistema de evaluación

Antes de comenzar su participación en el PID-FPEIAP, la maestra aludía a que su única evaluación era realizada a través de la observación sistemática de todo el grupo, otorgándole esta una visión conjunta del desarrollo de la clase. En cuanto a los instrumentos utilizados para recoger dicha observación tenía:

- Un **diario de la maestra** donde solía reflejar, principalmente, aspectos conductuales.
- Un **boletín de evaluación preestablecido**. Al final de cada trimestre la información era pasada al boletín de evaluación que los centros le proporcionaban y que hacía llegar a los padres y madres. Este boletín, con pequeñas diferencias entre los centros, constaba de criterios de evaluación preestablecidos para todo el alumnado y solo le dejaban a la maestra la posibilidad de seleccionar respuestas basadas en la consecución, o no, del criterio.

La participación de la maestra en el proyecto supuso la transformación de todas sus prácticas educativas hacia otras más participativas y que supusiesen un mejor resultado en los aspectos cognitivos y sociales de todo su alumnado. La maestra comenzó a replantearse la utilidad de su sistema de evaluación para el aprendizaje de su alumnado, lo cual le llevó a transformarlo hacia otro sistema formativo y compartido. La observación sistemática siguió siendo la principal técnica de evaluación llevada a cabo por la maestra, pero pasó a ser más individualizada y centrada en los procesos de aprendizaje. A esta observación sistemática la acompañó con intercambios orales. Antes y después de la realización de los rincones y los grupos interactivos, la maestra dedicaba un tiempo a la evaluación con su alumnado. Para conseguirlo incluyó en sus clases espacios para la realización de asambleas, con el fin de generar conciencia en el alumnado sobre su aprendizaje a través de procesos de heteroevaluación, autoevaluación y coevaluación. Las asambleas previas a la realización de las actividades las dedicaba a debatir sobre los

　　Buenas prácticas de Evaluación Formativa y Compartida

contenidos ya adquiridos, rememorar los objetivos y centrar al alumnado en el momento de aprendizaje que se encontraba. Por su parte, en las asambleas posteriores a las actividades fomentaba de nuevo el intercambio dialógico entre ella y el alumnado, así como de este entre sí, sobre lo aprendido, los problemas, las soluciones o las relaciones que se habían dado durante las actividades de aprendizaje. A través de preguntas, con base en las observaciones recogidas durante la puesta en práctica de la actividad, la maestra fomentaba la reflexión y concienciación de su alumnado sobre lo aprendido y cómo podrían continuar construyéndolo. Después todo ello era recogido por la maestra a través de diferentes instrumentos:

- Su **diario de la maestra**, el cual había adquirido una dimensión más amplia con registros más ricos, centrados en el aprendizaje individual del alumnado y con múltiples puntos de vista.
- Un nuevo **boletín de evaluación cualitativo**. A pesar de que los colegios le obligaban a entregar el preestablecido por cada centro, la maestra decidió construir un boletín cualitativo que entregaba también a las familias. En este nuevo boletín la maestra hacía partícipe a su alumnado, redactando de forma amplia todo aquello que el alumnado le decía haber aprendido y las dificultades encontradas durante el proceso, así como lo recogido por ella. Se trataba de un proceso de reflexión compartido, donde maestra y alumnado de forma individual reflexionaban sobre el trimestre y, con un lenguaje cercano al alumnado para que lo entendiese, se lo explicaban de forma detallada a los padres y las madres a través del boletín.

Principales ventajas encontradas

Entre las principales ventajas encontradas, la maestra destacó la importancia que la transformación de sus procesos de evaluación tuvo en el aprendizaje y la concienciación de su alumnado sobre el mismo. Los procesos de autoevaluación realizados a través de las asambleas iniciales permitieron que el alumnado aprendiese a organizarse mejor en las tareas, al saber en todo momento cuáles eran sus objetivos diarios y en cuáles debía prestar mayor atención. En cuanto a las asambleas finales, la autoevaluación y coevaluación les permitieron ser más conscientes de lo que ocurría durante las actividades, ya que empezaron a prestar atención durante las tareas a los aspectos a evaluar, como el uso de la argumentación para trabajar con los demás o el aprender a solicitar ayudas a otros compañeros y compañeras, así como a realizarlas. Todo ello se reflejó en mejores procesos de socialización y cognición que ayudaban a potenciar los aprendizajes de todos y todas.

Por otro lado, el uso de un nuevo boletín de evaluación cualitativo, redactado de forma profunda y capaz de reflejar todo el proceso de aprendizaje, fue útil para reflexionar y concienciar al alumnado sobre sus fortalezas y debilidades. Además, fue bien valorado por los padres y madres, quienes afirmaron que gracias a este nuevo instrumento eran capaces de comprender el proceso de enseñanza-aprendizaje que estaban vivenciando sus hijos e hijas, las dificultades que se encontraban y poder así fortalecerlas desde casa. Al final, haber abierto el proceso de evaluación al alumnado y tratar de explicárselo a las familias ayudó a la maestra a construir procesos de aprendizaje donde todos los agentes implicados pudiesen comprenderlos y trabajar en la misma dirección.

Principales inconvenientes encontrados y posibles soluciones de mejora

La maestra reflejó dos inconvenientes asociados a la transformación de su sistema de evaluación.

En primer lugar, consideró que este nuevo sistema de evaluación, principalmente el uso de los nuevos instrumentos, le requería de un tiempo mayor. La nueva forma de registrar la información en el diario o la elaboración de los boletines requería que la maestra le dedicase un tiempo fuera de la escuela que antes no necesitaba y podía utilizar en la elaboración de actividades, materiales, etc. Aunque afirmaba que sabía que esto no tenía una posible solución, más que la breve reducción de tiempo una vez que adquiriese experiencia con el sistema de evaluación, consideraba que era un proceso en el que su tiempo era invertido en la mejora del aprendizaje de su alumnado y, por tanto, era igual o más útil que focalizar la atención en otros aspectos didácticos.

En segundo lugar, la maestra aludió a la presión que sintió por otros compañeros y compañeras, así como por los centros, hacia la transformación del boletín. Estos le exigían que se mantuviese con los boletines prescritos por la escuela, para seguir una misma línea todos y que su cambio no afectase a las demás clases. En este sentido, la maestra decidió realizar los dos boletines y entregarles ambos a las familias.

Conclusiones

La transformación en el sistema de evaluación de la maestra refleja la importancia que tuvo en ella el asentamiento de un enfoque pedagógico crítico a través de la formación docente del PID-FPEIAP. La maestra comprendió que carecía de sentido no incorporar la evaluación en su proceso de transformación hacia el uso de prácticas didácticas más inclusivas y, por ello, se decidió a transformar su sistema de evaluación y orientarlo hacia el aprendizaje de su alumnado. La reflexión y el diálogo a través de procesos de auto-evaluación, coevaluación y heteroevaluación fueron las bases sobre las que construyó su nueva evaluación. La maestra afirmaba que este proceso ha sido realmente útil en la mejora del aprendizaje y la socialización de su alumnado, llegando incluso a incorporar a las familias en los procesos de enseñanza-aprendizaje.

CAPÍTULO 5

Evaluación Formativa y Compartida en Educación Infantil: una experiencia como maestra en prácticas

Carla Fernández Garcimartín, Víctor Manuel López-Pastor
y Cristina Pascual Arias

Facultad de Educación de Segovia (Universidad de Valladolid)

Introducción

En este capítulo se refleja una experiencia de un sistema de Evaluación Formativa y Compartida (EFyC) en un aula de Educación Infantil. La práctica se llevó a cabo en el CEIP Fray Juan de la Cruz, en Segovia, durante el periodo de prácticas de la maestra en el Grado de Educación Infantil.

Para el desarrollo del sistema de EFyC se emplearon los siguientes instrumentos de evaluación: (1) cuaderno y diario del profesor; (2) ficha de seguimiento grupal; (3) ficha de evaluación entre iguales; (4) informe final del cuaderno de aula; (5) rúbrica de aprendizaje; y (6) escala graduada para la autoevaluación. Los resultados obtenidos muestran que hubo una progresión positiva en el aprendizaje y la práctica de este sistema de evaluación en los alumnos. Además, según avanzaba la propuesta los alumnos se sentían más cómodos y sus diálogos eran más fluidos. Coincidieron las valoraciones de la maestra y las autoevaluaciones de los alumnos. Se obtuvieron los siguientes resultados: (1) se observa una evolución progresiva del aprendizaje y de la participación activa en el sistema de EFyC; (2) se emplea demasiado tiempo en la recopilación de intervenciones en el cuaderno del profesor; (3) el sistema de EFyC ofrece buen *feedback* al alumnado y genera una gran cercanía, favoreciendo la relación positiva entre la maestra y los alumnos.

Contexto

El CEIP Fray Juan de la Cruz es un colegio de titularidad pública de la Junta de Castilla y León. Se encuentra en pleno casco histórico de la ciudad de Segovia. Es un centro pequeño y familiar de una línea. Acoge a 204 estudiantes. Las instalaciones del centro son completas y amplias, aunque el patio de recreo es pequeño (dividido en tres zonas, diferenciadas por etapas educativas). La inclusión de las tecnologías en el centro es plena.

La experiencia que se presenta se ha llevado a cabo con la clase de segundo curso del segundo ciclo de Educación Infantil (entre 4 y 5 años). Esta clase contaba con 23 alumnos. Es un grupo muy activo. El grupo tiene dos alumnos ACNEAE: un alumno diagnosticado en clínica privada como autista (presenta rasgos característicos y es atendido como tal) y un alumno con una discapacidad motórica en su lado izquierdo del cuerpo (sobre todo pierna y brazo). Ambos tienen ritmos de aprendizaje muy diferentes con respecto a sus compañeros, necesitan adaptaciones curriculares no significativas y trabajo individual con ellos.

Se ha llevado a cabo una experiencia de EFyC en un torno a un centro de interés: "La familia". Hemos realizado dos intervenciones: la primera enfocada al centro de interés y la segunda un trabajo más autónomo a partir del recurso japonés: *Kamishibai* (teatro de papel). Ambas se han evaluado de la misma manera, incluyendo al final de ellas entrevistas de evaluación compartida. Los objetivos principales que se trabajaron fueron:

a) Comprender la diversidad familiar más allá de nuestra propia familia.
b) Reconocer el proceso de nacimiento de las personas.
c) Entender por qué nos parecemos a los padres: inicio del concepto y comprensión de la genética a partir de diálogos, dilemas y juegos.
d) Realizar un cuento sobre la temática de la familia solo (con todo lo que eso conlleva: los contenidos trabajados) respetando el contrato grupal firmado.
e) Fomentar actitudes positivas ante el trabajo individual y grupal.
f) Iniciar la participación de expresiones y razonamientos sobre la temática a trabajar en los debates que surjan en el grupo.

Los objetivos de esta práctica se han pactado con los alumnos según sus intereses y preferencias, a partir de una rutina de pensamiento llamada: "¿Qué sé de la familia?, ¿Qué quiero saber? ¿Qué he aprendido?".

En este proyecto se llevan a cabo actividades de aprendizaje relacionadas con los objetivos planteados:

a) Cuentos sobre cada temática a trabajar y debates tras su lectura.
b) Actividades individualizadas centradas en la temática a trabajar: a partir de dibujos, expresión corporal y expresión plástica.
c) Actividades grupales en grupos de mesa con un objetivo en común.
d) Dilemas: se plantea una pregunta (dilema sobre el tema a trabajar) y toda la clase tiene que resolverlo debatiendo.
e) Elaboración de cuentos individuales por fases.
f) Exposiciones de trabajos individuales y grupales de manera oral: ponentes.
g) Adaptación del "Tendero de los deseos" (García-Herranz y López-Pastor, 2015) con dibujos y/o palabras, donde se evalúa la práctica de la maestra y la de los propios alumnos.
h) Elaboración de la revista infantil como cuaderno final de aula.

En el trabajo de Fernández-Garcimartín (2019) está recogida la propuesta didáctica en su totalidad. Buscamos que el sistema de evaluación sea coherente con: (1) los objetivos planteados de la propuesta; (2) las demandas del currículo de esta etapa educativa, y (3) las necesidades e intereses de los alumnos. A continuación, se muestra cómo se ha llevado a cabo este sistema de evaluación.

Proyecto de aprendizaje y sistema de evaluación

Se expone el sistema de evaluación empleado en la propuesta por orden cronológico. Para su elaboración y desarrollo, nos hemos basado en López-Pastor y Pérez-Pueyo (2017):

1) A partir de lo trabajado en el proyecto previo, se guía a los alumnos para que reconozcan la gran labor que sus padres y abuelos hicieron en carnaval, centrando así el interés por trabajar esta temática: "la familia". Una vez surgido el interés, se realiza una rutina de pensamiento como evaluación inicial de: (a) los conocimientos previos que tienen (partir de su nivel real); (b) los intereses sobre esta temática (lo que quieren aprender). Esta rutina de pensamiento se divide en tres partes: (a) ¿Qué sé de la familia? (Evaluación inicial de los conocimientos de los alumnos); (b) ¿Qué quiero aprender? (Se marcan los objetivos de los cuales partirán los contenidos del proyecto); (c) ¿Qué he aprendido? (Evaluación final del proyecto a partir de autoevaluación sobre si se han trabajado los contenidos y objetivos propuestos).

2) Los alumnos reciben una carta de unas "criaturas". Hay una para cada alumno, pero para cuidar a las criaturas y que no se vayan los alumnos se comprometerán a cumplir unos objetivos. Estos objetivos (relacionados con el proyecto) los escribe la maestra en un papel según el diálogo de los alumnos. Una vez redactados y con todos los alumnos de acuerdo en cumplir este "contrato", uno a uno lo van "firmando" (escribiendo su nombre). Así se han redactado los objetivos del proyecto, que irán en relación con los ítems que se evaluarán.

3) En cada actividad de aprendizaje haremos consciente al alumnado de los ítems de evaluación (contrato) a tener en cuenta. Se trabajará: (a) evaluación entre iguales (escala gráfica con ítems marcados por actividad, los cuales conocen los alumnos); (b) observación participante (anotaciones en el cuaderno del profesor, libres o como anecdotario); (c) diálogo y *feedback* continuo de la maestra; (d) fichas de seguimiento grupales (se realizarán por semanas a todo el grupo, los ítems a evaluar son conceptuales, procedimentales y actitudinales, los primeros varían según la semana); y (e) evaluación compartida al finalizar el proyecto.

4) Al finalizar las dos intervenciones recogemos todo lo trabajado en la "revista infantil", que sirve como un informe final del cuaderno de aula. Se trata de una revista propia, que sirve para evaluar el proceso de enseñanza-aprendizaje; cada familia se lleva una copia. La maestra realiza la base de la revista organizando y agrupando imágenes en páginas por temáticas/aprendizajes. Teniendo esto como base, los alumnos (en grupos de tres) realizan la revista por páginas: consensúan el título de la página, dibujan lo que consideren en relación con lo que muestra esa página, verbalizan aprendizajes y vivencias y hasta se atreven a escribir. Cuando tenemos todas las páginas completas, llega el trabajo grupal: numeramos y secuenciamos temporalmente las páginas según los aprendizajes vivenciados. En ese momento introducimos el concepto "índice" por colores, el cual nos indica (color-letra) a qué página debemos ir si queremos ver qué aprendizaje. La realización de las revistas nos sirve para: **a) A la maestra**: evaluar

el proceso de E-A, comprobando si la propuesta realizada ha tenido sentido o no, permite evaluar los aprendizajes adquiridos en cada alumno, asentar conceptos y trabajar de manera transversal temas como la organización del contenido en las revistas, organización espacial, lectoescritura, trabajo y organización grupal, creatividad, etc. **(b) A los alumnos**: tener un control y conocimiento global de lo trabajado, asentar conocimientos de manera individual y grupal, conocer la organización de un documento, trabajar las numeraciones, la creatividad y la relación de ideas con lo que la página muestra, recordar todo lo trabajado y secuenciarlo temporalmente, elegir cómo llamar a las páginas con títulos y trabajar de manera individual y grupal en un mismo grupo.

5) La evaluación compartida se dividirá en dos partes: a) Adaptación del "Tendero de los deseos" (García-Herranz y López-Pastor, 2015), técnica para evaluar el proceso de enseñanza-aprendizaje (E-A). Cada alumno dibuja o escribe en una hoja de color verde lo que más les ha gustado y/o en una de color rojo lo que menos ("deseos"). Después se colocan en una cuerda los diferentes "deseos" y cada alumno va pasando por el tendero poniendo una pinza en lo que está de acuerdo. Obtenemos una evaluación consensuada del alumnado, que permite buscar alternativas sobre lo que no funciona y mantener lo que sí funciona. (b) Entrevista de evaluación compartida con cada alumno. Es un trabajo conjunto entre la maestra y el alumno. Se realiza al finalizar la segunda intervención. Antes de la entrevista, la maestra evaluará a cada alumno con los datos recogidos por ella. En la entrevista el alumno posiciona su aprendizaje global según unos dibujos de una flor en crecimiento (la maestra explica qué significa cada dibujo y el alumno se posiciona según el trabajo realizado). Así se compara la evaluación previa de la maestra con la autoevaluación del alumno. En la tabla 1 se muestran esquemáticamente los instrumentos a utilizar:

Tabla 1. Instrumentos y técnicas de evaluación utilizados.

Técnicas de evaluación	Instrumentos de evaluación
Observación participante Evaluación entre iguales Evaluación del proceso de E-A Evaluación compartida Entrevistas individuales	Cuaderno del profesor Fichas de seguimiento grupal Ficha de evaluación entre iguales Informe final del cuaderno de aula ("revista infantil") Rúbrica de aprendizaje Escala graduada

Ejemplos de algunos de los instrumentos de evaluación utilizados

En las tablas 2, 3 y 4 se presentan los ejemplos de los diferentes instrumentos de evaluación del sistema de evaluación utilizado:

Tabla 2. Ficha de seguimiento grupal completa de la propuesta.

FSG –SEMANA 4-																																			
ÍTEMS DE EVALUACIÓN "LA FAMILIA"																																			
NOMBRES	1. Comprende la diversidad de familias más allá de su propia familia					2. Reconoce cómo ha nacido					3. Comprende por qué se parece a sus padres					4. Participa en los diálogos que surgen en el grupo					5. Tiene iniciativa y buena actitud a la hora de trabajar individualmente y en grupo					6. Explica y razona las ideas que tiene					7. Respeta los turnos de palabra				Observaciones
DÍAS	1	2	3	4	5	-	-	-	-	-	-	-	-	-	-	1	2	3	4	5	1	2	3	4	5	1	2	3	4	5	1	2	3	4	
ALUMNO 1	MB					-	-	-	-	-	-	-	-	-	-	P					MB					B					MB				
ALUMNO 2	P					-	-	-	-	-	-	-	-	-	-	MP					B					MP					MB				
ALUMNO 3	B					-	-	-	-	-	-	-	-	-	-	P					B					P					MB				
ALUMNO 4	MB					-	-	-	-	-	-	-	-	-	-	MB					B					MB					B				
ALUMNO 5	P					-	-	-	-	-	-	-	-	-	-	P					B					P					B				
ALUMNO 6	B					-	-	-	-	-	-	-	-	-	-	MB					B					MB					MP				
ALUMNO 7		MB				-	-	-	-	-	-	-	-	-	-		B					MB					MB					MB			
ALUMNO 8		B				-	-	-	-	-	-	-	-	-	-		P					B					B					P			
ALUMNO 9		B				-	-	-	-	-	-	-	-	-	-		MP					B					P					B			
ALUMNO 10		P				-	-	-	-	-	-	-	-	-	-		P					MB					MB					B			
ALUMNO 11		MB				-	-	-	-	-	-	-	-	-	-		P					MB					MB					B			
ALUMNO 12		B				-	-	-	-	-	-	-	-	-	-		P					B					P					MB			
ALUMNO 13			MB			-	-	-	-	-	-	-	-	-	-			B					MB					MB					P	
ALUMNO 14			MB			-	-	-	-	-	-	-	-	-	-			P					MB					MB					MB	
ALUMNO 15			B			-	-	-	-	-	-	-	-	-	-			P					MB					B					P	
ALUMNO 16			MB			-	-	-	-	-	-	-	-	-	-			MP					MB					MB					MB	
ALUMNO 17			B			-	-	-	-	-	-	-	-	-	-			MP					B					P					B	
ALUMNO 18			B			-	-	-	-	-	-	-	-	-	-			P					B					B					B	
ALUMNO 19				MB		-	-	-	-	-	-	-	-	-	-				MB					B					B					P
ALUMNO 20				-		-	-	-	-	-	-	-	-	-	-				MP					-					-					-
ALUMNO 21				B		-	-	-	-	-	-	-	-	-	-				P					MB					B					B
ALUMNO 22				MB		-	-	-	-	-	-	-	-	-	-				MB					MB					MB					MB
ALUMNO 23				P		-	-	-	-	-	-	-	-	-	-				MP					B					P					B
ESCALA VERBAL: MP (MUY POCO) – P (POCO) – (BIEN) – (MUY BIEN) Semana 4 = ítem 1, 4, 5, 6 y 7.																																			

Tabla 3. Rúbrica de aprendizaje.

ASPECTOS A VALORAR	MUY BIEN -3-	EN PROCESO -2-	MUY POCO -1-
Comprende la diversidad de familias más allá de su propia familia.	Comprendo que hay familias diferentes a la mía. Entiendo que no todas las familias son iguales. Soy capaz de nombrar los tipos de familias y poner ejemplos.	Me cuesta entender que hay más tipos de familia diferentes a la mía. Me cuesta comprender que no todas las familias sean iguales. Me cuesta nombrar los tipos de familias que hay y no sé muy bien qué ejemplos poner.	Para mí solo hay un tipo de familia como la mía. Para mí todas las familias son iguales. Solo nombro los componentes de mi familia. No sé más ejemplos.
Reconoce cómo ha nacido: qué interviene, cómo es el proceso, secuenciación, etc.	He cambiado lo que pensaba cuando era más pequeño/a y ahora sé de dónde venimos. Soy capaz de reconocer y explicar qué sucede en el embarazo. Entiendo por qué los papás tienen un hijo o hija y hablo sobre ello.	Me cuesta entender que nacemos del cuerpo de una mujer. Tengo algunos problemas para reconocer y explicar el embarazo. Me cuesta comprender por qué los papás deciden tener un hijo o hija y no suelo hablar sobre ello.	No entiendo que nazcamos del cuerpo de una mujer. No sé qué pasa durante el embarazo, por eso no lo sé explicar. No sé por qué los papás deciden tener un hijo o hija, por eso no digo nunca nada.
Comprende por qué se parece a sus padres: concepto básico de genética.	Sé en qué me parezco a papá y a mamá, o a papá y a papi. Entiendo por qué tengo características iguales a mis padres y sé verbalizar esas características; por tanto, sé qué es la "genética".	Me cuesta reconocer en qué me parezco a papá, a papi o a papá y a mamá. No entiendo bien por qué me parezco a ellos, pero intento explicarlo. Conozco la palabra "genética" pero no entiendo muy bien a qué se refiere.	No sé en qué me parezco a mis padres. No entiendo por qué me dicen que me parezco a mis padres, por eso no puedo decir en qué me parezco. Cuando dicen la palabra "genética" no sé a qué se refieren.
Realiza su propio cuento en relación con las normas puestas en común.	He hecho el cuento solo, trata sobre una familia, tiene un principio y un fin, he sabido contarlo y he puesto un título.	He hecho el cuento con un poco de ayuda, trata sobre una familia, tiene principio y fin, me han ayudado a contarlo y tiene título.	No he sabido hacer el cuento solo, me ha costado pensar en un cuento sobre una familia, no he sabido inventarme un principio y un fin, no he sido capaz de contarlo solo y no he pensado un título por mí mismo.
Participa en los diálogos que surgen en el grupo y respeta los turnos de palabra.	Cada vez que hablamos en la alfombra o en las mesas sobre la familia, participo levantando la mano y diciendo cosas que tienen que ver con lo que estamos hablando.	Me cuesta levantar la mano para hablar. A veces hablo de cosas que no tienen relación con lo que se está hablando.	No levanto la mano para hablar, siempre hablo cuando mis compañeros o la maestra habla. Lo que digo no tiene que ver con lo que están hablando los demás.
Tiene iniciativa y buena actitud a la hora de trabajar individualmente y en grupo.	Escucho a la maestra cuando explica lo que hay que hacer. Me gusta trabajar solo/a y con mis compañeros, nunca me resisto.	Me cuesta escuchar a la maestra cuando explica el trabajo que hay que hacer. A veces me tiene que repetir lo que hay que hacer porque no estoy atento/a. Hay días me cuesta trabajar, o solo/a o junto con mis compañeros de grupo.	La maestra me tiene que repetir siempre lo que tenemos que hacer. Me resisto a trabajar, ya sea solo/a o en grupo. La maestra tiene que estar pendiente de mí para que haga el trabajo.

Tabla 4. Modelo de autoevaluación a través de una entrevista de evaluación compartida con el alumnado.

ALUMNO: AUTOEVALUACIÓN "LA FAMILIA"[6]	
Valoración global "La familia"	Explicación del alumno
ÍTEMS	PREGUNTAS DIALOGADAS ACERCA DE...
Actitud	- ¿Cómo te has portado en clase? - ¿Podrías mejorar algún aspecto de tu actitud? ¿Cómo? -Si alguna vez Carla te ha llamado la atención, ¿entiendes por qué?
	RESPUESTA ALUMNO/A:
Esquema corporal	- ¿Te conoces un poco más que antes? - ¿Sabes dónde están las partes de tu cuerpo? ¿Y en un dibujo?
	RESPUESTA ALUMNO/A:
Trabajo individual (esfuerzo)	- ¿Alguna vez te ha costado empezar a trabajar solo? - ¿Sabes pedir ayuda cuando no sabes resolver algo tú solo? -Cuando no sabes hacerlo, ¿intentas hacer lo que puedas o enseguida lo dejas?
	RESPUESTA ALUMNO/A:
Trabajo grupal (esfuerzo, escucha, respeto)	- ¿Escuchas cuando tus compañeros hablan? -¿Pides permiso para hablar, o a veces se te olvida porque tienes muchas ganas de hablar?
	RESPUESTA ALUMNO/A:
Participación	-Cuando estamos en la alfombra, ¿siempre participas en lo que estamos hablando, o a veces nos vamos por las ramas? -¿Pides tú solo/a hablar, o Carla te tiene que animar a hablar?
	RESPUESTA ALUMNO/A:
Relaciones sociales	- ¿Has trabajado a gusto con tus compañeros? - ¿Cómo ves a tus compañeros trabajando? -¿Cómo crees que te ven tus compañeros?
	RESPUESTA ALUMNO/A:
Aprendizaje personal y evaluación maestra	- ¿Crees que has aprendido mucho sobre la familia? ¿Cuánto? - ¿Podrías aprender más? ¿Cómo? - ¿Carla te ha ayudado siempre que lo has necesitado? ¿Te hubiera gustado que te ayudara más? ¿En qué, cómo? - ¿Has entendido lo que Carla te explicaba? ¿Por qué? - ¿Cómo podrías hacer para que Carla mejorara su forma de trabajar contigo?
	RESPUESTA ALUMNO/A:

Tabla 5. Resumen de actividades aprendizaje - Evaluación Formativa realizada.

Finalidades y/o competencias	Actividades aprendizaje	Evaluación formativa	Instrumentos evaluación	Criterios evaluación
-Comprender la diversidad familiar, más allá de su propia familia. -Reconocer cómo nacen las personas y los procesos que conlleva el nacimiento. -Entender por qué se parecen a sus padres: inicio concepto genética (diálogos, dilemas y juegos). -Realizar un cuento de la familia respetando el contrato grupal firmado. -Fomentar actitudes positivas ante el trabajo individual y grupal. -Iniciar la participación de expresiones y razonamientos sobre la temática de los debates surgidos en el grupo.	Lectura de cuentos	Se dialoga sobre lo que han entendido del cuento y se da *feedback* oralmente a cada alumno.	-Cuaderno del profesor. -FSG. -Ficha de evaluación entre iguales. -Diario del profesor. -Rúbrica de aprendizaje. -Escala graduada autoevaluación.	Comprende la diversidad de familias más allá de su propia familia. -Reconoce cómo ha nacido: qué interviene, cómo es el proceso, secuenciación, etc. -Comprende por qué se parece a sus padres: concepto básico de genética. -Participa en los diálogos que surgen en el grupo y respeta los turnos de palabra. -Tiene iniciativa y buena actitud a la hora de trabajar individualmente y en grupo.
	Actividades individualizadas	Observación activa de la maestra, ofreciendo *feedback* oral al momento, completando la FSG. Uso del cuaderno del profesor como anecdotario.		
	Actividades grupales	Cada actividad grupal lleva consigo una evaluación entre iguales.		
	Dilemas	A partir del diálogo debatido de cada temática entre los compañeros y la maestra. La maestra da *feedback* para aclarar conceptos, actitudes, conocimientos y englobar aprendizajes. Reconduce el aprendizaje. Uso de la ficha de seguimiento grupal y del cuaderno del profesor como anecdotario.		
	Elaboración de cuentos	Trabajo autónomo e individualizado. La maestra da *feedback* durante todo el proceso de elaboración. Uso del cuaderno del profesor y de la FSG. Se realiza evaluación entre iguales del trabajo de cada alumno.		
	Exposiciones	La maestra ofrece *feedback* instantáneo sobre expresión oral y corporal ante el público.		
	Revista infantil	Sirve como evaluación del proceso de aprendizaje para los alumnos y las familias.		
	Tendero de los deseos	Evaluación del trabajo de la maestra y autoevaluación del alumnado. La maestra recopila las valoraciones de los alumnos y lo comentan.		

Resultados-efecto en el aprendizaje del alumnado

En este apartado se va a analizar el aprendizaje adquirido en los alumnos a partir de los instrumentos de evaluación ya explicados. En la figura 1 exponemos los resultados de la evaluación realizada por la maestra a los alumnos a partir de las rúbricas de evaluación.

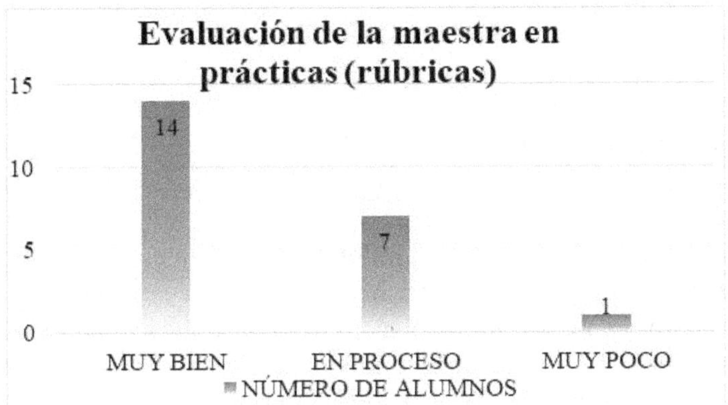

Los resultados de la figura 1 se han obtenido a partir los siguientes instrumentos: (1) ficha de seguimiento grupal; (2) cuaderno del profesor; (3) evaluación entre iguales; (4) evaluación del cuaderno final de aula. La valoración del proceso de aprendizaje a partir de los instrumentos anteriores se ha visto reflejada en la rúbrica de aprendizaje (tabla 3), obteniendo los resultados que aparecen en la figura anterior: catorce alumnos "Muy bien"; siete alumnos "En proceso" y un alumno "Muy poco". Estos resultados muestran el grado de aprendizaje de los alumnos en relación con los objetivos y contenidos de la propuesta.

Los resultados muestran que el 60,8% de los alumnos han alcanzado todos o la mayoría de los criterios que se evalúan en la rúbrica. Sin embargo, el 30,4% de ellos está "en proceso" de adquirir los conocimientos y objetivos planteados; se trata de los alumnos en situaciones delicadas de aprendizaje (familiares, sobre todo). Esto condiciona su actitud y su atención en clase, son muy tímidos y cohibidos, de ahí que la maestra no pudiera evaluar todos sus conocimientos. Solo el 8,8% se encuentra con la puntuación más baja en la rúbrica de evaluación ("muy poco"). Se trata de un único alumno, que muestra rasgos autistas y apenas ha intervenido en la propuesta, le era imposible mantener la atención, aun adaptando actividades y conocimientos a sus características.

El proceso de aprendizaje en los alumnos se ha visto envuelto en muchos cambios. Este proceso ha evolucionado positivamente en la mayoría de los casos, sobre todo actitudinalmente. La maestra ha ofrecido *feedback* constante al alumnado, dando lugar a momentos de diálogo común en los que se compartían valoraciones y aprendizajes. En la figura 2 mostramos los resultados de las autoevaluaciones de los alumnos sobre su proceso de aprendizaje. Esta figura nos sirve para considerar la percepción de cada alumno con respecto a su aprendizaje.

Figura 2. Autoevaluaciones de los alumnos en las entrevistas individuales.

La gran mayoría de los alumnos (87%) han posicionado su aprendizaje en el valor más alto ("muy bien"), y solo 3 alumnos (13%) ven que su aprendizaje está "en proceso".

Hay diferencias entre las valoraciones de la maestra y las valoraciones de los propios alumnos. Por lo general, los alumnos se valoran de manera más positiva que la maestra. En las autoevaluaciones, enseguida relacionan la flor más desarrollada con lo mejor (que para ellos es, literalmente, "portarse bien") y el tallo sin flor con algo malo. De ahí que su tendencia general sea a posicionarse en lo más positivo para ellos. Esto supone una baja fiabilidad en las autoevaluaciones de los alumnos; entendemos que esto podría ser debido a alguna de estas razones: (1) podría suponer un ataque a su autoconcepto porque pueden realmente tener la percepción que han mostrado en la entrevista sobre su trabajo, esfuerzo y progreso, y/o (2) porque no reconocen su comportamiento y trabajo en el aula.

Los resultados de la evaluación realizada por la maestra y de las autoevaluaciones de los alumnos coinciden en mayor medida. Los resultados muestran muchas coincidencias entre la heteroevaluación de la maestra y las autoevaluaciones de los alumnos; puede verse claramente en la figura 3.

Figura 3. Comparación entre la evaluación de la maestra y las autoevaluaciones del alumnado.

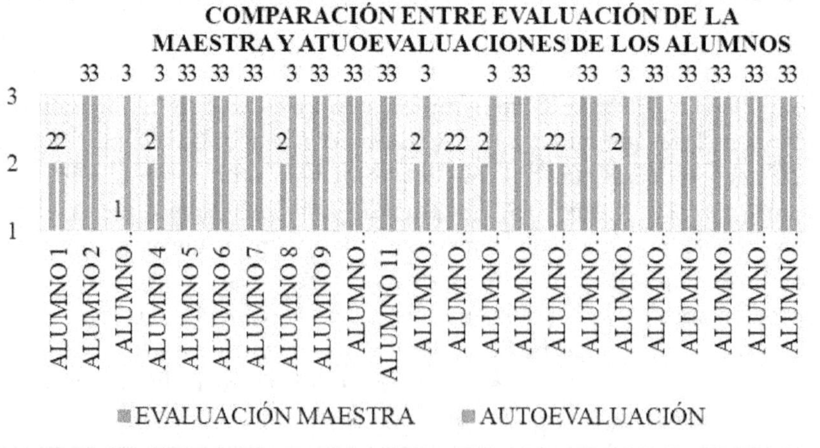

En la columna vertical aparecen tres números: 1, 2, 3. De menor a mayor coinciden con los dibujos de la flor en crecimiento de la rúbrica de aprendizaje. Los propios alumnos se posicionaban en un dibujo u otro según los criterios que cumplían en cada caso. La maestra ubicaba a cada alumno según los criterios que habían alcanzado (siendo el 3 el grado más alto).

Se deben aclarar varios aspectos sobre el alumno 3 y el alumno 18. El alumno 3 es el alumno con rasgos autistas, al cual ha sido imposible evaluar de manera continua y completa. No mantenía el ritmo normal de la clase debido a sus continuas salidas fuera del aula y además no estaba acostumbrado a estar con todos sus compañeros trabajando al unísono. Su valoración está bastante alejada de la valoración de la maestra (él se posicionó en el dibujo de la flor, 3, y la maestra lo evaluó dentro del dibujo del tallo vacío, 1). El alumno 18, con parálisis en su lado izquierdo del cuerpo, ha tenido una evolución enormemente positiva en cuanto a verbalizar todo lo trabajado en clase. Al principio de la práctica, este alumno no hablaba nada, desconfiaba continuamente de sus compañeros y de las maestras. Su actitud dependía del entorno en el que se encontrara: cuanta más gente hubiera a su alrededor más introvertido se mostraba. Una vez este alumno se fue acostumbrando a la maestra en prácticas y a su manera de trabajar, se sintió más cómodo y pudo trabajar mucho mejor. Su evolución positiva se debe, en gran parte, al sistema de evaluación empleado y a la metodología trabajada: mucho diálogo común, *feedback* positivo, reflexiones personales y grupales, etc. Su autoevaluación no se aleja mucho de la valoración de la maestra (se posicionó en el dibujo de la flor completa, 3, y la maestra lo posicionó en el tallo con alguna flor, 2).

Igualmente, la gran mayoría de los alumnos que no coinciden con la maestra se posicionan en el dibujo que más valor dan: la flor entera. Los alumnos 4, 8, 12 y 14 se encuentran dentro de este grupo de alumnos. Identifican el posicionarse en la flor completa como un premio y posicionarse en la flor con menos flores en algo malo, como si se hubieran portado mal.

Los alumnos 1, 13 y 16 son los más objetivos en cuanto a su aprendizaje. Entendieron y comprendieron perfectamente a qué correspondía cada dibujo y se posicionaron argumentando su respuesta, algo atípico en niños y niñas de 4-5 años sin experiencia en este sistema de evaluación. Sus respuestas iban encaminadas al comportamiento y a la actitud de escucha ante los compañeros y, lo más sorprendente, admitieron que había cosas que no habían comprendido muy bien.

Como conclusión de este apartado, en la figura 4 puede verse el porcentaje de coincidencias entre las dos evaluaciones.

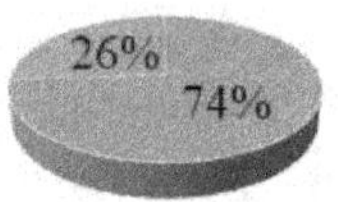

Se refleja una predominancia de la coincidencia entre ambas evaluaciones y unos datos bajos en la no predominancia. Esto es positivo para el sistema de EFyC empleado, pues cuanta más coincidencia haya entre la evaluación de la maestra y las autoevaluaciones de los alumnos, más fiabilidad tiene el sistema de evaluación empleado.

Principales ventajas encontradas

La puesta en práctica de un sistema de EFyC y la metodología de trabajo llevada a cabo en un aula de Educación Infantil ha aportado muchos aprendizajes nuevos, tanto para las maestras como para los alumnos. A continuación, se exponen las ventajas supuestas:

1) Los alumnos aprenden de manera autónoma. El alumno no tiene tanta dependencia hacia el maestro; desde el momento en el que los alumnos se ven implicados en la creación de criterios, normas y demás partes del sistema de evaluación.

2) Se incremente la complicidad y confianza entre los alumnos y la maestra. Desde el primer momento la maestra muestra cómo se va a trabajar y en qué van a ser partícipes los alumnos. Ellos deben tomar muchas decisiones importantes, como poner normas y compromisos (criterios de evaluación) para evaluar las actividades propias y de los compañeros.

3) Se da un aprendizaje real y formativo a partir de las actividades planteadas y la maestra ofrece *feedback* continuo a los alumnos. Este *feedback* siempre es formativo, ayuda a que el alumno sea consciente de su trabajo y de lo que puede llegar a hacer (si no lo ha hecho), se centra el aprendizaje en cada situación personal.

4) Conocimiento individualizado de cada alumno. El hecho de emplear diariamente instrumentos de evaluación individualizados hace que se tenga un conocimiento bastante objetivo de cada uno de ellos, adaptando los aprendizajes.

5) Continuamente se reconduce el aprendizaje del alumnado. En los tres instrumentos de evaluación empleados hay muestras reales de la evolución del aprendizaje que se ve favorecida por los continuos diálogos entre alumno-maestra y entre los propios alumnos.

Principales inconvenientes encontrados y posibles soluciones de mejora

En la tabla 6 presentamos los inconvenientes encontrados durante la aplicación del sistema de EFyC y posibles propuestas de mejora.

Tabla 6. Inconvenientes y propuestas de mejora del sistema de EFyC.

Inconvenientes	Propuestas de mejora
Desconocimiento del sistema de evaluación por parte de los alumnos.	Los alumnos no estaban acostumbrados a la forma de trabajar que se planteó. En el sistema de EFyC abundaban los diálogos y el consenso de ideas por parte de todos los alumnos.
Grupo muy numeroso.	Al ser 23 alumnos, dos de ellos ACNEE, era casi inviable observar a toda la clase cada dos días (dentro de la ficha de seguimiento grupal). Este problema se planteó en el seminario de EFyC y se propuso observar por grupos de mesa (5-6 alumnos). Así, diariamente daría tiempo a observar al grupo de alumnos y se podría analizar la evolución individual de cada alumno de manera más objetiva.
Desconocimiento sobre una posible adaptación a los ACNEES.	Los dos ACNEE requerían de adaptaciones continuas de lo que se estuviera trabajando, hasta en los diálogos. Este problema se planteó nuevamente en el seminario de EFyC y debido a la falta de tiempo que se tenía para implementar la propuesta se abandonó cualquier posibilidad de adaptación a estos alumnos. Hay una clara propuesta de mejora: conocer previamente al grupo y formarse acerca de la EFyC en ACNEEs. Así, la propuesta estaría adaptada a cada alumno.

Conclusiones

En general, la utilización de un sistema de EFyC en Educación Infantil ha demostrado ser viable y positiva, ayudando a generar mejores aprendizajes en el alumnado y aportando información valiosa al profesorado sobre la evolución de los alumnos y sobre el proceso de E-A que se lleva a cabo. La triangulación de métodos y personas aporta una mayor credibilidad a la evaluación. También pueden sacarse conclusiones más específicas sobre los siguientes aspectos:

- La EFyC facilita procesos de diálogo y *feedback* constante entre profesoras y alumnos, así como entre los propios alumnos.
- Este sistema de evaluación tiende a generar un buen clima de aula a partir de la escucha y el diálogo constante entre la maestra y los alumnos. También puede influir positivamente que se haya trabajado a partir de un centro de interés, pues se partió de la motivación del alumnado sobre la temática.
- La adaptación del "Tendero de los deseos" sirvió como una evaluación más objetiva del trabajo de la maestra y autoevaluación del alumno que la rutina de pensamiento realizada. Los alumnos mostraron realmente lo bueno y lo malo de la intervención.
- El uso rutinario de sistemas de EFyC facilita que los alumnos progresen en dinámicas de evaluación entre iguales. Cuanto más se realizaban estas rutinas, más reflexivos eran los comentarios de los alumnos.
- El uso de diferentes instrumentos de evaluación permitió abarcar una gran muestra de intervenciones y evidencias a evaluar de los alumnos. Por el contrario, fue costoso en tiempo y esfuerzo. Se valorará cómo hacerlo de manera más eficaz.

- Aunque los alumnos fueran pequeños (4-5 años), respetaron y cumplieron los criterios de evaluación pactados al comienzo de la propuesta. Esto puede ser debido a varios motivos: (1) la elección de los criterios fue llamativa para ellos; y/o (2) la maestra tenía en cuenta los criterios y el pacto firmado; constantemente se acercaba al cartel con los criterios y los conectaba con la actividad que se estuviera haciendo.
- Se dio un proceso de aprendizaje positivo en el alumnado según el registro individual de las fichas de seguimiento.
- El sistema de EFyC en Infantil (en este contexto) es bastante fiable, pues apenas se encuentran diferencias entre las autoevaluaciones de los alumnos y la evaluación de la maestra.

Referencias bibliográficas

García-Herránz, S., & López-Pastor, V. M. (2015). Evaluación Formativa y Compartida en Educación Infantil. Revisión de una experiencia didáctica. *Qualitative Research in Education*, 4(3), 269-298. https://doi.org/10.17583/qre.2015.1269.

Fernández-Garcimartín, C. (2019). *Dialogo y escucha en Educación Infantil: una experiencia de Evaluación Formativa y Compartida* [Trabajo Fin de Grado, Universidad de Valladolid]. http://uvadoc.uva.es/handle/10324/36607

López-Pastor, V. M., & Pérez-Pueyo, Á. (coords.) (2017). *Evaluación formativa y compartida en educación: experiencias de éxito en todas las etapas educativas*. León: Universidad de León. (e-book). https://buleria.unileon.es/handle/10612/5999

CAPÍTULO 6

Introducción de la Evaluación Formativa en el primer curso de la etapa de Primaria

Isabel Fuentetaja Velasco

Educación Primaria, C.R.A. Los Llanos (Hontanares de Eresma, Segovia)

Introducción

En este capítulo se muestra cómo se ha introducido la Evaluación Formativa en el primer curso de Educación Primaria, a un grupo de alumnos que no ha tenido experiencias previas en este sentido.

Aunque dentro del aula se intentan globalizar los contenidos, especialmente entre las áreas de Ciencias, Matemáticas, Educación Plástica y Lenguaje, la Evaluación Formativa se va a centrar en esta última área, Lenguaje castellano y literatura. De cara a afianzar su participación en los procesos de evaluación en el aula, se han hecho adaptaciones de las actividades habituales, para introducir procesos de reflexión que permitan fomentar el espíritu crítico entre los escolares.

La experiencia, contextualizada en el curso académico 2019/2020, resultó ser bastante adversa, por los cambios que se produjeron en la enseñanza durante este periodo y el confinamiento domiciliario. Sin embargo, se mantuvo una actitud de interés positivo hacia las innovaciones por parte de toda la comunidad.

Contexto

La experiencia que a continuación se explica tiene lugar en la localidad de Hontanares de Eresma (Segovia). El colegio del municipio pertenece al CRA Los Llanos. El CRA cuenta con tres centros y la cabecera, que está en la localidad de Valverde del Majano, siendo Hontanares la localidad más numerosa. El centro acoge el 2° ciclo de Educación Infantil y la etapa de Educación Primaria.

El municipio de Hontanares de Eresma, que se sitúa a unos diecisiete kilómetros de Segovia, tiene un nivel sociocultural medio-alto y la implicación familiar en el centro educativo suele ser bastante buena, salvo excepciones. Además, hay una gran oferta de cultura y ocio extraescolar. El centro acoge a 152 alumnos, que se encuentran en todos los niveles, tres en Infantil y siete en Primaria. La ratio oscila entre diez y diecinueve alumnos por aula.

La investigación se centra en el grupo de primero de Primaria que cuenta con dieciséis alumnos, que tienen un nivel muy bueno de lectoescritura y buen hábito de trabajo.

Entre ellos tenemos un alumno diagnosticado de TDA y una alumna con dificultades de aprendizaje.

Este estudio se basa en el área de Lenguaje castellano y literatura, que abarca 6 horas semanales, mínimo una diaria, aunque al impartir la tutora las asignaturas de Lenguaje, Matemáticas, Ciencias Sociales y Naturales, Educación Plástica y Educación en valores, permite tener un trabajo muy globalizado entre asignaturas y flexibilidad de horarios, así como ver los avances y las dificultades desde más ámbitos.

Para iniciar trabajos con diferentes agrupaciones, los escolares se sientan por parejas en dos bloques de ocho mesas, de forma que, para trabajar en equipos de cuatro, dos alumnos de delante voltean las sillas y comparten las mesas de detrás. Así formamos cuatro equipos de cuatro alumnos.

La finalidad máxima en el área de Lenguaje durante este curso es asentar las bases lingüísticas de toda la etapa de Educación Primaria en todos sus aspectos: gramática, vocabulario, ortografía, expresión oral y escrita. Para conseguir esta finalidad al terminar el curso, es necesario abarcar los siguientes objetivos:

a) Perfeccionar la lectura a través de fonemas/grafemas individuales y métodos globales.
b) Perfeccionar la escritura en copia y principalmente espontánea, pudiendo ser capaz de organizar el espacio y la limpieza en sus presentaciones.
c) Expresarse de forma oral con corrección en cuanto a volumen, postura, gestión de apoyos visuales y con un vocabulario acorde a su edad y al contexto.
d) Iniciarse en el conocimiento del lenguaje como vehículo hacia una mejor expresión oral y escrita.
e) Valorar la utilidad del lenguaje en todas sus facetas y variantes en prácticamente todos los aspectos de la vida diaria.

Para lograr estos objetivos básicos del área de Lenguaje castellano y literatura, además de actividades puntuales y específicas, hemos propuesto una serie de actividades sistemáticas, aquellas de las que podemos obtener más información y hacer un seguimiento (Tabla 1). Además, al ser periódicas, los alumnos las realizan con mayor autonomía y mantenemos una continuidad con el horario establecido por rutinas de la etapa de Educación Infantil.

Tabla 1. Actividades sistemáticas.

SITUACIÓN A (PRESENCIAL)	SITUACIÓN B (NO PRESENCIAL)
Trabajo por rincones. Cada tres o cuatro semanas presentamos cuatro actividades relacionadas con lo que hemos trabajado de forma individual o en gran grupo las semanas anteriores. Van eligiendo rincón de manera individual por orden de lista, comenzando por el encargado del día. En dos semanas recorren todos los rincones en pequeños grupos de cuatro alumnos, cambiantes, sin repetir actividad. Seguimos tabla de doble entrada para organizar los equipos de trabajo.	**Juegos en pequeño grupo**. Cada semana programamos tres videollamadas en grupos de cuatro o cinco alumnos. En estas llamadas hacemos juegos dinámicos como "ahorcado", "cadena de palabras", intentar adivinar lo que tenemos en la mano, mientras el resto nos hacen preguntas... etc.
Asamblea de los lunes. Todos los lunes los alumnos tienen 45 segundos para contar algo significativo del fin de semana, excepto un equipo de la clase que sale al espacio de asamblea. Allí, cada alumno de ese grupo tiene minuto y medio para hablar del fin de semana y contar lo que quiera, o bien sobre el tema que se haya elegido previamente.	**Trabajo de cuaderno**. Diariamente se envían uno o dos ejercicios de lenguaje y en ocasiones mezclamos los ejercicios de lenguaje con el tema del proyecto de ciencias que estemos trabajando, para hacerlo más global. Lo mandamos por la plataforma de la Junta de Castilla y León *"Teams"* y las familias reenvían después la foto de los cuadernos con los ejercicios hechos.
Asamblea diaria con el encargado. Durante este tiempo repasamos contenidos vistos (separar palabras, buscar rimas, repasar poemas, canciones, identificar fonemas/grafemas...). Además, lo usamos para introducir otros contenidos como diferentes textos literarios, clasificación de palabras por sílabas, descomposición de palabras en letras...	**Vídeos de exposiciones orales**. Cada semana enviamos un enlace a una rima con movimiento de Tamara Chuvarovsky. Con el inicio del proyecto de ciencias, se envía una poesía y una vez al mes, proponemos un vídeo en el que tengan que preparar una exposición sobre algo relacionado también con los proyectos de ciencias.
Elaboración del cuaderno. Puesto que no hay libro de texto, la elaboración de un buen cuaderno toma bastante importancia, ya que es el soporte básico de todos sus trabajos.	

Explicación del sistema de evaluación y calificación

Sistema de Evaluación Formativa:

SITUACIÓN A (presencial)

Al encontrarnos en el primer curso de Educación Primaria, será básico utilizar como técnica la observación directa y la revisión de producciones, que se vuelven esenciales, así como las conversaciones que devuelven un *feedback* a los alumnos. Durante estas conversaciones, en muchas ocasiones, repetimos casi siempre la misma idea de corrección, poniendo diversos ejemplos de sus propios trabajos, para que vayan asimilando las mejoras concretas que les vamos sugiriendo. Dentro de las actividades propuestas, encontraremos diferentes formas de evaluación: autoevaluación (elaboración del cuaderno, trabajo por rincones), coevaluación (trabajo por rincones, evaluación del cuaderno, expresión oral) y evaluación compartida (asamblea).

A continuación, se muestra en la siguiente tabla la comparativa de los diferentes elementos que intervienen en la evaluación.

Tabla 2. Comparativa de la EFyC en las diferentes actividades durante el periodo presencial.

ACTIVIDAD	FEEDBACK	INSTRUMENTO Y CÓMO USARLO	EVALUACIÓN FORMATIVA
1. TRABAJO POR RINCONES	En el primer trimestre se establece el *feedback*, después de haber estado observando a cada uno en su rincón. Mientras, ellos van opinando y dando información sobre su experiencia. Ya en el segundo trimestre, hay *feedback* entre ellos hasta que llegan a un acuerdo, argumentando sus opiniones. Cuando llegan a un acuerdo, entonces se pueden colocar en cada casilla el color pertinente.	Empleamos como instrumento una **escala gráfica** de cinco ítems, muy sencilla, con una evaluación por colores muy visual (*Anexo I*). Se ha adaptado el concepto como tal de "escala gráfica", puesto que son ellos mismos los que pintan un punto con el color acorde al rendimiento en el rincón, tal y como se muestra en el Anexo I. El punto verde es positivo, se considera que se ha cumplido el objetivo; con el punto rojo se considera que no se ha alcanzado el objetivo propuesto. El punto naranja es excepcional, debe estar perfectamente argumentado y es más flexible para los alumnos de necesidades.	Durante el primer trimestre hay una evaluación compartida en la que todos participamos y la tutora explica una y otra vez cómo alcanzar los ítems para calificarse. En el segundo trimestre hay coevaluación en pequeño grupo, puesto que el grupo acuerda el color que se pone cada miembro. Y autoevaluación, puesto que cada uno tiene que estar de acuerdo con el color que se pinta en su propio ítem. Intervenimos en casos puntuales, en los que, tras largo debate, no se consigue llegar a un acuerdo.
2. ELABORACIÓN DEL CUADERNO	Ofrecemos un *feedback* diario, dando las pautas para una buena elaboración de cuaderno, sin borrar ni arrancar, sólo repetir aquellos trabajos que puedan tener mejor calidad, así pueden ver la diferencia entre antes y después.	Utilizamos una sencilla **lista de control adaptada**. Este listado de control está adaptado ya que, en el primer curso de Educación Primaria, utilizar y manejar tablas de doble entrada es muy complejo, de modo que se ha simplificado. En la lista de control que se les da y que pegan al principio de su cuaderno tan sólo aparecen los cinco aspectos a evaluar, escritos con letra y acompañados con imagen. En vez de marcar ellos con cruces en las casillas "SÍ/NO/A VECES", son ellos mismos los que la completan escribiendo un "SÍ" o un "NO", en el apartado de cada ítem.	Una vez al mes se intercambian el cuaderno con su pareja de pupitre y realizan coevaluación por parejas, argumentando sus respuestas con ejemplos del propio cuaderno.
3. ASAMBLEA DE LOS LUNES	Como hay cuatro grupos de cuatro alumnos en clase, una vez al mes durante la **asamblea de los lunes** sale un grupo a contar durante un minuto y medio lo que quieran del fin de semana. Antes de eso, recordamos con cuatro pictogramas cómo deben hacerlo: volumen adecuado, buena vocalización, postura correcta y utilización de gestos de apoyo.	No hay lista de observación hasta casi el final de segundo trimestre. Durante la mitad del curso se expone libremente lo que quieren contar y se practica la manera de hacerlo. La segunda mitad del curso se propone un tema y dentro del mismo, elegirán libremente de qué hablarnos, por ejemplo, animales, superhéroes, películas, recetas de comidas…etc. Será en esta segunda mitad del curso cuando se recoge la información con una **lista de control** y comienza a contar para la calificación. Aunque se echó encima el periodo de confinamiento y no llegó a contar para calificación en ningún momento del curso.	Cuando cada uno de los cuatro alumnos han finalizado, en gran grupo vamos analizando lo que mejor ha salido y lo que se puede mejorar para la próxima vez. Es una evaluación compartida.
4. ASAMBLEA DIARIA	El *feedback* también es diario, es decir, cada alumno sale como encargado al trimestre entre cuatro y seis veces a la pizarra y realiza las rutinas diarias de Lenguaje y Matemáticas, que se van modificando y van evolucionando según pasa el curso. También pueden adaptarse las actividades según el alumno que sea el encargado del día. De esta manera se puede ver muy claramente quién domina algún aspecto, quién flojea en otro y se pueden dar explicaciones concretas.	Mientras ellos resuelven las actividades de la asamblea, se va anotando en una **ficha de seguimiento** muy sencilla. Dado que atendemos a la diversidad e individualizamos las actividades, teniendo en cuenta los diagnósticos de necesidades o los alumnos con ritmo más rápido de aprendizaje, hay casillas libres debajo de los ítems comunes.	De nuevo hay una evaluación compartida, ya que el encargado va explicando oralmente sus resoluciones y, al tiempo, se va haciendo partícipe al resto del grupo en las correcciones.

SITUACIÓN B (no presencial)

Dentro de esta situación, y dada la variación de actividades, la forma de evaluación también se ha visto modificada por la enseñanza online.

En cuanto a las técnicas de evaluación, el principal inconveniente es que la observación directa ha desaparecido, es decir, no se ve el procedimiento de resolución de tareas, no hay un *feedback* inmediato y se ha podido comprobar que la presencia de la familia durante la realización de trabajos es muy influyente en el resultado. Muchos de los alumnos cuentan con la presencia de adultos durante toda la realización de las actividades y, en ocasiones, dan demasiadas pautas. En ocasiones esas pautas no son claras, o no se dan de la forma adecuada. Los criterios en cuanto a la observación de producciones, también se ven sesgados por el mismo motivo. Las producciones de algunos alumnos están "manipuladas" por la presencia familiar y las producciones de otra parte de los alumnos se ven mermadas en calidad por falta de orientaciones correctas.

Como en la situación presencial, a continuación, se muestra una tabla comparativa.

Tabla 3. Comparativa de la Evaluación en las diferentes actividades durante el periodo no presencial.

ACTIVIDAD	FEEDBACK	INSTRUMENTO Y CÓMO USARLO	EVALUACIÓN FORMATIVA
JUEGO EN PEQUEÑO GRUPO	Es la actividad donde hubo un *feedback* inmediato y espontaneidad por su parte, de forma que dieron mucha información. Hicimos repaso de algunas actividades anteriores realizadas en los cuadernos, para comprobar sus impresiones y un grado aproximado de conocimiento.	Se hicieron anotaciones puntuales durante las videollamadas y se llevó un pequeño registro con aquello que llamaba la atención.	Existió una evaluación compartida individual y en pequeño grupo. Cuando algún alumno no sabía hacer algo o le costaba entenderlo, había explicación por parte de los compañeros también.
PRODUCCIONES EN LOS CUADERNOS	Cuando las actividades eran de solución cerrada, se envió al día siguiente las correcciones de los ejercicios, para que pudieran autocorregirse. Hubo *feedback* escrito a diario con los alumnos.	En el centro se acordó utilizar en todos los niveles una tabla de registro semanal, en la que se hicieron anotaciones diarias de carácter cuantitativo y cualitativo.	La evaluación fue directa e individualizada a través del chat que proporciona la plataforma de la Junta de Castilla y León. Las familias mandaban la foto de los cuadernos de forma diaria o semanal.
VÍDEOS DE EXPOSICIONES ORALES	Fue imposible mantener la dinámica de las asambleas de los lunes, por la baja participación del alumnado, aunque con los vídeos y audios recibidos, el *feedback* fue casi instantáneo.	La lista de observación fue la misma que la utilizada en la situación presencial.	En un inicio, se quiso mantener la práctica de la asamblea de los lunes, desde casa. Es decir, proponer un tema cada semana, incluso cada quincena, y que se grabaran en casa hablando un minuto y medio sobre ello. Dada la situación inicial, no fue obligatorio, sino una propuesta y la participación fue muy escasa. Durante todo el tercer trimestre se mandaron rimas con movimiento y poesías mensuales, con la idea de que pudieran mandarnos vídeo o audio de estos recursos, pero la participación fue casi nula. Para el proyecto de ciencias de "Las plantas" hubo que realizar un vídeo explicando la fotosíntesis. Con todos los vídeos ya se adelantó que se haría una presentación que se les mandaría a las familias, para poder ver el trabajo de los compañeros. Ya en fecha tope se tuvo que recordar que faltaba algún vídeo. Es decir, la participación no fue buena.

Instrumentos de evaluación y calificación

Tabla 4. Presentación de los instrumentos de evaluación.

INSTRUMENTOS DE EVALUACIÓN	
SITUACIÓN A (presencial)	**SITUACIÓN B (no presencial)**
Como estamos en primero de Primaria, diferenciamos entre instrumentos para iniciarles en la Evaluación Formativa y la evaluación que realizamos nosotros como docentes: a) Para enseñar a evaluar, tenemos las listas de control adaptadas, escala gráfica adaptada de los alumnos y los pictogramas (ejemplo en anexo I). b) Para hacer un seguimiento de su aprendizaje, tenemos las listas de control, nos basamos en los cuadernos (principal fuente de producciones), en la observación y conversación directa con los alumnos y las valiosas observaciones anotadas en los instrumentos, obtenidas de nuestras conversaciones con ellos y entre ellos.	Como acuerdo de centro y según la normativa vigente de Castilla y León en el ámbito de Educación (ORDEN EDU/308/2020, de 13 marzo), dado el estado de alarma, al seguirse la escolaridad en modo no presencial, tendremos en cuenta dos aspectos para evaluar y calificar: a) Entrega de trabajos. b) Calidad y progresión de los trabajos entregados.

Tabla 5. Presentación de los instrumentos de calificación.

INSTRUMENTOS DE CALIFICACIÓN	
SITUACIÓN A (Presencial)	**SITUACIÓN B (No Presencial)**
La calificación tan sólo se hace efectiva una vez al trimestre, ya que en primero de Primaria no tiene sentido hacerlo de manera más habitual; aún más, si no queremos que una calificación sea el objetivo principal de su aprendizaje. Es decir, hay que hacerles ver que su trabajo diario y sus progresos en el tiempo, son lo que realmente tienen valor escolar y lo que produce la emoción y la ilusión de venir al colegio. Cada día cuenta, cada trabajo cuenta. Al final del trimestre se rellena una **escala verbal de puntuación** para la calificación, con los principales ítems de evaluación de la asignatura divididos en bloques. Estos bloques se confeccionan según la programación de la asignatura y las actividades sistemáticas, de las cuales se va evaluando el progreso. A cada ítem se le asigna un fondo: claro (curricular importante), gris (curricular con menos peso) y oscuro (actitud y comportamiento). Los ítems con fondo claro equivalen en su totalidad al 50% de la calificación y el fondo gris y oscuro al 25% respectivamente. Así, rellenando la escala con cuatro grados de realización (SÍ, HABITUALMENTE, OCASIONALMENTE y NO), podemos pasar a la calificación de la asignatura, sumando la puntuación de cada apartado. Por ejemplo, durante el primer trimestre se usó esta escala verbal de puntuación, para cálculo de puntuación del profesor y para completar individualmente con cada alumno.	La calificación en el tercer trimestre, según la normativa ya mencionada en la tabla anterior, indica que, salvo excepciones muy justificadas, será una media del primer y segundo trimestre, aunque puede tenerse en cuenta de manera positiva los trabajos entregados durante el periodo no presencial. Como acuerdo de centro, durante el tercer trimestre, se considerará un 50% la entrega de los trabajos y un 50% la calidad de las entregas, en caso de que se considerase oportuno subir la media total del primer y segundo trimestres.

Instrumentos y criterios para el salto a la calificación

Tabla 6. Proceso seguido desde la programación hasta la calificación, en situación presencial.

SITUACIÓN A (presencial)				
Finalidades y/o competencias	Actividades de aprendizaje	Evaluación formativa	Instrumentos de calificación	Criterios de calificación
* Perfeccionar la lectura a través de fonemas/grafemas individuales y métodos globales. * Perfeccionar la escritura en copia y principalmente espontánea, pudiendo ser capaz de organizar el espacio y la limpieza en sus presentaciones. * Expresarse de forma oral con corrección en cuanto a volumen, postura, gestión de apoyos visuales y con un vocabulario acorde a su edad y al contexto. * Iniciarse en el conocimiento del lenguaje como vehículo hacia una mejor expresión oral y escrita. * Valorar la utilidad del lenguaje en todas sus facetas y variantes en prácticamente todos los aspectos de la vida diaria.	* Actividades elaboradas en el cuaderno. * Trabajo en los rincones. * Asambleas diarias e individuales. * Actividades de expresión oral, expuestas los lunes. * Trabajos del Plan de Animación a la Lectura del aula	* Feedback oral, individual y diario durante la realización de las actividades. * Comparación de trabajos repetidos por falta de calidad. * Evaluación compartida durante las exposiciones orales y durante los trabajos en pequeño grupo de los rincones. * Coevaluación durante la corrección de cuadernos entre ellos mismos, por parejas, una vez al mes.	Listas de control del profesor sobre la expresión oral y sobre la asamblea diaria individual. Lista de control adaptada de los alumnos para evaluar el cuaderno de sus compañeros. Escala gráfica adaptada, que los escolares rellenan tras los rincones y que se comprueba después. Todos los instrumentos anteriores, ayudan a rellenar después la escala verbal de puntuación trimestral, que ofrece la calificación individual.	La escala verbal de puntuación se divide en bloques, con los contenidos más importantes de cada aspecto de la asignatura trabajados de forma sistemática en el aula durante el trimestre. * El 50% de la calificación corresponde a los criterios curriculares que marcamos como esenciales o con mayor peso en fondo claro. * El 25% de la calificación, corresponde a aquellos contenidos curriculares que no son esenciales para continuar con los aprendizajes posteriores o que se pueden adquirir en un plazo de tiempo más amplio que un trimestre. Los marcamos con fondo gris. El 25% de la calificación, corresponde a la actitud y el comportamiento en las sesiones y que marcamos con fondo oscuro.

Tabla 7. Proceso seguido desde la programación hasta la calificación, en situación no presencial.

SITUACIÓN B (no presencial)				
Finalidades y/o competencias	Actividades de aprendizaje	Evaluación formativa	Instrumentos de calificación	Criterios de calificación
* Perfeccionar la lectura a través de fonemas/grafemas individuales y métodos globales. * Perfeccionar la escritura en copia y principalmente espontánea, pudiendo ser capaz de organizar el espacio y la limpieza en sus presentaciones. * Expresarse de forma oral con corrección en cuanto a volumen, postura, gestión de apoyos visuales y con un vocabulario acorde a su edad y al contexto. * Iniciarse en el conocimiento del lenguaje como vehículo hacia una mejor expresión oral y escrita. * Valorar la utilidad del lenguaje en todas sus facetas y variantes en prácticamente todos los aspectos de la vida diaria.	*Actividades elaboradas en el cuaderno. * Juegos en pequeños grupos durante videollamadas. * Actividades de expresión oral a través de vídeos o audios.	* *Feedback* escrito, individual, diario, tras la entrega de los trabajos ya hechos. * Comparación de trabajos repetidos por falta de calidad y *feedback* escrito. * Autoevaluación con plantillas de autocorrección y posterior *feedback* escrito. * Coevaluación y evaluación compartida, durante las videollamadas, en los repasos de contenidos básicos.	Fichas de registro semanal. Evidencias de sus trabajos en forma de imágenes subidas a la plataforma Teams.	La calificación del tercer trimestre, en base a la normativa excepcional establecida para el periodo lectivo no presencial, se estima a partir de la media obtenida entre el primer y el segundo trimestre, pudiendo únicamente mejorar esta media en base al trabajo realizado durante el periodo no presencial. En este grupo, tan sólo ha habido falta de evidencias en dos casos de alumnos puntuales, a los cuales se les aplica la media aritmética de evaluaciones anteriores, según la normativa legal y los acuerdos de centro.

Resultados-efecto en el rendimiento académico del alumnado

Tabla 8. Resultados globales.

Calificación	(1º trimestre) PRESENCIAL		(2º trimestre) PRESENCIAL		(3º trimestre) NO PRESENCIAL	
	Porcentaje	Alumnos	Porcentaje	Alumnos	Porcentaje	Alumnos
Sobresaliente	68.75%	11	43.75%	7	31.25%	5
Notable	18.75%	3	37.5%	6	62.5%	10
Bien/suficiente	12.5%	2	18.75%	3	6.25%	1
Suspenso	0%	0	0%	0	0%	0
Totales	**100%**	**16**	**100%**	**16**	**100%**	**16**

Interpretación de resultados: SITUACIÓN A (septiembre/marzo)

Durante el primer trimestre, los contenidos fueron más asequibles para ellos y hubo una transición entre la etapa de Infantil y Primaria, muy paulatina. Durante el segundo trimestre la exigencia fue un poco mayor y los procesos, más complicados. Aunque los resultados seguían siendo muy buenos (puesto que más del 40% obtienen un sobresaliente), fueron ligeramente más bajos que en el primer trimestre, es decir, hubo alumnos que bajaron del sobresaliente al notable. Además, se dio el caso de un alumno con casuística particular, que faltó tres semanas por enfermedad y luego le costó coger ritmo de trabajo de nuevo, lo cual le hizo bajar ligeramente la calificación.

Estos datos demuestran que a lo largo del periodo presencial ha habido un asentamiento de los procesos de aprendizaje lingüísticos con calidad. También que el ritmo de trabajo es más que aceptable para un grupo de entre 6 y 7 años. Estos dos puntos son la clave para continuar con la experiencia de Evaluación Formativa en forma presencial.

Interpretación de resultados: SITUACIÓN B (marzo/junio)

Durante este tiempo que duró el curso de forma online, se descolgaron dos alumnos, con los que no mantuvimos un contacto habitual, aunque se les dio múltiples opciones de mantenerlo. Teníamos la certeza de que los trabajos les llegaban, pero no hubo *feedback*, ni opciones de corregir con ellos, ni por escrito ni en llamada. No hubo conexión grupal tampoco. No quiere decir que no alcanzaran los objetivos, o que no trabajasen los contenidos; sólo quiere decir que no teníamos el seguimiento de su trabajo.

Hubo otra parte de los alumnos que se cansaron pronto del confinamiento y su rendimiento bajó, debido a la situación general y creemos que a la falta de motivación, totalmente entendible. Otra parte del alumnado estaba más motivada y la implicación de las familias con el sistema de trabajo propuesto fue buena, dando autonomía, pero haciendo seguimiento desde casa, por lo que su transcurso curricular nos quedó muy claro. Con una pequeña parte de los alumnos, hubo familias que trabajaron diariamente de manera individual con sus hijos e hijas, lo cual reflejó un registro de su trabajo y su rendimiento muy positivo, pero quizá una vez de vuelta a la forma presencial y cuando los alumnos tuviesen que trabajar sin un adulto supervisando la tarea a su lado constantemente, ese rendimiento y ese avance que se vio en sus trabajos no fuese real. Nos preocupa la posible falta de autonomía a la vuelta del cole.

Comparación entre los resultados obtenidos entre ambos periodos

Durante la situación presencial hubo unas normas de trabajo comunes, unas premisas para todos. Aunque en la medida de lo posible se atendió a la diversidad del aula, a los distintos ritmos de trabajo y a necesidades específicas, la dirección en la que "remamos" es la misma: construcción de oraciones, discursos fluidos, comprensión lectora, organización espacial en el cuaderno, aprendizaje de recursos orales, etc. Aunque bien es cierto que durante el segundo trimestre las calificaciones bajaron, debido al aumento del nivel de exigencia y la propia curva de cansancio. La llegada totalmente inesperada de un periodo de educación no presencial, sin previa organización, preparación, falta de recursos suficientes en los hogares, etc., rompió totalmente el ritmo de trabajo y la motivación que venía de los trabajos en grupos, la socialización, la aportación colectiva de los iguales...

Fue un periodo en el que hubo que trabajar también en el bienestar familiar, conocer situaciones particulares de las familias y su entorno próximo, disponibilidad de medios tecnológicos, presión educativa y laboral en los hogares... Hablamos de un grupo de primero de Primaria, con una edad en la que todavía no son autónomos a la hora de acceder a plataformas y acceder a contenidos, es decir, siempre dependían de un adulto. Hubo familias sobrepasadas al tener que compaginar teletrabajos y gestión de los recursos educativos que les llegaban. En cambio, otras familias se centraron más que nunca en los procesos educativos de sus hijos.

Sin duda ambos periodos no pueden evaluarse, ni calificarse con los mismos criterios.

Los resultados calificativos del periodo mencionado de educación a distancia no parecen fiables, puesto que: la observación directa desapareció y las conversaciones que daban el *feedback* también. Teniendo en cuenta que se calificó en base a los instrumentos presentados en la Tabla 5, concluimos que no ha sido posible una calificación cuantitativa y objetiva del proceso de realización de las tareas propuestas y que la intervención de las familias, en ocasiones, ha alterado el resultado final de las mismas. Además, los factores emocionales y personales que ha vivido cada alumno y su entorno más próximo, han sido muy decisivos en el desarrollo de este periodo educativo.

En cualquier caso, habrá que corroborar los aprendizajes durante el primer trimestre del siguiente curso escolar.

Principales ventajas encontradas

SITUACIÓN A (presencial)

No podemos olvidar el dato de que se trata de un grupo de alumnos de entre 6 y 8 años. Con respecto a muchos aspectos de la enseñanza, tal y como hemos mencionado con anterioridad en este informe, durante este curso se asientan las bases de muchos aprendizajes que vendrán en niveles y etapas posteriores. De cara a la práctica de una Evaluación Formativa, es momento de asentar un espíritu crítico con ellos mismos y con los demás, dar importancia a la objetividad y comenzar a manejar herramientas que después les ayuden a situarse en el momento del aprendizaje en el que se encuentran, así como herramientas que les ayuden a mejorar sus trabajos de forma cualitativa.

La mayor ventaja encontrada es el partir de cero. Durante la etapa de Educación Infantil no se percibe un sistema de evaluación ni calificación en los que ellos estuvieran implicados, de modo que encontramos una *tabula rasa*, un grupo que moldeamos con herramientas y sistemas de corrección y aprendizaje nuevos, que han podido asimilar como propios, puesto que no tenían con qué compararlos, ni tuvieron que modificar sus concepciones de la evaluación ni desechar otros hábitos.

SITUACIÓN B (no presencial)

Sin duda, la mayor ventaja de esta situación fue la implicación familiar en los procesos de revisión y Evaluación Formativa de sus hijos. Pudieron comprobar qué tipo de trabajos podemos hacer en un aula, cómo reaccionan sus hijos, la calidad de algunos de sus trabajos, hábitos de organización...

El *feedback* mantenido con las familias, sobre sus hijos y las producciones de los mismos, salió muy bien, fortaleciendo la relación entre los ámbitos docente y familiar de la comunidad educativa. Hubo contacto casi diario, si no, semanal en la entrega de trabajos por fotos. Además, durante las primeras semanas se realizaron tutorías por videollamada con las familias de forma individual, en las que habló la tutora con familias y alumnos, para comprobar la situación familiar y poder solventar cualquier tipo de problema tecnológico, dudas sobre el sistema de trabajo, saber qué demandaban los alumnos, los adultos de su entorno...

Sin duda estamos convencidos de que, en esta situación, la competencia digital fue la gran beneficiada y en las conversaciones con las familias y con los alumnos se confirma. Antes de este periodo educativo, la plataforma se utilizaba principalmente con las familias y como apoyo ocasional desde casa para los alumnos, con algún enlace a vídeos o para compartir algunas fotos de trabajos colaborativos realizados en el aula. Ahora los alumnos cada vez se manejan mejor dentro de la plataforma, utilizando autónomamente enlaces o actividades interactivas.

Principales inconvenientes encontrados y posibles mejoras

Tabla 9. Inconvenientes en la SITUACIÓN A (presencial) y propuestas de mejora.

INCONVENIENTES ENCONTRADOS	PROPUESTAS DE MEJORA
- Ha costado adaptar las herramientas a un nivel tan bajo, puesto que casi todos los ejemplos que se encuentran muestran niveles superiores de Educación Primaria, Secundaria, bachillerato o enseñanzas universitarias. - Al igual que es una ventaja encontrar un grupo al que se pueda iniciar en Evaluación Formativa, sin ideas preconcebidas, es cierto que también tenemos el inconveniente de no poder comparar resultados anteriores de este mismo grupo con otras metodologías de evaluación o de calificación.	- Seguir investigando en los cursos más bajos de los centros escolares. - Seguir promocionando y divulgando los grupos de trabajo seminarios, grupos de investigación, etc., que tratan sobre la Evaluación Formativa. - Cuando el grupo acceda al tercer curso de Educación Primaria, se puede hacer una tabla comparativa entre la calificación obtenida al final de trimestre, teniendo en cuenta sólo las pruebas escritas y la calificación obtenida de todos los procesos de Evaluación Formativa.

Tabla 10. Inconvenientes en la SITUACIÓN B (no presencial) y propuestas de mejora.

INCONVENIENTES ENCONTRADOS	PROPUESTAS DE MEJORA
El sistema de Evaluación Formativa planificado para el curso tuvo que ser modificado sustancialmente durante esta situación, puesto que las actividades planteadas y las premisas para la autoevaluación, coevaluación y evaluación compartida que habíamos iniciado en clase, no eran un formato válido para ser establecido de forma online. Los alumnos no tenían todavía suficiente criterio ni autonomía para terminar de asimilar estos procesos sin estar en el aula, de forma presencial.	Mantener mayor número de videollamadas y clases en directo, conversaciones y *feedback* inmediato con los alumnos, así como "formar e informar" a las familias desde septiembre sobre esta forma de evaluación, de forma que luego puedan proceder de manera adecuada o sepan por lo menos ayudar a sus hijos a utilizar documentos de autoevaluación, autocalificación, etc.

Conclusiones

SITUACIÓN A (presencial)

La experiencia fue positiva, ya que se planteó asentar unas bases que darían su fruto más tarde. Se implantaron unos hábitos, el inicio de un espíritu crítico con los demás y consigo mismos, se implantó objetividad. Es siempre positivo que reflexionen sobre su propio aprendizaje y la forma en la que lo adquieren; es positivo y esencial, si queremos que puedan mejorarlo.

La Evaluación Formativa da a los alumnos y a los docentes algo tangible para situar el punto en el que nos encontramos durante el aprendizaje, mirar hacia dónde vamos y ver qué podemos hacer para llegar a un aprendizaje final. Todo ello a través de los instrumentos que utilizamos y la información cualitativa que en ellos se recoge.

SITUACIÓN B (no presencial)

Sin duda, el giro que tomó el curso, teniendo que confinarnos y retomar las clases de forma no presencial (algo para lo que no estábamos preparados en la comunidad educativa y que nos pilló totalmente por sorpresa) nos hizo reinventarnos y gastar tiempo y energía para continuar hacia adelante. Reconocemos que comenzar a implantar algo que no se domina y al tiempo tener que "embarcarnos" en una nueva aventura de clases no presenciales, no benefició el proceso de análisis que seguíamos con el grupo que se refleja en el actual informe.

ANEXO I: Escala gráfica para trabajo por rincones.

CAPÍTULO 7

Desafíos educativos en tiempos de pandemia. Una experiencia de gamificación y Evaluación Formativa en el área de matemáticas para 2° de Educación Primaria

Silvia Fernández Amaya

Educación Primaria. CEIP Agapito Marazuela (El Real Sitio de San Ildefonso - Segovia)

Introducción

En este capítulo de libro presentamos una experiencia de Evaluación Formativa y Compartida (EFyC) que hemos realizado durante este curso escolar 2019-2020. Ésta se ha desarrollado en el Colegio Público de Infantil y Primaria Agapito Marazuela del municipio de La Granja de San Ildefonso (Segovia) con alumnos de 2º curso de Educación Primaria en el área de matemáticas. El objetivo principal de este trabajo ha sido desarrollar una experiencia de gamificación y EFyC durante la nueva situación educativa a consecuencia del estado de alarma por la pandemia COVID-19. Las técnicas que se han utilizado en esta experiencia son la coevaluación, la autoevaluación, la evaluación compartida y la autocalificación. Los instrumentos que hemos utilizado han sido: (a) observación individual de los alumnos; (b) anecdotario; (c) cuestionario de autoevaluación; (d) ficha de observación grupal; (e) ficha de autocalificación.

Los resultados obtenidos demuestran cómo la participación del alumnado en los procesos de autoevaluación y autocalificación ha mejorado el rendimiento escolar; fomenta el pensamiento crítico a través de procesos de reflexión interna sobre sus propios aprendizajes y aumenta notablemente la motivación intrínseca de los mismos por el aprendizaje en tiempos de pandemia. Por último, se han analizado las ventajas encontradas tras desarrollar esta experiencia y los inconvenientes acontecidos tanto al inicio como en el desarrollo y final de la misma. A partir del análisis de esos inconvenientes detectados se exponen diferentes propuestas de mejora. Para ello se hace una reflexión constructiva sobre nuestra práctica docente que proporciona las herramientas necesarias para mejorar nuestro desarrollo profesional docente.

Contexto

El sistema de EFyC se llevó a cabo en el segundo curso de Educación Primaria del CEIP Agapito Marazuela para el área de matemáticas durante el curso 2019-2020, con una dedicación de cinco horas semanales.

El centro educativo es de línea dos, tanto en Educación Infantil como en Educación Primaria, y tiene una totalidad de cuatrocientos alumnos, pertenecientes a las poblaciones de La Granja de San Ildefonso, la Pradera de Navalhorno, Valsaín y Riofrío. Se encuentra en el municipio de El Real Sitio de San Ildefonso en la provincia de Segovia, con cuatro mil quinientos veinticinco habitantes, dedicados una parte importante de ellos a la fábrica de vidrio (construida en los años setenta), a las maderas del pinar del Valsaín y al turismo. El nivel socioeconómico de las familias es medio.

El grupo está formado por veintiún alumnos, de los cuales tres de ellos son alumnos con necesidades específicas de apoyo educativo (ACNEAE), concretamente uno presenta necesidades educativas especiales. Éstos se organizan por equipos, en base a la estructuración del aula en cuatro zonas de pensamiento, coincidiendo con cada una de las diferentes áreas que se imparten: (a) Infinito (matemáticas); (b) Jeroglífico (lengua); (c) Científico (ciencias naturales); (d) Social (ciencias sociales); y (e) Creativo (plástica). En cada uno de ellos, los alumnos deberán cumplir con las diferentes misiones planteadas para adquirir unas insignias que les permitan conquistar la Tierra Azul.

El principio fundamental del aprendizaje en el aula es el juego, siendo éste la base para la adquisición de los aprendizajes. Así pues, se explica al alumnado la segunda parte de la narrativa (con relación al curso anterior) así como la mecánica, paso previo al inicio del juego (ver Anexo I).

Los **principales objetivos de aprendizaje** en el área de matemáticas son:

a) Comprender, adquirir y dominar los conceptos matemáticos claves.
b) Aprender y consolidar la resolución de las operaciones básicas.
c) Activar el pensamiento lógico-matemático.
d) Conocer y aplicar estrategias de cálculo mental.
e) Aplicar procesos de razonamiento en la resolución de situaciones matemáticas.

Las **principales actividades de aprendizaje** que se desarrollan durante este curso escolar son:

a) **Escudo dorado**: los alumnos juegan a realizar cálculos mentales con pizarras grandes, de manera eficaz y en el menor tiempo posible, poniendo en marcha sus estrategias mentales.
b) **Guerrero experto**: los alumnos realizan tutoriales sobre los aspectos claves que se trabajan en el aula. Posteriormente se visualizan en gran grupo para valorar su validez, para finalmente compartirlo con otros guerreros a través del blog del aula.
c) **Flipped Classroom**: en momentos puntuales los alumnos asumen el rol de profesor, siendo los encargados de organizar la clase y explicar al resto de compañeros misiones concretas, desafíos matemáticos y obstáculos encontrados mediante la exploración de los aprendizajes ya adquiridos y el aprendizaje por descubrimiento de otros nuevos.
d) **Folio giratorio**: técnica de trabajo cooperativo que se utiliza al finalizar las misiones para que el alumnado compruebe si sus aprendizajes son verdaderos. Si así lo son, los guerreros consiguen amuletos mágicos para sus avatares.

e) **Misiones de guerrero**: conjunto de actividades que permiten a cada guerrero comprobar su cercanía a la Tierra Azul. Éstas se consiguen mediante la realización de micro-proyectos individuales, en parejas y/o en equipo.

f) **Realidad aumentada**: los alumnos resuelven individualmente situaciones matemáticas de diferentes grados de dificultad. Después, lo ponen en común y comprueban si han sido capaces de resolverlos.

Explicación del sistema de evaluación y calificación

Sistema de Evaluación Formativa e instrumentos utilizados

A principios del curso se informa a las familias de la importancia de utilizar el juego como base de los aprendizajes, dando continuidad así a la misma metodología de enseñanza realizada el curso anterior.

Esta vez, los alumnos iniciarán una nueva expedición para alcanzar su gran objetivo: "Conquistar la Tierra azul".

Posteriormente, al alumnado se le presenta el curso a través de un objetivo motivador y de mayor dificultad, y se les explica cuáles son los pasos previos para emprender dicha aventura: consentimiento y obligaciones de guerrero en la nueva expedición (formado por alumno y avatar) y huella en forma de firma.

A continuación, un mensajero de un lugar desconocido hace entrega de una carta al grupo de guerreros, cuyo remitente es el Gran Mago. Ésta contempla las diferentes zonas de pensamiento por las que tendrán que pasar los guerreros –diferenciadas por nombre y color–; las insignias que conseguirán al finalizar cada misión, desafíos encontrados u obstáculos superados. Posteriormente, se les nombra qué actitudes deberán mostrar para enfrentarse positivamente a las dificultades encontradas, las normas que tendrán que cumplir para conquistar la tierra desconocida y la comprobación que realizarán en la brújula de aprendizajes para conocer si habrán llegado o no a la Tierra Azul. Al finalizar la lectura de la carta, se les hace entrega de sus pasaportes de aventureros, válido para el curso entero.

Asimismo, se les explica que serán los protagonistas de su propio aprendizaje, que su sinceridad es importante para el cumplimiento de las normas de expedición. Y para dejar escrita su lealtad, firman dicho compromiso para comenzar el juego.

Comienza la expedición. Los alumnos deberán cumplir con las misiones propuestas por el Gran Mago, de las cuáles recibirán, a modo de recompensa, unas insignias (corresponden a los indicadores de evaluación) que estarán relacionadas con el grado de adquisición de cada una de las actividades de aprendizaje que la forman. El significado de cada una de las insignias (caritas) se sitúan a modo de póster, en un lugar visible para todo el alumnado, además de llevarlo cada uno en su portfolio.

Respecto a la calificación, serán los propios alumnos los que decidan, al final de cada trimestre, a qué distancia se encuentran de la Tierra Azul (mayor nota: sobresaliente) o si, por el contrario, se han quedado lejos (menor nota: aprobado), en función del número y tipo de insignia conseguidos en cada una de las misiones cumplidas. Y este proceso se realizará en un documento llamado *la brújula de aprendizajes*, que lo elabora todo el equipo de expedición (alumnos y profesor) al inicio del curso, y en el que quedan reflejadas qué normas (criterios de calificación) deben cumplir para conquistar la Tierra Azul, en función del número y tipo de insignias conseguidas (indicadores de evaluación) de cada misión o nivel superado. Pero no se les muestra hasta el final del tramo (trimestre), momento en el que los alumnos tienen que comprobar su cercanía a la Tierra Azul (es decir, ponerse la nota).

Luego se les indica que dicho documento lo llevarán visible en su mochila de guerrero (portfolio) junto a sus aprendizajes verdaderos y el documento donde cada uno refleja el tipo y número de insignias que merecen en cada una de las misiones.

Los instrumentos de Evaluación Formativa que se llevan a cabo en el aula de 2º de Educación Primaria son:

1. **Anecdotario:** donde se destacan los momentos puntuales e incidencias relevantes de las sesiones.
2. **Cuaderno del profesor:** donde queda reflejada la programación semanal de las clases.
3. **Cuaderno de clase del alumno:** donde se registran las diferentes actividades de aprendizaje; dictado de números, series, operaciones, etcétera. Se entrega al alumnado diariamente, dando *feedback* a través de las caritas, para que mejoren en sus aprendizajes.
4. **Compromiso de aprendizaje de guerrero**: documento individual, visible en el portfolio, en el que quedan reflejados los compromisos que adquieren los alumnos para todo el proceso de enseñanza-aprendizaje. Se realiza a principios de curso.
5. **Cuaderno de misiones:** son el conjunto de misiones que se le presentan a los alumnos y que varían según los conceptos matemáticos que se estén trabajando. Al finalizar cada uno de ellos, los alumnos reciben *feedback* de la profesora.
6. **Insignias de misión cumplida:** son el conjunto de símbolos (caritas) que los alumnos pueden conseguir cuando cumplen con las diferentes misiones de aprendizaje así como las que recibirán del *feedback* realizado por el profesor. Este documento se presenta en forma de póster en un lugar visible de la clase.
7. **Resumen de misión:** lo realizan los alumnos al cumplir con la misión de aprendizaje y/o a la finalización de cada micro-proyecto. Se corresponde con los cuestionarios de autoevaluación de cada una de las misiones. Está formado por preguntas de comprobación.
8. **Ficha de observación grupal de los aprendizajes matemáticos claves:** donde se anota el grado de adquisición de los aprendizajes y su progreso.
9. **Recuento de insignias:** es un documento donde los alumnos dibujan el tipo de insignia (carita) que han conseguido al finalizar cada resumen de misión. Sirve de guía para comprobar su distancia a la Tierra Azul al finalizar el trimestre.
10. **Brújula de aprendizajes:** escala graduada formada por los criterios de calificación que elaboran los alumnos junto con el docente a principios de curso. Este documento

corresponde a la ficha de autocalificación de cada alumno. Se utiliza al final de cada tramo (trimestre).

11. **Portfolio**: carpeta donde el alumnado guarda su cuaderno de misiones, las diferentes actividades de aprendizaje, brújula de aprendizajes y los resúmenes de misión. En la parte externa del mismo los alumnos portan su compromiso de expedición.

12. **Diana de evaluación:** escala gráfica formada por círculos concéntricos en los que se valoran los aspectos relacionados con las normas de convivencia del aula. Se realiza al final del trimestre.

13. **Lista de control individual:** donde quedan recogidos semanalmente los diferentes aspectos observables relacionados con el comportamiento del alumnado y el clima del aula (Tabla 1).

Tabla 1. Lista de control de comportamiento y clima en el aula.

Alumno: Curso:			Fecha:	
	SI	NO	AV	OBSERVACIONES
Permanece atento durante la explicación.				
Aprovecha el tiempo de trabajo en el aula.				
Pregunta las dudas que tiene durante y después de las explicaciones de la maestra.				
Es autónomo en la realización de actividades.				
Llama la atención de la maestra: - Muestra conductas inadecuadas. - Habla cuando no procede.				
Participa en clase.				
Respeta a sus compañeros.				
Permanece en silencio cuando lo indica la maestra.				

Se puede completar la siguiente tabla resumen de actividades de aprendizaje-Evaluación Formativa a realizar-salto a la calificación (tabla 2). Se aporta en la primera línea una explicación de cada apartado, eliminar cuando ya no se necesite.

Tabla 2. Tabla resumen actividades de aprendizaje, Evaluación Formativa y criterios de calificación.

Finalidades y/o competencias	Actividades de aprendizaje	EFyC	Instrumentos de calificación	Criterios de calificación
- Adquisición de los conceptos matemáticos clave. - Desarrollo de estrategias de cálculo mental. - Desarrollo del pensamiento lógico-matemático. - Aprender y consolidar la resolución de las operaciones básicas. - Interpretación gráfica de información y aplicación de procesos de razonamiento en la resolución de planteamientos matemáticos.	Guerrero experto. Flipped Classroom. Batalla de números. Folio giratorio. Misiones de Guerrero. Realidad aumentada.	En la misma sesión se hace autoevaluación, coevaluación y evaluación compartida. En la misma sesión se hace la autoevaluación, y evaluación compartida. En la misma sesión se hace autoevaluación, coevaluación y evaluación compartida. Diario del profesor, autoevaluación y videollamada individual para *feedback* semanal. En la misma sesión se hace autoevaluación y evaluación compartida.	Misiones y actividades de aprendizaje. Cuaderno de clase del alumno. Cuestionario de autoevaluación al final de cada misión o micro-proyecto. Cuestionario de autoevaluación a través de un Forms. Dianas de autoevaluación. Lista de control.	En función de las normas del juego de aprendizaje establecidas dentro del consentimiento de Expedición que recoge las bases y compromiso de guerrero y la escala gráfica y verbal.

Resultados-efecto en el rendimiento académico del alumnado

En la tabla 3 hemos reflejado el rendimiento académico del alumnado durante todo el curso escolar mediante la muestra de las calificaciones obtenidas a lo largo de las tres evaluaciones, así como la de final de curso.

Aportamos el dato numérico, el porcentaje y el valor de la calificación media. Para obtener esta media hemos utilizado la siguiente escala: Sobresaliente=4, Notable=3, Bien=2, Suficiente=1 e Insuficiente=0. Utilizamos esta escala en lugar de la tradicional (de 1 a 10) para fomentar la reflexión, para fijar la atención en la evolución de los aprendizajes de los alumnos a cualquier nivel y para evitar etiquetar resultados y/o personas. Entendemos que con la utilización de esta escala 0-4 ponemos más énfasis en la reflexión, evitando así todas las connotaciones que tiene la escala 1-10 en el ámbito educativo, por ser ésta la más utilizada tradicionalmente por los docentes.

En la primera evaluación, y con carácter general, la actitud y la predisposición hacia los aprendizajes ha sido bastante positiva, motivado principalmente por la enorme motivación que ha mostrado el grupo de alumnos desde el inicio de curso. De esta manera, tal y como puede observarse el 61,9% de los mismos han obtenido una calificación de notable; un 23,8%, un bien; un porcentaje de 9,52% obtuvieron una calificación alta (sobresaliente) y tan solo el 4,76%, de aprobado. Éste último se corresponde con el alumnado con necesidades educativas específicas. La media del trimestre ha sido de un 2,28.

En la segunda evaluación, el número de alumnos que obtuvieron la calificación más alta aumentó con respecto al trimestre anterior, de 9,52% a 14,28%, debido principalmente por las dinámicas de coevaluación desarrolladas en el aula, favoreciéndose así el trabajo entre iguales y el afán de superarse a sí mismo.

Tabla 3. Rendimiento académico del alumnado.

Calificación	Trimestres primero y segundo Media 1º Tr.: 2,28. Media 2º Tr.: 2,33				Tercer trimestre (COVID-19) Media 3º Tr.: 3,4		Final (COVID-19) Media final: 2,71	
	Alumnos/as	Porcentaje	Alumnos/as	Porcentaje	Alumnos/as	Porcentaje	Alumnos/as	Porcentaje
Sobresaliente	2	9,52%	3	14,28%	11	52,38%	4	19,04%
Notable	13	61,90%	13	61,90%	8	38,09%	15	71,42%
Bien	5	23,80%	3	14,28%	2	9,52%	2	9,52%
Aprobados	1	4,76%	2	9,52%	0	0%	0	0%
Suspensos	0	0%	0	0%	0	0%	0	0%
Totales	**21**	**100%**	**21**	**100%**	**21**	**100%**	**21**	**100%**

Destacar también que el número de aprobados con respecto al anterior trimestre también aumentó de 4,76% a 9,52% motivado ello por la complejidad de los aprendizajes y la aparición de ciertas dificultades de aprendizaje, lo que hizo que el rendimiento de un número constante de alumnos disminuyera. La media del trimestre ha sido de un 2,33.

La tercera evaluación ha estado muy marcada por el trabajo individual del alumnado en un entorno diferente al habitual, en casa, debido al estado de alarma por el Covid-19.

Se aprecia una mejoría considerable de los resultados, sobre todo en cómo la disminución de calificaciones de notables (38,09%) se ha visto compensada con el aumento de sobresalientes (52,38%) del alumnado, debido, principalmente, al refuerzo positivo que han tenido en las misiones cumplidas a través de los correspondientes *feedback*; un 9,52% han obtenido una calificación media-baja (de bien). Al finalizar el curso la media ha sido de 3,4.

Dichos resultados se han visto afectados por factores estrechamente relacionados con el alumnado influyendo directamente en el rendimiento escolar de los mismos:

En primer lugar, la presencia de tres niveles educativos claramente diferenciados: 1) alumnos con un nivel alto, que se sitúan siempre en torno al sobresaliente; 2) alumnos con un nivel medio, cuyo rendimiento suele fluctuar entre el bien y el notable; 3) alumnos con un nivel medio-bajo, son aquéllos que han recorrido el curso entre el suficiente y el bien.

En segundo lugar, la diversidad de entornos familiares ha hecho que el esfuerzo, implicación y adquisición de aprendizajes se haya visto mermado y traducido en sus calificaciones.

A modo de conclusión destacamos la enorme implicación familiar de los alumnos en esta última parte del curso, tanto por el apoyo y seguimiento de las tareas escolares, por la insistencia en continuar aprendiendo, esforzándose al máximo tanto en las actividades de aprendizaje como en el rendimiento en las clases online, sin disminuir el rendimiento académico y con la misma motivación inicial e intensidad por aprender de principios de curso.

Principales ventajas encontradas

Tabla 4. Principales ventajas encontradas en la puesta en marcha de este sistema del sistema de EFyC.

Principales ventajas encontradas	
Primer y segundo trimestre	**Tercer trimestre**
• Menor tiempo invertido en dar *feedback* en el aula, al ser un proceso inmediato. • Mayor implicación en el desarrollo de la asignatura y de las actividades propuestas, debido principalmente a un aumento de motivación y al contacto inmediato alumno-profesor para la aclaración de dudas. • Mayor conciencia de lo que aprenden, mejorando así el rendimiento académico de los alumnos. • Aceptación positiva de los propios errores, favoreciendo así el pensamiento crítico. • Propicia el clima y la gestión del aula, facilitando el trabajo diario y la relación profesor-alumno. • Fomenta valores como la responsabilidad en el trabajo diario. • Este sistema de evaluación favorece la adquisición de un compromiso y una mayor dedicación hacia las propias tareas escolares y el gusto de superación de uno mismo. • Mejora las relaciones entre iguales gracias al desarrollo de actividades de aprendizaje cooperativas, dando lugar a un espacio de respeto, diálogo y ayuda entre ellos mismos. • Disfrute en la adquisición de los aprendizajes evaluándose a sí mismos y a sus compañeros.	• La implicación y la motivación ha aumentado al cambiarse el escenario de aprendizaje; de ser en el aula con los cuadernos de misiones a utilizar una plataforma virtual (blog: https://edukando.school.blog/) para leer la misión diaria, favoreciendo así la competencia digital de los alumnos y familias. • Fomenta la autonomía y los hábitos de trabajo en el alumnado. • Las videollamadas individualizadas para aclarar dudas y los *feedbacks* diarios a los alumnos en tiempo real, han hecho que mantuvieran la misma implicación o incluso más que al hacerlo en el aula. El contacto diario profesor-alumno, vía telefónica, videollamada o por correo electrónico ha producido en los alumnos y sus familias ese "calor humano" necesario para continuar con el proceso educativo.

Principales inconvenientes encontrados y posibles soluciones de mejora

Tabla 5. Principales inconvenientes y propuestas de mejora encontradas en la puesta en marcha del sistema de EFyC.

Primer y segundo trimestre	
Principales inconvenientes encontrados	**Posibles soluciones de mejora**
Excesiva carga de trabajo en grupos numerosos y dificultad para realizar un seguimiento individual del alumnado.	Agrupamientos flexibles dentro de la misma aula y/o metodologías más versátiles.
Mayor inversión de tiempo para la realización de los instrumentos de evaluación, sobre todo ante grupos nuevos y en el inicio escolar.	Manejo, con antelación suficiente al inicio de curso, de los instrumentos de evaluación, así como la recapitulación de la información necesaria del nuevo grupo escolar.
Tercer trimestre	
Principales inconvenientes encontrados	**Posibles soluciones de mejora**
Cambio en la forma de realizar los cuestionarios de autoevaluación (del formato en papel y por bloques de aprendizaje, al digital y general), lo que supone un conocimiento mayor por parte del alumnado y sus familias para poder realizarlos.	Formación básica y/o manual para principiantes en el uso y utilización de la plataforma educativa (Microsoft 365 y aula virtual) dirigida al alumnado y a las familias, organizada por el profesorado y/o centro educativo.
Incapacidad para controlar aspectos externos al entorno escolar (ayuda de las familias en las tareas escolares de sus hijos, tiempo de realización...) y que influyen directamente en el rendimiento académico del alumnado y en sus calificaciones finales.	Cuestionarios de participación familiar en la escuela, realizado por los equipos directivos de los centros educativos, donde consten los datos del alumno y el curso correspondiente. Dicho cuestionario estará formado por preguntas de respuesta larga (de opinión personal), con escalas numérica y de opción múltiple, cuya finalidad sería el análisis de los datos recogidos respecto del proceso de enseñanza y aprendizaje.
Necesidad de disponer de medios informáticos para todos los alumnos y sus familias, permitiéndoles así acceder a una educación de calidad igual para todos.	Disponibilidad por parte de las administraciones educativas, de la provisión de soportes tecnológicos gratuitos y/o recursos de similar índole a los alumnos de ambientes desfavorecidos y/o niveles socioeconómicos más bajos.

Conclusiones

Una vez terminado el estudio de cómo se ha desarrollado los procesos de Evaluación Formativa y Compartida durante el curso escolar en tiempos de pandemia, es necesario conocer sus efectos, a modo de conclusión, en los dos períodos en los que los hemos diferenciado: primer y segundo trimestre (presencial) y tercer trimestre (tramo online).

Dichas conclusiones nos demuestran que es válido y recomendable llevarlo a cabo en las condiciones de trabajo normales de un maestro de Educación Primaria. Entendemos que requiere de un trabajo muy metódico y sistemático de registro de la información en los instrumentos de evaluación utilizados así como de preparación de los mismos, especialmente en grupos de alumnos con necesidades educativas especiales, ya que favorece los procesos y aprendizajes de dichos alumnos.

Se trata de un sistema centrado en los alumnos y en los propios procesos previos a la adquisición de los aprendizajes, lo que posibilita el pensamiento crítico y la reflexión individual de todas las personas que han intervenido en el mismo. La relación entre iguales también ha experimentado una mejora muy significativa y se ha producido una evolución muy positiva y clara en el rendimiento académico y actitud hacia los aprendizajes.

La motivación y la autoestima del alumnado, así como el compromiso adquirido en los procesos de aprendizaje han sido tan elevados que se han producido procesos de metacognición reales y muy marcados debido a la utilización del error como una herramienta de enseñanza-aprendizaje.

Sin embargo, este sistema de EFyC ha sufrido cambios en el tercer período escolar marcado especialmente por la COVID-19, puesto que a pesar de haberse podido llevar a cabo, ha sido necesario adaptarlo a la nueva modalidad de enseñanza (online). Esta nueva situación ha dado lugar a la visibilidad de una gran brecha digital en el alumnado con un nivel socioeconómico bajo, lo que ha implicado una diferencia muy marcada de conexión con respeto al resto de los compañeros.

La conciliación escolar, familiar y laboral de las familias también ha repercutido en el rendimiento escolar de los alumnos, y por tanto, en los procesos de enseñanza-aprendizaje de los mismos. Esta situación se ha producido por la falta de coordinación, en algunos casos, entre el docente y las familias, al no coincidir la disponibilidad de las familias (por el horario laboral y/o teletrabajo) y las horas de dedicación del profesor.

CAPÍTULO 8

Evaluación Formativa, rendimiento académico y desarrollo profesional. Resultados de un estudio de caso longitudinal en Educación Primaria

Marcos Herranz Sancho

Educación Primaria en el CEIP Las Cañadas (Trescasas - Segovia)

Introducción

En esta experiencia de investigación mostramos los efectos que tiene la puesta en funcionamiento de un sistema de Evaluación Formativa y Compartida (EFyC) en la evolución de los aprendizajes, el rendimiento académico de los alumnos y el desarrollo profesional del profesor.

Para ello hemos desarrollado un estudio longitudinal de tres cursos escolares completos con el mismo grupo de alumnos en el área de Lengua Castellana y Literatura en los cursos escolares de 2°, 3° y 4° de Educación Primaria. La experiencia se ha desarrollado en un centro público de la provincia de Segovia utilizando las técnicas de autoevaluación, evaluación compartida, coevaluación, autocalificación y calificación dialogada. El sistema de EFyC ha fomentado la participación de los alumnos en sus propios procesos de evaluación y de calificación, la reflexión crítica en torno a los aprendizajes de los alumnos y la objetividad en la evaluación y la calificación.

Los resultados obtenidos nos han indicado que se han producido mejoras constantes en los aprendizajes y en el rendimiento académico de los alumnos tanto año a año como trimestre a trimestre durante los tres cursos de desarrollo del estudio.

Podemos concluir que es un sistema de evaluación viable porque: (a) se ajusta a las condiciones de trabajo de un profesor de Educación Primaria; (b) ha fomentado aprendizajes relevantes en todas las personas implicadas en los procesos de evaluación y calificación; (c) ha contribuido al desarrollo de procesos de metacognición sobre la evaluación; y (d) ha favorecido a la mejora en el clima de aula.

Contexto

La experiencia de EFyC se ha llevado a cabo en el "CEIP Las Cañadas", en la localidad de Trescasas (Segovia). Se trata de un centro público, de una línea completa, tanto en Educación Infantil como en Educación Primaria. La dotación material es adecuada y se dispone de espacios suficientes. La plantilla del centro está compuesta por trece profesores entre tutores y especialistas. La ratio media por curso es de catorce alumnos en ambas etapas y el nivel socioeconómico y cultural de las familias pertenecientes a la comunidad educativa es medio.

La asignatura en la que se ha desarrollado esta experiencia de EFyC es la de Lengua Castellana y Literatura. Hemos desarrollado un estudio longitudinal de tres cursos escolares completos con el mismo grupo de alumnos durante los cursos de 2°, 3° y 4° de Educación Primaria. Este grupo lo han compuesto trece alumnos el primer año de estudio y doce alumnos los dos siguientes, sin que hubiera ningún alumno con necesidades específicas de apoyo educativo (ACNEAE). La asignatura se ha impartido en cinco sesiones semanales, cuatro de ellas de una hora de duración y una de cuarenta y cinco minutos. Las sesiones de clase están distribuidas de tal forma que se tiene una sesión de clase en cada día de la semana. En todas las sesiones de clase se dedica un tiempo al trabajo específico de comprensión lectora y lectura comprensiva.

Los principales objetivos de aprendizaje que nos planteamos en este estudio son los siguientes:

1. Consolidación de la compresión lectora correspondiente a estos niveles educativos. Ideas principales y secundarias de un texto leído por una tercera persona, atención a la lectura, concentración sobre el tema y reflexión antes de emitir una respuesta.
2. Afianzamiento de la lectura comprensiva sobre textos leídos por ellos mismos. Ideas principales y secundarias de un texto leído por ellos mismos, atención, concentración, velocidad, entonación, comprensión y reflexión antes de emitir una respuesta.
3. Iniciación en el aprendizaje de las primeras normas gramaticales y ortográficas complejas. Normas generales de acentuación, diptongos, hiatos, ortografía, categorías gramaticales...
4. Poner en práctica el conocimiento de la lengua adquirido para responder a distintas actividades, ejercicios y tareas ya sea de forma individual o colectiva.
5. Conocimiento y desarrollo de estrategias básicas para realizar diferentes tipos de textos escritos. Letra, ortografía, márgenes, oraciones cortas, uso de conectores, uso de puntos y comas, pensar antes de escribir, responder a las cuestiones esenciales...

Las principales actividades de aprendizaje realizadas en la asignatura regularmente han sido:

1. Actividades de lectura comprensiva y comprensión lectora. Estas actividades las hemos realizado de manera oral y/o escrita, individual y/o grupal en todas las sesiones de clase. Frecuentemente hemos utilizados las TICs para trabajar estos contenidos. Hemos hecho EFyC de estas actividades aportando *feedback* inmediato por el profesor, por los compañeros y por el grupo.
2. Actividades de asimilación de conceptos ortográficos y gramaticales. Hemos realizado un primer trabajo de manera oral, generalmente en pequeño grupo o gran grupo. Seguidamente se ha desarrollado un trabajo individual. La EFyC se ha realizado mediante la coevaluación y la evaluación compartida aportando *feedback* en (al menos) dos ocasiones por sesión.

3. Trabajos individuales y grupales de puesta en práctica de los contenidos trabajados mediante la escritura (descripciones, cuentos, normas, diálogos, noticias, comics, poesías...). Se trata de la realización de diversas actividades y ejercicios, de forma individual y/o grupal, en los que se ha potenciado el saber hacer. La EFyC se ha realizado mediante la coevaluación y la evaluación compartida aportando *feedback* en (al menos) dos ocasiones por sesión.

Explicación del sistema de evaluación y calificación

Las técnicas de evaluación compartida que hemos utilizados han sido: autoevaluación, evaluación compartida, coevaluación, autocalificación y calificación dialogada.

Los instrumentos de evaluación que hemos utilizado han sido:

- Lista de conceptos clave de cada unidad didáctica (Figura 1).
- Cuaderno-diario del profesor.
- Libros y cuadernos de trabajo de los alumnos.
- Ficha de registro de observación grupal con escala verbal (Figura 2).
- Criterios de evaluación para los trabajos de los alumnos mediante escala gráfica (Figura 3).
- Cuestionario de autoevaluación de cada unidad didáctica para los alumnos (Figura 4).
- Cuestionarios de autoevaluación de los alumnos revisado por el profesor (Figura 5).
- Escala graduada de los criterios de calificación (Figura 6).
- Ficha de autocalificación del alumno con escala graduada (Figura 7).
- Entrevistas individuales y grupales entre profesor y los alumnos.

El alumnado ha recibido *feedback* en varios momentos del proceso de enseñanza y aprendizaje:

1. Por parte del profesor:
   - En las actividades de evaluación inicial.
   - En las dinámicas de clase (preguntas, dudas...).
   - Durante la revisión de los trabajos mediante entrevista individual.
   - En los procesos de evaluación compartida con el profesor cuando han de mostrar sus acuerdos o desacuerdos con las valoraciones del propio profesor.
2. Por parte de los compañeros:
   - En las actividades de evaluación inicial.
   - En dinámicas grupales y de aprendizaje cooperativo.
   - En los procesos de coevaluación cuando han justificado las evaluaciones propuestas a sus compañeros.

El sistema de EFyC propuesto ha estado integrado en el sistema habitual de trabajo de clase ya que ha formado parte la estructura de cada una de las sesiones. Esta estructura ha sido la siguiente:

1. Parte inicial de trabajo en gran grupo.

2. Parte grupal y/o cooperativa en pequeño grupo.
3. Parte de trabajo individual.
4. Coevaluación y evaluación compartida de las actividades.
5. Entrevistas con el profesor y reflexiones finales del proceso.

Durante el proceso de enseñanza-aprendizaje hemos dado la posibilidad de corregir y mejorar las actividades de clase en distintos momentos: (a) en una misma sesión, en un contenido concreto; (b) en una misma unidad didáctica, trabajando en varias sesiones un mismo contenido; y (c) en un trimestre y en el curso escolar completo, valorando la evolución general del aprendizaje del alumno.

Tabla 1. Sistema de Evaluación Formativa e instrumentos utilizados.

Sistema de Evaluación Formativa	- Técnicas de evaluación compartida. - Instrumentos de evaluación. - Aportación de *feedback* a los alumnos. - Integración de la evaluación en el sistema de trabajo. - Posibilidades de corrección y mejora de aprendizajes. - Transformación de evaluación en calificación (Salto a la calificación).
Instrumentos de evaluación utilizados	- Lista de conceptos clave de unidad didáctica copiada por los alumnos en el cuaderno de clase. - Ficha de observación grupal con escala verbal (para el profesor). - Escala gráfica de criterios de evaluación de los trabajos para los alumnos y el profesor. - Cuestionario de autoevaluación de unidad didáctica para los alumnos. - Escala graduada con los criterios necesarios para obtener cada calificación.

El salto a la calificación. Los alumnos han llegado a la calificación mediante la autocalificación y la calificación dialogada con el profesor. Para ello hemos empleado una escala graduada, con una serie de criterios para obtener las diferentes calificaciones, que es conocido por los alumnos previamente.

Para llegar a la calificación final del trimestre realizamos una sesión de autocalificación. En esta sesión de clase los alumnos utilizan la información que aportan todos los instrumentos de evaluación que hemos utilizado durante el trimestre. Estos instrumentos son:

1. Los cuestionarios de autoevaluación de cada unidad didáctica del trimestre.
2. El cuaderno de clase con los trabajos corregidos y evaluados mediante la coevaluación y la evaluación compartida.
3. Diferentes trabajos del alumno con actividades específicas centradas en el "saber hacer" y la aplicación práctica.

Los alumnos tienen guardados estos trabajos en el portafolio de clase y los sacan para hacer la autocalificación trimestral. Durante esta sesión de autocalificación tienen todos los instrumentos de evaluación en su poder encima de la mesa de trabajo. Han de valorar sus evaluaciones y hacer un proceso de reflexión interna sobre sus aprendizajes. En función de dicha reflexión y del cumplimiento de los distintos criterios de autocalificación (que vienen expresados en la ficha de autocalificación de la Figura 7 y que también están expuestos en un lugar visible del aula en todo momento) han de proponerse una calificación para el trimestre y justificar razonadamente por escrito la opción escogida.

Para ello utilizamos la ficha de autocalificación con escala graduada (Figura 1). En este momento es cuando transformamos las evaluaciones de todo el trimestre en calificación.

Figura 1. Ficha de autocalificación de los alumnos con escala graduada. 2º Ed. Primaria, curso 17-18.

<table>
<tr><td colspan="2" align="center">FICHA DE AUTOCALIFICACIÓN PARA LOS ALUMNOS</td></tr>
<tr><td align="center">Evaluación: 3ª, 2º Educación Primaria.</td><td align="center">Área: Lengua y Literatura.</td></tr>
<tr><td colspan="2">NOMBRE:</td></tr>
<tr><td>Calificación</td><td>Cosas necesarias para sacar esa nota.</td></tr>
<tr><td>Merezco un Suficiente:</td><td>- Hago las actividades de clase, a veces no termino a tiempo y me tienen que ayudar para entenderlo.
- He aprendido Lengua con ayuda y las he comprendido.
- Me interesa lo que hacemos en clase, a veces me distraigo y no me entero muy bien.
- Tengo mis trabajos de clase completos, he aprendido y mis caritas son, por lo menos, regular. :-(
- He respetado las normas de las actividades y convivencia aunque me han llamado mucho la atención.</td></tr>
<tr><td>Merezco un Bien:</td><td>- Hago siempre las actividades de clase, pero alguna vez me han ayudado a terminar.
- He aprendido Lengua con alguna ayuda y la he comprendido.
- Me interesa lo que hacemos en clase, presto casi siempre atención pero a veces no me entero.
- Tengo mis trabajos completos, he aprendido bien y mis caritas son regulares :-(y buenas :-)
- He respetado las normas de las actividades y convivencia. A veces me han llamado la atención.</td></tr>
<tr><td>Merezco un Notable:</td><td>- Hago siempre todas las actividades de clase, a veces termino a tiempo y me pongo a ayudar y explicar.
- He aprendido bien Lengua, a veces se la explico a los compañeros para ayudarlos.
- Me interesa todo lo que hacemos en clase, presto casi siempre atención y me entero bien.
- Tengo mis trabajos de clase completos, he aprendido, a veces he ayudado y mis caritas son casi siempre buenas :-) y a veces muy buenas :-))
- He respetado las normas de las actividades y convivencia, pero alguna vez me han llamado la atención.</td></tr>
<tr><td>Merezco un Sobresaliente:</td><td>- Hago siempre todas las actividades de clase, siempre termino a tiempo y ayudo y explico.
- He aprendido muy bien Lengua, se la explico a los compañeros y la utilizo fuera del cole.
- Me interesa lo que hacemos en clase, presto siempre atención, me entero muy bien y explico a otros.
- Tengo todos mis trabajos de clase completos y ordenados, he aprendido muy bien y mis caritas son, siempre o casi siempre muy buenas. :-))
- He respetado las normas de las actividades y de convivencia y casi nunca me han llamado la atención.</td></tr>
<tr><td colspan="2">Cuando te pongas la nota que crees que mereces, habla con el profesor y explícale por qué la mereces. Tendrás que llegar a un acuerdo con él explicando tu decisión.</td></tr>
</table>

Posteriormente se realizará la calificación dialogada con el profesor mediante una entrevista individual en la que se tendrá que llegar a un acuerdo entre el profesor y el alumno. El profesor mostrará su acuerdo o desacuerdo con el alumno en virtud de la información que tiene registrada en sus instrumentos de evaluación. Si hay acuerdo se pondrá la calificación obtenida fruto de dicho acuerdo. En caso de no haber acuerdo se dará participación a otros alumnos y al grupo-clase.

Se han dado calificaciones a los alumnos al finalizar cada trimestre y al final del curso. La calificación final del curso ha tenido en cuenta la evolución global del alumno.

Con el objetivo de llevar a cabo un proceso de enseñanza coherente en todos sus apartados entendemos que debemos comenzar con la programación de objetivos y actividades competenciales. Seguidamente esas finalidades han de llevarse a cabo mediante unas actividades de aprendizaje diseñadas específicamente para cumplirlas. Continuando con la coherencia, desarrollamos los procesos de evaluación a través de dinámicas de EFyC. Para finalizar todo el proceso utilizamos instrumentos de calificación y criterios de calificación formativos en los que se fomenta la participación de los alumnos. En la Tabla 2 exponemos un resumen de las actividades de aprendizaje que nos proponemos, cómo las llevamos a cabo, la EFyC que realizamos en cada momento y los criterios e instrumentos de calificación que utilizamos.

Tabla 2. Tabla resumen actividades de aprendizaje, Evaluación Formativa y criterios de calificación.

Finalidades y/o competencias	Actividades de aprendizaje	Evaluación formativa	Instrumentos de calificación	Criterios de calificación
- Consolidación de la comprensión lectora y la lectura comprensiva. - Asimilación y comprensión de las reglas ortográficas correspondientes a su curso y edad. - Desarrollar ejercicios y actividades poniendo en práctica los distintos conceptos gramaticales trabajados. - Fomentar la expresión oral justificando de forma razonada. - Adquisición de habilidades para la escritura trabajando los aspectos formales y de fondo.	- Lectura comprensiva de textos. - Comprensión de textos leídos por otros y/o escuchados (en diferentes formatos). - Ejercicios de asimilación y puesta en práctica de conceptos ortográficos y gramaticales. - Actividades y ejercicios de expresión oral. - Actividades de escritura (descripciones, noticias, comics, poesías, cartas...) en distintos formatos (TICS).	- Conceptos clave de cada Unidad Didáctica. Ver Figura 1. - Coevaluación y evaluación compartida justificando las decisiones sobre la valoración del trabajo. - Ficha de registro grupal de observación. Ver Figura 2. - Coevaluación entre los alumnos. - Cuestionario de autoevaluación al finalizar cada Unidad Didáctica. Ver Figuras 4 y 5. - Diario del profesor.	- Ficha de autocalificación para los alumnos. Ver Figura 7. - Escala graduada con los criterios de calificación. Ver Figura 6. - Información aportada por los cuestionarios de autoevaluación realizados a lo largo del trimestre. - Información aportada por los cuadernos de clase de los alumnos y por el porfolio del trimestre.	- Vienen expresados en la escala graduada que proponemos. Ver Figura 6.

Resultados-efecto en el rendimiento académico del alumnado

En las siguientes tablas se puede observar la evolución del rendimiento académico de los alumnos a lo largo de los tres años en los que ha desarrollado el estudio. Exponemos las calificaciones de los alumnos en cada una de las tres evaluaciones así como la del final del curso. Aportamos el dato numérico, el porcentual y el valor de la calificación media.

Para obtener esta media hemos utilizado la siguiente escala: Sobresaliente=4, Notable=3, Bien=2, Suficiente=1 e Insuficiente=0. Utilizamos esta escala en lugar de la tradicional escala 1-10 para fomentar la reflexión, para fijar la atención en la evolución de los aprendizajes de los alumnos a cualquier nivel y para evitar clasificar y etiquetar resultados y/o personas. Entendemos que con la utilización de esta escala 0-4 ponemos más el foco en la reflexión y evitamos todas las connotaciones que tiene la escala 1-10 en el ámbito educativo por ser la escala utilizada tradicionalmente por los docentes.

Tabla 3. Rendimiento académico del alumnado en el primer año de estudio.

Resultados en el primer año de estudio. 2º de Educación Primaria. Curso 2017/2018.								
	1ª Evaluación Calificación Media: 2,69		2ª Evaluación Calificación Media: 2,61		3ª Evaluación Calificación Media: 3,07		Final del curso Calificación Media: 2,84	
Calificación	Porcentaje	Nº alumnos/as	Porcentaje	Nº alumnos/as	Porcentaje	Nº alumnos/as	Porcentaje	Nº alumnos/as
Sobresaliente	30,76%	4	30,76%	4	46,15%	6	38,46%	5
Notable	30,76%	4	23,07%	3	30,76%	4	23,07%	3
Bien	23,07%	3	30,76%	4	15,38%	2	30,76%	4
Aprobado	7,69%	1	7,69%	1	0%	0	0%	0
Suspenso	7,69%	1	7,69%	1	7,69%	1	7,69%	1
Totales	100%	13	100%	13	100%	13	100%	13

El primer dato que consideramos destacable es que el rendimiento académico de los alumnos ha sido muy uniforme pero en progresión ascendente desde la primera a la tercera evaluación. Las calificaciones altas (sobresaliente y notable) pasan de ser el 61,52% en la primera evaluación a ser el 76,91% en la tercera, suponiendo una subida de más del 15%. La nota media del trimestre pasa a ser de 2,69 en la primera evaluación a 3,07 en la tercera. Entendemos que una de las causas de este aumento del rendimiento académico puede haber sido el mayor dominio de los instrumentos de evaluación y calificación por parte de los alumnos. Han sabido interpretar la información que estos los aportan y utilizarla para generar más aprendizajes. También ha servido para justificar con más rigor sus autocalificaciones.

Así el/la alumno/a P2101718 justifica su calificación de la tercera evaluación de la siguiente manera:

"He ayudado a los compañeros, he puesto m antes de p y de b, he sabido distinguir singular y plural, los dictados me han salido bastante bien".

El/la alumno/a P2021718 justifica su calificación de tercera evaluación de la siguiente manera:

"Hago las actividades de clase, a veces no termino a tiempo y me tienen que ayudar para entenderlo".

Tabla 4. Rendimiento académico del alumnado en el segundo año de estudio.

Resultados en el segundo año de estudio. 3º de Educación Primaria. Curso 2018/2019.								
	1ª Evaluación Calificación Media: 2,83		2ª Evaluación Calificación Media: 3,08		3ª Evaluación Calificación Media: 3,08		Final del curso Calificación Media: 3,08	
Calificación	Porcentaje	Nº alumnos/as	Porcentaje	Nº alumnos/as	Porcentaje	Nº alumnos/as	Porcentaje	Nº alumnos/as
Sobresaliente	33,33%	4	33,33%	4	33,33%	4	33,33%	4
Notable	33,33%	4	41,66%	5	41,66%	5	41,66%	5
Bien	16,66%	2	16,66%	2	16,66%	2	16,66%	2
Aprobado	16,66%	2	8,33%	1	8,33%	1	8,33%	1
Suspenso	0%	0	0%	0	0%	0	0%	0
Totales	100%	12	100%	12	100%	12	100%	12

El primer dato que consideramos destacable es que el rendimiento académico de los alumnos ha sido muy uniforme a lo largo de todo el curso escolar. Los alumnos han repetido las calificaciones a lo largo de cada trimestre prácticamente en su totalidad.

Como consecuencia el nivel de las calificaciones medias se ha mantenido muy estable con una ligerísima subida a partir del segundo trimestre y hasta el final del curso (desde el 2,83 hasta el 3,08).

También consideramos destacable que las calificaciones altas (sobresaliente y notable) pasan de ser el 66,66% en la primera evaluación a ser el 75% en la segunda, tercera y final.

Entendemos que una de las causas de estos resultados enormemente similares del rendimiento académico a lo largo del curso puede haber sido el dominio de los instrumentos de evaluación y calificación por parte de los alumnos, puesto que es el segundo curso académico que llevan trabajando con el mismo profesor y con el mismo sistema de evaluación y calificación. Por esta razón, también han seguido evolucionando al interpretar la información que dichos instrumentos aportan.

Los alumnos han desarrollado muy buenos procesos de reflexión interna sobre sus aprendizajes, produciéndose grandes mejoras en este aspecto. Esto ha hecho que hayan justificado de manera muy seria, sincera y razonada sus propuestas.

Así el/la alumno/a P3031819 justifica su calificación de la tercera evaluación de la siguiente manera:

"Merezco un suficiente porque no soy buena en clase no he mejorado nada, tengo que seguir y aplicarme".

El/la alumno/a P3021819 justifica su calificación de tercera evaluación de la siguiente manera:

"Merezco un bien porque los cuestionarios, el porfolio, las pruebas de repaso y el cuaderno de clase lo tengo regular, pero también merezco esa nota porque hago el tonto y no termino a tiempo".

Tabla 5. Rendimiento académico del alumnado en el tercer año de estudio.

Resultados en el tercer año de estudio. 4º de Educación Primaria. Curso 2019/2020.								
	1ª Evaluación Calificación Media: 2,66		2ª Evaluación Calificación Media: 3,00		3ª Evaluación (CO-VID-19) Calificación Media: 3,33		Final del curso Calificación Media: 3,25	
Calificación	Porcentaje	Nº alumnos/as	Porcentaje	Nº alumnos/as	Porcentaje	Nº alumnos/as	Porcentaje	Nº alumnos/as
Sobresaliente	33,33%	4	33,33%	4	33,33%	4	33,33%	4
Notable	8,33%	1	33,33%	4	66,66%	8	58,33%	7
Bien	50,00%	6	33,33%	4	0%	0	8,33%	1
Aprobado	8,33%	1	0%	0	0%	0	0%	0
Suspenso	0%	0	0%	0	0%	0	0%	0
Totales	100%	12	100%	12	100%	12	100%	12

Podemos ver cómo el rendimiento académico de los alumnos ha ido subiendo paulatinamente a lo largo de todo el curso escolar.

En el primer trimestre los alumnos de nivel alto se han mantenido en su nivel habitual. Los alumnos de nivel medio-alto, en su mayoría están en la parte baja de su nivel. Los alumnos de nivel medio-bajo se mantienen constantes en su nivel. El nivel de la calificación media del grupo en esta área en este trimestre es de 2,66.

En general los alumnos han mostrado un rendimiento conforme a su nivel pero con mucho margen de mejora.

En el segundo trimestre los alumnos de nivel alto se han mantenido en su nivel habitual. Los alumnos de nivel medio-alto, en su mayoría han evolucionado positivamente a la parte alta de su nivel. Los alumnos de nivel medio-bajo también han evolucionado a la parte alta de su nivel. Por todo ello el nivel de la calificación media del grupo en esta área en este trimestre ha aumentado hasta 3,00.

En el tercer trimestre los alumnos de nivel alto se han mantenido en su nivel habitual. Los alumnos de nivel medio-alto (todos) han evolucionado positivamente a la parte alta de su nivel. Los alumnos de nivel medio-bajo también han evolucionado (todos) a la parte alta de su nivel. Por todo ello el nivel de la calificación media del grupo en esta área en este trimestre ha aumentado hasta 3,33.

El/la alumno/a P4111920 justifica su calificación de primera evaluación de la siguiente manera:

"Merezco un notable porque tengo mis trabajos completos, los cuestionarios en líneas generales bien, los porfolios de clase bien o con pequeñas faltas, las pruebas de repaso bien y el cuaderno casi todas las caritas son :)) – ó :)".

Principales ventajas encontradas

Exponemos las ventajas encontradas en la siguiente tabla:

Tabla 6. Principales ventajas encontradas del sistema de EFyC.

Primer año de estudio	Segundo año de estudio	Tercer año de estudio
-Los alumnos se centran en los procesos y en el *feedback* que se aporta. -Se consigue realizar una evaluación para el aprendizaje en la que los alumnos utilizan los propios instrumentos de evaluación como fuente de información. -Los alumnos han desarrollado una gran capacidad de razonar, argumentar y justificar sus evaluaciones y calificaciones. -Se ha conseguido un gran clima de aula. Los alumnos han tenido unos referentes claros para su evaluación y calificación. -La participación de los alumnos en su evaluación ha contribuido a su mayor motivación en clase. -No se han producido resistencias por parte de los alumnos a este sistema de evaluación y calificación. -Se ha producido una constante mejora en el desarrollo profesional del maestro. -Se han producido mejoras en el rendimiento académico de los alumnos a lo largo del curso.	-Los alumnos siguen más centrados en los procesos de aprendizaje, en el *feedback* y no en los resultados y/o en las calificaciones. -Los alumnos aprovechan cada vez mejor los instrumentos de evaluación para obtener información en torno a sus aprendizajes. -Los alumnos siguen razonando muy bien y desarrollan grandes procesos de reflexión interna en torno a sus aprendizajes. -Se ha mantenido un gran clima de aula. No se han producido conflictos relacionados con la evaluación y la calificación. -Los alumnos valoran mucho conocer los criterios de evaluación y de calificación de antemano y poder participar en su elaboración. -Los alumnos no han mostrado resistencias. Una familia ha mostrado sorpresa por no utilizar el método tradicional de evaluación y calificación. -Se ha seguido produciendo una constante mejora en el desarrollo profesional del maestro. -Nuevamente se han producido mejoras en el rendimiento académico de los alumnos.	- El *feedback* aportado fomenta muchos aprendizajes. Los alumnos han utilizado valoraciones cualitativas para justificar sus propuestas. -Los alumnos se han centrado en sus procesos de aprendizaje utilizando la información de los instrumentos de evaluación y los errores como recurso para seguir aprendiendo. -Los alumnos han seguido desarrollado grandes procesos de reflexión interna y han adquirido una gran capacidad de justificar sus evaluaciones y calificaciones. -El clima de aula ha sido muy positivo. Siguen sin producirse conflictos relacionados con la evaluación y la calificación ni en alumnos ni en familias. -La participación de los alumnos sigue fomentando la motivación y que siempre rindan por la parte más elevada de su nivel. - Los alumnos siguen sin mostrar resistencias. No demandan el sistema de evaluación tradicional. Una familia sí lo sigue haciendo. -Se ha seguido produciendo una constante mejora en el desarrollo profesional del maestro. -Se han producido mejoras en el rendimiento académico de los alumnos a lo largo del curso.

Principales inconvenientes encontrados y posibles soluciones de mejora

Exponemos los inconvenientes encontrados y las posibles soluciones en la siguiente tabla:

Tabla 7. Principales inconvenientes y propuestas de mejora del sistema de EFyC durante los tres años de estudio.

Primer año de estudio	
Principales inconvenientes encontrados	**Posibles soluciones de mejora**
El trabajo inicial es grande para preparar la diversidad de instrumentos de evaluación y calificación a utilizar. Explicación completa y detallada del método de evaluación y calificación a los alumnos desde el principio. Hay que tener una buena base formativa para desarrollar este método de evaluación y calificación y así superar las resistencias que se puedan dar. Al principio de la experiencia, algunos alumnos tienen dificultades para utilizar los instrumentos de evaluación y calificación. Pueden aparecer situaciones como: - Falta de reflexión para proponerse una evaluación o una calificación. - Repetir sistemáticamente evaluaciones y calificaciones sin pensar en su trabajo, aprendizajes, actitud... - Que, a pesar de ser conscientes de lo que tienen que mejorar, no hagan nada por mejorar esos aspectos. - Argumentos incoherentes para justificar sus propuestas de evaluación y calificación.	Una vez terminado ese trabajo inicial, la carga de trabajo en torno a los instrumentos de evaluación y calificación se reduce e incluso puede servir para utilizarlo en cursos posteriores y otras áreas. Hacer explicaciones de manera constante, sobre todo cuando se están utilizando los instrumentos de evaluación y calificación. Consideramos que es enormemente útil la participación de los profesores en proyectos de formación, en grupos de trabajo, seminarios y/o trabajo con compañeros. - Explicaciones claras y constantes a los alumnos. - Aclarar esos aspectos en las entrevistas individuales con los alumnos que muestran estos problemas. - Estar pendientes de los alumnos que muestran estos problemas.
Segundo año de estudio	
Principales inconvenientes encontrados	**Posibles soluciones de mejora**
Hay que volver a explicar de nuevo el sistema de evaluación y calificación al comienzo de curso porque se han producido pequeños olvidos en el manejo de los instrumentos de evaluación. Hay algunos alumnos que siguen identificando los cuestionarios de autoevaluación con exámenes tradicionales. A determinados alumnos les sigue costando hacer procesos de reflexión sobre sus aprendizajes y tienden a ponerse siempre la misma valoración en sus trabajos.	Explicación del sistema de evaluación y calificación al comienzo de cada curso escolar tanto para los alumnos como para las familias. Recordatorio constante del funcionamiento de los distintos instrumentos de EFyC para que recuerden sus características y posibilidades. Fomentar la reflexión en los alumnos en las entrevistas individuales. De esta forma hacemos ver a los alumnos la información que aportan los cuestionarios de autoevaluación y cómo pueden utilizarla en su beneficio. Reflexionar sobre este tema en las entrevistas individuales. Hacemos conscientes a los alumnos de que si cambia el nivel de trabajo y de aprendizaje, ha de cambiar la valoración de los mismos.
Tercer año de estudio	
Principales inconvenientes encontrados	**Posibles soluciones de mejora**
Algunos alumnos dejan de dar la importancia debida a los instrumentos de evaluación que utilizamos y los perciben como meras rutinas. Hay que ir introduciendo modificaciones en los distintos instrumentos de evaluación y calificación para que se ajusten a las características evolutivas de los alumnos. Estos son ahora dos años más mayores que cuando se comenzó el estudio. Vencer las dificultades que ha planteado la "brecha digital" por la situación de confinamiento por la COVID-19.	Trabajar este aspecto con los alumnos en entrevistas individuales y guiarlos en el uso de la información de los instrumentos de EFyC. Ajustar las características de los instrumentos de evaluación y calificación a las características evolutivas de los alumnos. Como ejemplo se han adaptado: (a) escalas verbales por escalas gráficas; (b) integración de mayor cantidad de ítems u opciones de respuesta para mayor reflexión; (c) introducir más texto con más información en los indicadores de logro. - Dotación de dispositivos a los colectivos más necesitados. - Formación por parte de todos los sectores sobre las distintas aplicaciones educativas. - Inculcar y educar en el uso responsable de estos recursos.

Conclusiones

Una vez terminado el estudio y analizados todos sus apartados podemos afirmar que es posible llevar a cabo el sistema de EFyC en las condiciones de trabajo normales de un maestro de Educación Primaria. Entendemos que requiere un trabajo muy sistemático de registro de la información en los instrumentos utilizados así como de preparación de dichos instrumentos.

Se trata de un sistema que ha fomentado aprendizajes en todas las personas que han intervenido en el mismo y se han producido grandes mejoras en los procesos de metacognición de los alumnos. El desarrollo profesional del profesor también ha experimentado una mejora muy significativa y se ha producido una evolución positiva muy clara en los procesos de enseñanza-aprendizaje y en el clima de aula.

La participación de los alumnos en sus propios procesos de evaluación se ha fomentado y se ha producido de una forma muy adecuada. El poder participar en la elaboración de los criterios de evaluación y en los criterios de calificación ha aumentado la motivación general de los alumnos en clase, ha contribuido a mejorar mucho su nivel de implicación en las distintas actividades y ha hecho que los alumnos perciban los procesos de evaluación y de calificación como actividades de aprendizaje más que como actividades de control o sanción.

Los instrumentos de evaluación que hemos utilizados han aportado información que los alumnos han sabido utilizar para seguir aprendiendo y han sido referentes para la realización de los distintos trabajos y actividades. Ha sido muy positivo que reflejaran los distintos indicadores de logro y han servido de gran ayuda tanto a los alumnos como a las familias facilitando la objetividad en la evaluación.

Cuando se comienza a utilizar por primera vez este sistema de EFyC hay que realizar una explicación exhaustiva de los procesos de evaluación y de calificación a alumnos y familias desde el principio. En ocasiones muy puntuales nos podemos encontrar con situaciones en las que hay que vencer resistencias de algunos alumnos y/o familias muy condicionadas por el modelo tradicional de evaluación y calificación.

CAPÍTULO 9

Los procesos de Evaluación Formativa y Compartida como base para el cambio metodológico

Iván Bueno Pérez

Educación Primaria, CRA Los Llanos (Valverde del Majano, Segovia)

Introducción

En el siguiente capítulo exponemos una experiencia de Evaluación Formativa y Compartida llevada a cabo en un CRA de la provincia de Segovia en 4º de Primaria. Se ha decidido orientarla hacia el área de Lengua, por ser considerada esta materia como la llave para el aprendizaje del resto de áreas. Otro aspecto destacable es que se desarrolla en el curso 2019-2020, marcado por la aparición de la pandemia provocada por el SARS-CoV-2, por lo que esta experiencia se llevó a cabo en dos modalidades; la modalidad presencial, en los dos primeros trimestres, y la modalidad online, en el tercer trimestre.

En lo que a objetivos se refiere, el principal de esta experiencia es utilizar los procesos de Evaluación Formativa y Compartida como piedra angular para la transición de una metodología tradicional hacia metodologías activas. Para lograr este objetivo, se comenzará definiendo el sistema de evaluación en torno a cuatro preguntas: ¿Qué? ¿Cuándo? ¿Para qué? y ¿Cómo evaluar? A continuación, se verá una relación entre las finalidades que se buscan conseguir, las actividades de aprendizaje, cómo se lleva a cabo la Evaluación Formativa en ellas y su posterior salto a la calificación. Después, se evaluarán los resultados obtenidos, se valorarán las ventajas e inconvenientes encontrados y se finalizará el capítulo con unas breves conclusiones.

Contexto

Como se comentaba en la introducción, la experiencia de evaluación se llevó a cabo en el CRA Los Llanos, cuya cabecera se localiza en Valverde del Majano (Segovia) en el curso escolar 2019-2020 y en el 4º curso de Educación Primaria. Sin duda, un curso marcado por la aparición de la pandemia ocasionada por el virus SARS-CoV-2, que, como no podía ser de otra manera, tuvo una repercusión significativa en el desarrollo de la experiencia puesto que en el tercer trimestre los docentes nos tuvimos que adaptar fugazmente a un modelo educativo a distancia para seguir consiguiendo nuestros objetivos de enseñanza-aprendizaje.

El CRA está conformado por siete localidades, siendo Hontanares de Eresma la segunda localidad con mayor número de escolares. Precisamente es en esta localidad donde se enmarca esta experiencia. Como características principales del entorno podemos destacar que las familias son de clase media, con algunos casos de familias en condiciones socioeconómicas y culturales desfavorecidas. Además, en esta zona existen familias originarias de otras culturas, de países del norte de África o del este de Europa lo que otorga al centro una gran diversidad cultural.

El número total de alumnos matriculados en el curso 2019/2020 en la localidad de Hontanares de Eresma es de 152, siendo en todos los niveles de línea uno excepto en segundo de Primaria, que es de línea 2. La principal peculiaridad del centro es la falta de recursos tanto tecnológicos como espaciales, por lo que se debe optar por métodos más tradicionales.

Centrándonos ya en el aula donde se lleva a cabo la experiencia, la clase de 4º curso de Educación Primaria está formada por once niños y ocho niñas los cuales tienen una serie de características en el plano social y académico. Por un lado, respecto a las sociales, destaca la existencia de conflictos entre el alumnado ocasionados por una lucha de liderazgo entre dos niñas con una personalidad muy fuerte y que todavía no han abandonado el egocentrismo.

En el plano académico existe una diversidad de ritmos de aprendizajes, de rendimientos académicos y de motivación hacia el aprendizaje, existiendo un número significativo de escolares (5) con necesidades específicas de apoyo educativo: dos alumnos catalogados como TDAH, otros dos de compensación educativa y otro con dificultades de aprendizaje, concretamente problemas de lectoescritura. Además, el pasado curso los resultados fueron desfavorables en cuanto a la competencia lingüística en la prueba individualizada realizada por la Consejería de Educación. Es por esta razón que se plantea esta experiencia desde el área de Lengua castellana y literatura a la cual se le reserva, según la legislación vigente, cuatro horas y media semanales.

La principal meta que persigue esta área para la etapa gira en torno a la alfabetización del alumnado y su progresiva mejora en el proceso comunicativo. Con todo ello, se concretan como objetivos específicos:

a) Adquirir estrategias de comprensión y producción textos escritos.
b) Expresarse oralmente de manera clara y ordenada.
c) Mejorar los errores ortográficos
d) Ampliar y usar eficazmente el vocabulario.
e) Organizar y tratar la información de forma autónoma.

Para lograr estos objetivos se emplean una serie de actividades de aprendizaje de carácter competencial, tales como la composición de textos escritos para mejorar la expresión escrita, las exposiciones orales para mejorar la expresión y comprensión oral o el dictado por parejas para mejorar la ortografía.

Explicación del sistema de evaluación y calificación

El sistema de evaluación atiende al qué, cuándo, para qué y cómo se evalúa. A continuación, se detalla cada uno de ellos, así como los cambios realizados en el tercer trimestre, en la modalidad online.

Tabla 1. Explicación del sistema de evaluación y calificación.

¿QUÉ EVALÚO?

Se toman como referencia los **criterios** y **estándares** de aprendizajes evaluables del área del currículo oficial. Para llegar a ellos, los pesos de calificación se distribuyen de la siguiente manera:

- **Cuaderno de clase**. Cada unidad se revisa el cuaderno valorando: tareas realizadas del plan de trabajo, limpieza/cuidado, márgenes/títulos y letra. Dicha actividad de aprendizaje tiene un 20% del valor. La Evaluación Formativa se produce de la siguiente manera: en una primera revisión se les da la opción de mejora y ellos tienen la opción de una segunda entrega mejorada, que es la que tiene repercusión en la calificación.
- **Actitud y otros**. Se cuenta con una escala gráfica para valorar la actitud del alumnado en clase, que se recoge mensualmente. Lo referido a "otros" se reserva para otras actividades regulares (dictado por parejas, creación de un escrito, exposiciones orales, etc.). Este tendrá un valor del 30%. La Evaluación Formativa aquí se realiza de forma diaria puesto que al finalizar cada día son los propios alumnos los que pintan de un color u otro en función de la actitud que habían tenido (rojo si no han cumplido lo acordado y verde si lo han cumplido). En cuanto al apartado "otros", también suelen tener la opción de segunda entrega mejorada.
- **Media de las pruebas de las UUDD**. Se establece una media de las pruebas realizadas al finalizar las unidades didácticas que tiene una repercusión final del 50%. La Evaluación Formativa en este aspecto se produce de la siguiente manera: se anotan los fallos encontrados de forma individual en cada prueba, se realiza una puesta en común de los mismos en gran grupo y aquellos alumnos con notas inferiores a 5 tienen la opción de repetir la prueba siendo un 9 la nota máxima que pueden conseguir en esta segunda prueba.

Cambios realizados en el tercer trimestre. En el equipo de internivel del centro, debido a las recomendaciones de la administración educativa, se decidió cambiar los porcentajes en la calificación siendo los alumnos y las familias informadas al inicio del proceso. Los pesos de la calificación quedaron configurados de la siguiente manera:

- 20% trabajo personal (planes de trabajo).
- 20% actitud y otros. Circunscrita a la entrega en plazos de tareas y al seguimiento habitual de la plataforma TEAMS.
- 40% tarea final de tema.
- 20% pruebas orales vía TEAMS.

¿CUÁNDO EVALÚO?

De forma **continua** y global. Se evalúa desde el inicio con una detección de conocimientos previos, durante su desarrollo y culmina en una síntesis final. Por eso el *feedback* es constante durante el proceso estableciendo rutinas o actividades claras a lo largo del curso.

Cambios realizados en el tercer trimestre. En este apartado se cambió la forma de ofrecer el *feedback*, realizándose mediante el chat o tareas específicas con sus propios instrumentos de evaluación de la plataforma TEAMS.

¿PARA QUÉ EVALÚO?

La finalidad, como se ha dicho, es formativa, entendiendo por ello buscar en todo momento mejorar los procesos de enseñanza y de aprendizaje (López-Pastor y Pérez-Pueyo, 2017).

Cambios realizados en el tercer trimestre. En este apartado no se realizaron cambios realizados en el tercer trimestre.

¿CÓMO EVALÚO?

PROCEDIMIENTOS:
- **Observación sistemática**. Se utiliza para analizar actividades cuya producción no es tangible (expresión oral).
- **Intercambios orales**. Indicados para situaciones de aula donde predominan las relaciones interpersonales y el diálogo.
- **Análisis de las producciones**. Valoración de las producciones de los alumnos.
- **Pruebas específicas**. Pruebas escritas al finalizar los temas (escritas y orales)

INSTRUMENTOS:
- **Escala gráfica para el registro de la actitud.** Registra la actitud que tienen los alumnos en el área. Se establecen los siguientes aspectos a valorar: evitar interrumpir al maestro/compañeros, seguir las indicaciones la primera vez que se reciben, respetar los modos de ruido de la clase y hablar cuando el profesor me dé permiso. Para ello, se cuenta con dos grados de valoración en forma de caritas (verde y roja) simulando los colores de un semáforo. Así, cada día comienzan en verde y si no respetan alguno de los aspectos a valorar se baja a rojo con la posibilidad de subir nuevamente si se enmienda el error. Todas estas conductas fueron trabajadas con los niños previamente a llevarlas a cabo, explicando claramente qué deben hacer para permanecer en el color verde. No obstante, si en algún momento cambiaban al color rojo se hablaba con el alumnado y se les orientaba para que dejar claro qué debían hacer para cambiar de color. Por lo tanto, la Evaluación Formativa es constante porque tienen claro siempre por qué se encuentran en uno o en otro grado y qué tienen que hacer para mantenerse o mejorar.
- **Rúbrica para la expresión escrita.** Este instrumento se vincula a la actividad llamada "escritura creativa". Esta consiste en lo siguiente: se lleva a cabo regularmente (una vez por unidad didáctica) la creación de diferentes textos escritos de entre 70 y 100 palabras. Para ello, nos basamos en algunas de las técnicas del libro *Gramática de la fantasía*, de Gianni Rodari, tales como: ensalada de cuentos, el binomio fantástico o cuentos al revés. Además, se cuenta con un libro de creación de historias titulado "libro quebrado" de elaboración propia. La dinámica siempre suele ser la misma: se repasan los criterios que se van a evaluar en el texto apoyándonos en una rúbrica específicamente creada para ello y se les deja tiempo para la realización en clase de un borrador. Después, el profesor corrige el borrador dando las opciones de mejora para que elaboren el texto final.
- **Ficha de seguimiento individual. Este instrumento está vinculado con la actividad llamada "cuaderno personal", que consiste en lo siguiente:** el trabajo personal del alumno se lleva a cabo, como se ha contado, mediante el cuaderno de clase. Para ello, a lo largo de los diferentes temas el alumnado tiene actividades obligatorias. Sin embargo, además de la realización y calidad de las tareas, se tiene en cuenta otros aspectos como limpieza, márgenes, títulos y letra. La Evaluación Formativa se realiza de forma continua, ya que se van tratando las dudas de forma individualizada y se hacen revisiones en función de los criterios citados de forma periódica. Los aspectos más significativos o considerados observados en estas revisiones son recogidos en esta ficha de seguimiento individual de cada alumno.
- **Lista de control para evaluar la expresión oral.** Este instrumento se vincula a la actividad llamada "Somos periodistas", que consiste en lo siguiente: cada semana cinco alumnos deben hacer una breve exposición oral (dos minutos máximo) sobre una noticia de actualidad teniendo como apoyo una plantilla de búsquedas eficaces de noticias que previamente han tenido que elaborar sobre la noticia elegida. En estas exposiciones orales reciben *feedback* inmediatamente tras su finalización de dos formas: el de sus compañeros y el del docente. Ambos se basan en los ítems de una lista de control sencilla.

Cambios realizados en el tercer trimestre. En este apartado se decidió hacer algunas modificaciones y/o inclusiones de procedimientos e instrumentos de evaluación puesto que cambiar la forma de llegar a los objetivos de esta experiencia lleva implícito la adaptación de los procedimientos e instrumentos utilizados.

PROCEDIMIENTOS:
- **Observación sistemática.** Reducida a las videollamadas realizadas mediante la plataforma TEAMS en grupos reducidos de 3-4 alumnos mediante un sistema rotatorio.
- **Análisis de las producciones.** Igual que en los trimestres anteriores. La única modificación es la forma de recibir esas producciones (vía TEAMS).
- **Pruebas específicas.** Igual que en los trimestres anteriores. La única modificación es la forma de hacer esas pruebas (Google Forms, Quizziz, etc.)

INSTRUMENTOS:
- **Escala gráfica.** suprimida puesto que estaba destinada a evaluar la actitud en clase
- **Rúbrica para la expresión escrita.** Igual que en los trimestres anteriores.
- **Rúbrica para evaluar un resumen.** Se añadió este instrumento para evaluar los resúmenes.
- **Ficha de seguimiento individual para el cuaderno personal.** Se mantuvo igual que en los trimestres anteriores.
- **Lista de control para evaluar la expresión oral.** Igual, pero se añadió una para evaluar las pruebas orales.
- **Lista control videollamadas.** Se añadió para evaluar los aspectos conceptuales, procedimentales y actitudinales que se consideraban significativos.

Resumen de actividades de aprendizaje, Evaluación Formativa y criterios y calificación

A continuación, se expone de forma sintética la relación entre las competencias que se pretenden lograr, las actividades de aprendizaje para ello, la Evaluación Formativa que se lleva a cabo en estas, los instrumentos de calificación asociados y los criterios de calificación:

Tabla 2. Tabla resumen de actividades de aprendizaje, Evaluación Formativa y criterios de calificación en la modalidad presencial.

Finalidades y/o Competencias	Actividad de aprendizaje	Evaluación formativa	Instrumentos de calificación	Criterios de calificación
Expone oralmente ideas con orden y coherencia durante dos minutos.	Exposiciones orales. "Somos periodistas".	Feedback inmediato según acaba la exposición.	Lista de control para la expresión oral.	Se encuentra dentro del bloque "otros" que equivale a 10% de la calificación final.
Compone textos sencillos organizando las ideas, respetando la ortografía y utilizando estrategias de escritura.	Composición de textos escritos. "Escritura creativa".	Entregan un borrador, se corrige y entregan la versión definitiva.	Rúbrica de expresión escrita.	Se encuentra dentro del bloque "otros" que equivale a 10% de la calificación final. Además, en las pruebas incluyo ejercicios similares.
Identifica errores ortográficos señalando la línea en la que está el error.	Dictado. "Dictado por parejas".	Se hace una coevaluación, después el profesor comunica los errores y lo vuelven a entregar	El organizador gráfico del dictado.	Se encuentra dentro del bloque "otros" que equivale a 10% de la calificación final. Además, en las pruebas incluyo ejercicios similares.
Organiza, toma decisiones y planifica tiempos de trabajo a medio-largo plazo.	Cuaderno personal.	Feedback orales semanales durante la jornada lectiva.	Ficha de seguimiento individual.	El conjunto de planes equivale a 20% de la nota final.
Participa en procesos guiados de autoevaluación.	Pruebas escritas	Segunda oportunidad de entrega.	La propia prueba escrita.	El conjunto de pruebas equivale a un 50% de la nota final.

Tabla 3. Tabla resumen de actividades de aprendizaje, Evaluación Formativa y criterios de calificación en la modalidad online.

CAMBIOS EN EL TERCER TRIMESTRE (COVID-19)				
Finalidades y/o competencias	Actividades de prendizaje	Evaluación formativa	Instrumentos de calificación	Criterios de calificación
Identifica errores ortográficos señalando la línea en la que está el error.	Dictado individual.	Se elimina la coevaluación entre alumnos.	El organizador gráfico del dictado.	Se encuentra dentro del bloque "otros" que equivale a 10% de la calificación final. Además, en las pruebas se incluyen ejercicios similares.
Organiza, toma decisiones y planifica sus tiempos de trabajo a medio-largo plazo.	Cuaderno personal.	Se ha incluido la autoevaluación para las actividades del libro de texto.	Ficha de seguimiento individual.	El conjunto de planes equivale a 20% de la nota final.
Participa en procesos guiados de autoevaluación	Tarea final de tema. Se realizaban tareas de carácter diagnóstico al finalizar una unidad didáctica.	Se daba un *feedback* por escrito y una segunda oportunidad de entrega.	Instrumento específico para cada tipo de actividad. Ejemplo: Escala de puntuación para resúmenes.	El conjunto de pruebas equivale a un 50% de la nota final.

Resultados en el rendimiento académico del alumnado

En la siguiente tabla se podrán comprobar los resultados obtenidos a lo largo de las tres evaluaciones, así como la evolución de los alumnos.

Tabla 4. Resultados globales de la experiencia en el área de Lengua.

Calificación	1ª Trimestre		2ª Trimestre		3ª Trimestre	
	Porcentaje	N.º alumnos	Porcentaje	N.º alumnos	Porcentaje	N.º alumnos
Sobresaliente	26,31%	5	26,31%	5	26,31%	5
Notable	31,57%	6	36,84%	7	42,10	8
Bien	21,05%	4	21,05%	4	10,52%	2
Aprobado	10,52%	2	5,26%	1	21,05%	4
Suspenso	10,52%	2	10,52%	2	0%	0
Totales	100%	19	100%	19	100%	19

Interpretación de resultados

La primera observación significativa que se puede extraer es la clara tendencia al alza de las calificaciones más bajas (suspenso, aprobado o bien). En el primer trimestre la suma de los alumnos con estas calificaciones corresponde al 42,02% del total, en el segundo al 36,83 y en el tercero al 31,57. Por lo tanto, se reduce en más de 11 puntos estas calificaciones desde el inicio al final del curso.

Otro de los datos destacables es que hay un grupo de cinco alumnos con sobresaliente que mantienen una evolución uniforme repitiendo puntuación en los tres trimestres. Ello se debe a que muestran un rendimiento académico superior al resto con unas capacidades cognitivas que les permiten superar holgadamente cualquier reto de aprendizaje que se les propone.

De forma radicalmente opuesta, el grupo de escolares (cinco) con necesidades específicas de apoyo educativo, aunque han mejorado, aún siguen mostrando dificultades para adaptarse al nivel del curso, siendo cuatro de ellos los que han obtenido el aprobado y uno el bien.

Por otro lado, el resto de los alumnos que no pertenecen a ninguno de los grupos anteriores ha logrado calificaciones entre el bien y el notable.

Queda clara la diversidad de ritmos de aprendizaje pudiéndose resumir en tres grupos diferenciados. Sin embargo, pese a las diferencias, coinciden en su evolución puesto que, como se puede observar en la tabla de resultados, todos han conseguido evolucionar positivamente a lo largo del curso. Así, por ejemplo, el grupo con un rendimiento superior se ha mantenido, y en algunos casos mejorado, las calificaciones finales respecto a las del primer trimestre; en el grupo con necesidades, cuatro de ellos han conseguido superar la asignatura con un aprobado y uno con un bien y finalmente, el grueso gordo ha pasado de obtener mayoritariamente un bien a un notable.

Cabe destacar también que los cambios realizados en el tercer trimestre no supusieron un empeoramiento de la evolución, pudiendo mantener la tendencia al alza durante todo el curso.

En consecuencia y como valoración general de los resultados, se entiende que a la mayoría de los alumnos no les ha costado prácticamente nada adaptarse al sistema de evaluación implantado y otro grupo (concretamente, el grupo con necesidades específicas) les ha costado un poco más debido a las carencias heredadas de cursos anteriores. Por tanto, se da por logrado el objetivo inicial de la experiencia que no era otro que todos, independientemente de sus capacidades individuales, mejoraran su competencia lingüística como consecuencia del sistema de Evaluación Formativa implantado.

Principales ventajas encontradas

Las principales ventajas encontradas a lo largo del curso en el desarrollo de la experiencia de Evaluación Formativa y Compartida han sido las siguientes:

1. Los alumnos tienen claro desde el primer momento qué se les va a pedir y qué tienen que hacer para lograr una u otra valoración en cada actividad de aprendizaje. Por lo tanto, se promueve su participación en el proceso de aprendizaje puesto que son ellos mismos quienes toman las decisiones de qué quieren hacer y hasta dónde quieren llegar.
2. En la misma línea, desde la perspectiva del docente, se facilita el salto de la evaluación a la calificación puesto que están perfectamente definidos de antemano los porcentajes de calificación, así como las actividades e instrumentos vinculados a los mismos.

3. Otra ventaja evidente es que las familias ven claramente cómo se lleva a cabo tanto el proceso de aprendizaje de sus hijos, como las posibilidades para mejorar sus resultados. Por lo tanto, cuando llega el momento de la calificación, tienen bastante claro por qué su hijo tiene una u otra calificación. De la misma forma, también se hacen mucho más conscientes del proceso de aprendizaje continuo que van experimentando sus hijos e hijas y su evolución dentro del mismo.

4. Desde el punto de vista puramente didáctico, se potencia el proceso de enseñanza-aprendizaje. Gracias a los diferentes instrumentos utilizados y trabajados con los alumnos, estos entienden qué están haciendo bien, qué están haciendo mal y qué tienen que hacer para mejorar sus producciones. Además, al ofrecer el *feedback* basado en estos instrumentos se aumenta la calidad de este, porque visualizan perfectamente qué les estamos pidiendo de forma específica y rápida.

5. En esta misma línea, se crea un entorno en el que los alumnos reflexionan sobre sus procesos de aprendizaje y la calidad de su trabajo adquiriendo destrezas como el razonamiento, la argumentación, la autonomía o la capacidad de superación.

Principales inconvenientes encontrados y posibles soluciones de mejora

Los principales inconvenientes encontrados a lo largo del curso encontrados, así como sus posibles soluciones son los siguientes:

Tabla 5. Principales inconvenientes y soluciones de mejora encontrados.

Principales inconvenientes encontrados	Posibles soluciones de mejora
Algunos alumnos siguen sin ver el error como camino para el aprendizaje, quedándose simplemente con que han fallado y afectando a su autoestima.	Continuar insistiendo en que el error es algo natural, que se trata del camino para mejorar. En este sentido, es necesario ejemplificar claramente cuando se producen pequeñas mejoras para que lo interioricen y tengan ejemplos claros.
Algunos alumnos ven esta forma de trabajar como algo costoso, conformándose con la realización de las primeras entregas y sin preocuparse por querer mejorar.	Intentar inculcarles que estos hábitos de trabajo son positivos para ellos y que vean refuerzos positivos a corto plazo.
Falta de hábito en la reflexión de su proceso de aprendizaje. Al principio les cuesta mucho, aspectos como la autoevaluación, la coevaluación o la reflexión sobre la calidad de sus producciones.	Instaurar unos instrumentos claros y sencillos, entendibles para todos y trabajarlos hasta su interiorización. Es preferible comenzar con dos o tres instrumentos sencillos y trabajar sobre ellos que saturarles y que los alumnos no vean los aspectos positivos de esta forma de trabajo.
Utilización de instrumentos demasiado genéricos al margen de las capacidades de cada alumno y poco comprensibles. A los alumnos más aventajados llegar a los criterios no les supone demasiadas dificultades y a aquellos con más dificultades les resulta francamente difícil o imposible. Es complicado encontrar ese equilibrio.	Plantear algunos instrumentos multinivel, concretarlos más o reajustar los que ya elaborados y adaptar cada uno a un lenguaje sencillo y comprensible para todos. Esto se puede conseguir eligiendo con los niños los criterios que aparecen dentro de cada instrumento.
Un inconveniente evidente desde la perspectiva docente es el aumento evidente de la carga de trabajo que supone realizar este tipo de sistema de evaluación.	Buscar un sistema de evaluación que sea viable y realista para el profesor, priorizando unas metas sobre otras y potenciar la autoevaluación y coevaluación entre los alumnos.

Conclusiones

Una vez llevada a cabo esta experiencia de Evaluación Formativa y Compartida, se puede concluir exponiendo diferentes cambios positivos para el docente y alumnos.

Para el docente, gracias al acopio constante de información, se puede realizar una retroalimentación permanente y reflexionar analíticamente sobre la consecución de los objetivos, la adquisición de contenidos o la puesta en práctica de las estrategias metodológicas. Esto hace que podamos reajustar y rediseñar objetivos, detectar y corregir errores en los contenidos o implementar nuevas estrategias metodológicas en función de las necesidades de los alumnos.

Por otro lado, desde la perspectiva del alumno se han observado cambios en sus capacidades en tres direcciones: cognitiva, afectiva-emocional y de relaciones interpersonales. Comenzando por los aspectos cognitivos, el proceso de aprendizaje se ve reforzado constantemente mediante la detección de errores y la búsqueda de mejoras. En el plano afectivo-emocional, se produce un aumento general de la motivación, puesto que se dan cuenta de que son parte activa de su evaluación y que tienen la opción de tomar decisiones. Por último, en cuanto a las relaciones interpersonales se producen mejoras al tener que trabajar con otros alumnos respetando sus opiniones, intentando ayudarles y aceptando sus correcciones en las coevaluaciones.

En definitiva, este sistema de Evaluación Formativa es una estrategia imprescindible de aprendizaje y piedra angular de una educación inclusiva y de calidad.

Referencias bibliográficas

López-Pastor, V. M., & Pérez-Pueyo, A. (2017). *Evaluación formativa y compartida en educación: experiencias de éxito en todas las etapas educativas.* Universidad de León. (E-book). https://buleria.unileon.es/handle/10612/5999

<table>
<tr><td colspan="2" align="center">RÚBRICA EXPRESIÓN ESCRITA</td></tr>
<tr><td colspan="2" align="center">Respeta la estructura y características del tipo de texto solicitado.</td></tr>
<tr><td>Muy bien</td><td>Se respeta la estructura y características sin fallos significativos.</td></tr>
<tr><td>Bien</td><td>Más o menos se respeta la estructura y características, aunque con algún fallo.</td></tr>
<tr><td>Regular</td><td>Se respeta solamente la estructura o características del tipo de texto solicitado.</td></tr>
<tr><td>Mal</td><td>No se respeta ni la estructura ni las características del tipo texto solicitado.</td></tr>
<tr><td colspan="2" align="center">Las ideas organizadas con claridad y con coherencia interna.</td></tr>
<tr><td>Muy bien</td><td>Las ideas no se mezclan y se utilizan correctamente nexos de unión entre párrafos.</td></tr>
<tr><td>Bien</td><td>Las ideas no se mezclan, pero no se utilizan correctamente nexos de unión entre párrafos, o viceversa.</td></tr>
<tr><td>Regular</td><td>Algunas ideas se mezclan y/o en ocasiones, no se utilizan nexos de unión entre párrafos.</td></tr>
<tr><td>Mal</td><td>De manera habitual las ideas se mezclan y no se utilizan nexos de unión entre párrafos.</td></tr>
<tr><td colspan="2" align="center">Presenta el texto respetando las normas gramaticales y ortográficas (de puntuación y acentuación) y utilizando vocabulario variado.</td></tr>
<tr><td>Muy bien</td><td>No hay fallos gramaticales y ortográficos significativos; y no se repiten palabras.</td></tr>
<tr><td>Bien</td><td>Hay fallos gramaticales y ortográficos, pero de forma puntual; y no se repiten palabras.</td></tr>
<tr><td>Regular</td><td>Hay fallos gramaticales y/o ortográficos, pero no es lo habitual; y se repiten algunas palabras.</td></tr>
<tr><td>Mal</td><td>Hay muchos fallos gramaticales y ortográficos y se repiten las mismas palabras.</td></tr>
<tr><td colspan="2" align="center">Planifica el texto siguiendo unos pasos: redacción, revisión y mejora.</td></tr>
<tr><td>Muy bien</td><td>Se presentan dos versiones del texto, una claramente mejorada.</td></tr>
<tr><td>Bien</td><td>Se presentan dos versiones del texto, una mejorada, aunque no lo suficiente.</td></tr>
<tr><td>Regular</td><td>Se presentan dos versiones del texto, pero apenas mejoradas cuando si es necesario.</td></tr>
<tr><td>Mal</td><td>No se presentan dos versiones del texto.</td></tr>
<tr><td colspan="2" align="center">Limpieza y caligrafía.</td></tr>
<tr><td>Muy bien</td><td>El texto final está cuidado y limpio y la caligrafía es entendible.</td></tr>
<tr><td>Bien</td><td>El texto final está cuidado y limpio, aunque podría estar mejor y la caligrafía es entendible.</td></tr>
<tr><td>Regular</td><td>El texto final no está todo lo cuidado y limpio que debería, pero la caligrafía es entendible.</td></tr>
<tr><td>Mal</td><td>El texto final no está cuidado ni limpio y la caligrafía no es entendible.</td></tr>
</table>

CAPÍTULO 10

Evaluación Formativa y Compartida en Primaria, comenzando presencial y terminando online

Silvia Sánchez Valencia

Educación Primaria, CRA. Los Llanos. Hontanares de Eresma (Segovia)

Introducción

En este capítulo se muestra cómo repercutió el repentino cambio en el sistema educativo debido a la COVID-19 en una experiencia de Evaluación Formativa y Compartida. Concretamente en una clase de 5° de Educación Primaria, con 16 alumnos dentro de un entorno rural, siendo la primera vez que este alumnado iba comenzar a trabajar la EFyC. Se llevó a cabo en el área de lengua castellana y literatura, para que luego se vehicularan sus contenidos al resto de áreas.

El sistema de evaluación lo realicé mediante diferentes instrumentos, como rúbricas o listas de control. Siempre teniendo muy presente el *feedback* para poder mejorar y avanzar, aunque este se vio afectado al cambio en la enseñanza online.

Sin duda los resultados son muy favorables, viendo mejoras en los progresos de los alumnos en dos direcciones. Primero en su implicación en su proceso de aprendizaje y evaluación, y segundo en la mejora de los resultados. Por tanto, implantar paso a paso la Evaluación Formativa y Compartida a pesar de las dificultades del curso, ha sido muy gratificante para todos los partícipes y ha dado la energía suficiente para continuar con estos procesos y demostrar que siempre hay un comienzo para todo, pero que merece la pena intentarlo.

Contexto

El marco general de la experiencia se ha llevado a cabo en un centro situado a unos catorce kilómetros de Segovia capital. Dicho centro forma parte de un Colegio Rural Agrupado (CRA) junto a otros tres centros educativos, siendo esta una de sus localidades. El centro de esta localidad cuenta con 150 alumnos, desde Educación Infantil hasta Educación Primaria, con una línea por curso excepto en un nivel que son dos líneas.

La localidad es muy cercana a la capital, por lo que muchas familias pasan poco tiempo en ella, ya que la mayoría trabajan en Segovia y pocas hacen vida allí. La mayoría de las familias son de un nivel socioeconómico medio y se preocupan por la educación de sus hijos.

Desarrollamos la experiencia de EFyC en un grupo de 5° curso de Educación Primaria, por tanto, segundo nivel del segundo internivel, durante el curso escolar 2019/2020. La clase de 5° de Educación Primaria de esta localidad está formada por 16 alumnos. Se conocen desde Educación Infantil, excepto uno que se ha incorporado este curso, pero existen lazos de amistad entre todos ellos. Es un grupo competente, trabajador y participativo, a pesar de que en ocasiones son muy charlatanes, se puede realizar cualquier tipo de actividad con ellos.

Dentro de la clase existen distintos ritmos de aprendizaje, por lo que siempre hay que tener en cuenta las actividades de ampliación y refuerzo para poder llegar a todos los ritmos. Además, la clase cuenta con dos alumnos ACNEAE; una alumna que asiste a apoyo de compensatoria porque en su casa no se habla castellano y se le dificulta el aprendizaje, sobre todo en la expresión y comprensión, ya que el vocabulario es escaso; y otro alumno que tiene un nivel bajo y recibe apoyo curricular por parte de otro maestro.

La asignatura en la que se llevó a cabo una propuesta de EFyC fue en el área de Lengua Castellana y Literatura, que tenía una carga lectiva de cuatro horas y media semanales. Sin duda, la experiencia de EFyC se vio afectada por la situación generada por la pandemia COVID-19. Las clases presenciales pasaron a ser clases telemáticas. Todo ese cambio supuso un gran esfuerzo para el profesorado y las familias. La clase pasó a ser la aplicación Teams. Allí, se tenía un equipo de la clase y un chat, por ambas vías se comunicaba la tarea semanal, las actividades a entregar y las videollamadas fijadas en pequeños grupos y alguna con todos, para asentar contenidos, dudas y hablar un poquito en la nueva situación. Siempre existió la posibilidad de hablar por individual entre la maestra y el alumno para cualquier duda y una comunicación fluida en todo momento y así conocer la situación de cada familia.

Como el enfoque se centró en el área de lengua hubo cuatro objetivos a conseguir:

a) Conocer la lengua castellana de forma adecuada con un buen nivel de vocabulario, gramática y reglas ortográficas del mismo.
b) Expresar de manera escrita narraciones adecuadas a su nivel.
c) Adquirir los contenidos propios de la etapa.
d) Expresar de manera oral exposiciones orales con una buena fluidez.

Estos objetivos se trabajarían mediante las actividades de aprendizaje:

a) Cuaderno de trabajo de clase. Donde se realizaban las tareas de aplicación de los contenidos vistos a diario.
b) Escritores de 5°. Consistió en una redacción semanal de una narración concreta, con las pautas establecidas de cada tipo de texto y las normas de expresión escrita.
c) Prueba escrita. Al finalizar cada unidad se recogían actividades globales donde verificar los contenidos trabajos a diario.
d) Exposición oral en X minutos. Expresión oral donde debían hablar más del tiempo establecido en esos "x minutos" con fluidez de un tema libre.

Todas estas actividades se hacían con regularidad durante el curso para poder ver los avances alcanzados por parte de los alumnos.

Explicación del sistema de evaluación y calificación

El sistema de EFyC se llevó a cabo mediante diferentes instrumentos y técnicas, pero siempre en todos ellos ha sido de vital importancia el *feedback* con el alumnado, marcando unas pautas de mejora para poder avanzar en la dirección propuesta. Este *feedback* se ofreció en numerosas ocasiones, para que exista una diferencia entre la corrección y el salto a la calificación, existiendo en el primer aspecto ese repaso de posibles mejoras en la tarea. Tal repaso en la actividad antes de la calificación podía ser por sus propios compañeros en las coevaluaciones donde se justifica por qué han decidido ese aspecto dándole los argumentos requeridos al compañero.

En el caso de esta experiencia, cuenta con la diferencia de que no todos los trimestres han sido iguales, ya que se muestra la adaptación necesaria por el cambio radical de metodología debido al confinamiento provocado por la pandemia del COVID-19. Se siguieron utilizando en la medida de lo posible los mismos instrumentos, pero el *feedback* se ha visto fuertemente modificado al no poder ser inmediato.

Sistema de Evaluación Formativa e instrumentos utilizados

Sistema de Evaluación Formativa

a) La autoevaluación, porque ellos mismos van a tener que hacer el proceso de autocrítica y valorar su propia ejecución de la tarea. Esta técnica la emplearé en diferentes momentos. Uno de ellos es la autoevaluación del cuaderno a través de una rúbrica. Otro es la autoevaluación de su propia prueba escrita, sabiendo la puntuación de cada actividad y estimando ellos la adecuada, que posteriormente con una entrevista individual llegaremos a la nota final real.

b) La coevaluación, ya que van a ser encargados de valorar las tareas realizadas por sus compañeros; en el caso de la expresión oral cada alumno tendrá la lista de observación, para poder realizar el comentario al compañero.

Ejemplos de algunos de los instrumentos de evaluación utilizados

a) El cuaderno del profesor, donde voy a anotar en un apartado de observaciones aquellos aspectos más relevantes que quiero destacar para tener en cuenta, además de hacerlo de una forma dialogada y directa con el alumno. Este apartado cobrará especial importancia en la autoevaluación del examen, ya que cada uno será diferente al anterior en contenidos y no sería posible elaborar un registro más formal de ello. Esto se llevará a cabo cada unidad didáctica (de manera personal, no hay plantilla específica de él, porque es con anotaciones que llamen la atención). El instrumento se mantuvo en las clases no presenciales, con la diferencia de que las anotaciones eran aspectos que se apreciaban en su participación de las videollamadas.

b) Rúbrica de autoevaluación del cuaderno: he creado una rúbrica de los cuadernos que tienen los alumnos con la que pueden autoevaluarse y conocer de primeras la posible calificación del mismo. Después lo corregiré yo una vez con un *feedback* para que la siguiente vez ellos sean conscientes de su valoración inicial y puedan modificar aquellos aspectos que estén débiles para pasar a la calificación. Se autoevaluará una vez en el trimestre y la siguiente será la calificada, siendo una vez cada trimestre. Esta rúbrica fue eliminada en la educación online, ya que no era posible revisar el cuaderno de manera continua. Utilizando tan solo las rúbricas de las tareas entregadas.

c) Rúbrica de autoevaluación en la expresión escrita: una vez realizada su producción, valorarán la rúbrica facilitada donde mejorarán de manera individual sus aspectos más deficitarios, luego se corregirá en base a la rúbrica y tendrán otra oportunidad de pasar la redacción a limpio con las recomendaciones y anotaciones pertinentes sobre el escrito para mejorarlo y ya será la producción final la encargada de dar el paso a la calificación. Esto se realizará una vez a la semana. Este tipo de rúbrica se mantuvo, pero no se haría una autoevaluación en el momento para poder mejorarlo, si no que sería un *feedback* de cara a la siguiente expresión escrita, ya que se trabaja con formatos similares.

d) Lista de observación en la expresión oral: con ella pretendo que sean partícipes de una coevaluación en las exposiciones de sus compañeros, por tanto, con una lista muy simple en la que tan solo deben anotar sí/no/ a veces/ observaciones, poder hacer un *feedback* en el momento de la producción. Además de ser conscientes de los aspectos que se van a tener en cuenta a la hora de exponer. Se realizará cada vez que haga un trabajo de expresión oral, pudiendo ser uno o dos al trimestre (Anexo I). Este apartado se modificó a una rúbrica y en lugar de ser en directo se realizaba mediante un vídeo. Además, la expresión oral también quedaba reflejada en una lista de control en las videollamadas, donde se anotaba la participación y sus avances, pudiendo comprobar su evolución de los contenidos trabajados, así como su manera de expresarse.

e) A modo de resumen, se muestra en la tabla 1 las actividades de aprendizaje/evaluación del sistema de EFyC, así como los instrumentos de evaluación y los criterios para dar el salto a la calificación. Se aporta en la primera línea una explicación de cada apartado, eliminar cuando ya no se necesite.

Tabla 1. Tabla resumen actividades de aprendizaje, Evaluación Formativa y criterios de calificación.

Finalidades y/o competencias	Actividades de aprendizaje	Evaluación formativa	Instrumentos de evaluación	Criterios de calificación
1. Conocer la lengua castellana de forma adecuada con un buen nivel de vocabulario, gramática y reglas ortográficas del mismo.	Cuaderno con actividades de aplicación de conocimientos. Esta actividad se modificó en la enseñanza online mediante las videollamadas.	Autoevaluación. Mediante la rúbrica de cuadernos. El paso a la nota es una vez al trimestre. El cambio en la evaluación fue su propia participación en la videollamada.	Rúbrica de autoevaluación y lista de control.	20% de la nota final, después del *feedback* realizado antes del paso a la calificación. Subió al 50% del peso de la nota final en el periodo online, ya que era el momento de contacto directo y real con la clase.
2. Expresar de manera escrita narraciones adecuadas a su nivel.	Expresión escrita en "escritores de 5°".	Autoevaluación. Mediante la rúbrica de expresión escrita. Se realiza el *feedback* y después la entrega final se realizará con el paso a la calificación. En la educación online se entrega directamente para realizar un *feedback* y mejorar en la próxima.	Rúbrica.	10% de la nota final con la media de las calificaciones obtenidas en los procesos de mejora. El porcentaje sube al 20% con el cambio de presencial a online.
3. Adquirir los contenidos propios de la etapa.	Prueba escrita.	Autoevaluación. En la prueba escrita aparecerá en cada actividad la puntuación y ellos harán una autocrítica poniendo su nota. Después lo corrige el profesor sin nota y volverán a hacer lo mismo. Finalmente, de manera individual conmigo se pondrá en común todo y la nota final. El cambio en la enseñanza online, son tareas más concretas donde se presenta una rúbrica y se incorpora el *feedback* para mejorar en la siguiente entrega.	Cuaderno del profesor.	Anotar en el cuaderno del profesor los aspectos a destacar. Un 60% de la nota final, ya que se trata de la prueba escrita donde se recoge todos los aspectos de la asignatura. Esta tarea se elimina en la enseñanza online, dando mayor peso a las otras tareas y creando algunas más específicas de teoría como puede ser un análisis de verbos, reduciendo el porcentaje a un 10% de la nota final.
4. Expresar de manera oral exposiciones orales con una buena fluidez.	Exposición oral en un tiempo determinado.	Coevaluación y autocalificación. Mediante la lista de observación de expresión oral. Para hacer el paso a la calificación tendré en cuenta esas dos opciones más mi propia anotación. Se modifica como el apartado de expresión escrita, pero esta vez aportando un vídeo.	Lista de observación. Rúbrica.	10% de la nota final, a través de la lista de observación pueden tener aspectos a mejorar. Aumenta al 20%.

Resultados-efecto en el rendimiento académico del alumnado

Tabla 2. Rendimiento académico del alumnado.

	Primer trimestre		Segundo trimestre		Tercer trimestre	
Calificación	Alumnos/as	Porcentaje	Alumnos/as	Porcentaje	Alumnos/as	Porcentaje
Sobresaliente	1	6,25%	2	12,5%	1	6,25%
Notable	5	31,25%	12	75%	11	68,75%
Aprobado	10	62,5%	2	12,5%	4	25%
Suspenso	-	-	-	-	-	-
No presentado	-	-	-	-	-	-
Totales	16	100%	16	100%	16	100%

En la etapa de Educación Primaria es necesario una calificación final, y dentro de la EFyC se da este salto. Se ve una clara mejora en los resultados finales del tercer trimestre respecto a los del primero. Ya que en el primero la mayoría se encontraban en la calificación de aprobado, siendo un 62,5% y en el tercer trimestre sube a un 68,75% la calificación de los alumnos al notable. Por tanto, se puede afirmar que, de manera global, existe un mejor rendimiento de los alumnos utilizando la Evaluación Formativa y Compartida. Esto se puede deber a la implicación directa de los alumnos en el proceso, en el primer trimestre aún no eran plenamente conscientes de la utilidad de las herramientas de evaluación, mientras que en los siguientes ya conocían más de cerca su uso y la relación con el salto a la calificación.

Principales ventajas encontradas

La reflexión que se puede hacer de las ventajas encontradas es desde dos puntos de vista, el maestro y los alumnos, ya que ambas partes se encuentran inmersas en la Evaluación Formativa y Compartida y su utilización tiene ventajas para todos.

Desde el punto de vista del maestro: Una vez que se tiene claro qué instrumentos de evaluación se quieren llevar a cabo es sencillo ponerlo en práctica, porque van muy pautados. Además, a la hora de crearlos, ya se ha pensado sobre qué aspectos se quiere trabajar en cada uno de ellos y los objetivos a lograr. Por otro lado, el sistema de EFyC añade puntos de objetividad, ya que es más fácil detectar los aspectos positivos y a mejorar de cada alumno sin que sea de forma brusca. Es una guía sencilla para comprobar la calidad de las tareas y los puntos de cambio. Ya que con la Evaluación Formativa y Compartida estamos generando constantemente herramientas de mejora en el proceso de enseñanza y de aprendizaje. Todo ello nos facilita el duro trabajo del salto a la calificación, ya que la mayor parte de aspectos que evaluamos los tenemos pautados y trabajados con nuestros alumnos.

Desde el punto de vista de los alumnos: se sienten más seguros a la hora de realizar las tareas, porque antes de comenzar a hacerlas conocen los parámetros entre los que se tienen que mover con sus rúbricas concretas de la tarea, algo que antiguamente no pasaba y generaba inseguridad y miedo. También, son sus herramientas a la que recurrir para verificar en qué puntos van mejor o más flojos de una manera autónoma. Así como ser plenos partícipes de su proceso de aprendizaje, pasando a ser los protagonistas plenos de su evolución. Por otra parte, comienzan a entender el proceso de evaluación y ven su utilidad, entendiendo después el salto a la calificación, porque todo lo que engloba esa nota se ha compuesto por parámetros que ellos conocían y sabían dónde poder mejorar. Esto genera una satisfacción por comprender y ser partes reales de su proceso de aprendizaje.

Tabla 3. Principales ventajas encontradas del sistema de EFyC tanto para el maestro como para el alumnado.

Principales ventajas encontradas		
Primer trimestre	**Segundo trimestre**	**Tercer trimestre**
a) Poner a rodar el mecanismo de EFyC de manera satisfactoria. b) Comienzan a sentirse partícipes de su evaluación.	a) Conocen qué aspectos deben cumplir para obtener un buen resultado en la actividad. b) Los instrumentos que se utilizan ya han sido creados en el trimestre anterior y los alumnos se van familiarizando con ellos. c) Es posible una mayor objetividad en la calificación.	a) Todas las tareas iban con rúbrica, lo que permitía que antes de hacer cualquier tarea los alumnos ya fueran conscientes de los parámetros que tenían que cumplir y entendieran el porqué de la nota. b) Facilidad para dar el salto a la calificación, ya que se recogen muchas pruebas objetivas de sus avances.

Principales inconvenientes encontrados y posibles soluciones de mejora

El principal inconveniente encontrado ha sido el comenzar a llevar acabo la EFyC. Para ello, era necesario tener material disponible de instrumentos de evaluación que se adaptara a las necesidades concretas del aula. Este aspecto puede agobiar de primeras, pero la clave está en hacerlo poco a poco y reutilizar inicialmente materiales de compañeros hasta poder desarrollar los propios una vez que se coja soltura y se tengan claros los objetivos que se quieren conseguir.

Sin duda la mejor opción es tener un amplio abanico de posibilidades en los que moverse, algo que puede generar caos de primeras pero que se soluciona investigando progresivamente sobre ello para concretar lo que más se ajusta al aula en el que se trabaja.

Otro aspecto que crea inconveniente de primeras es la explicación a los alumnos y que ellos comiencen a ver la utilidad de la herramienta y no solo un papel que rellenar porque lo manda el maestro. Pero si se va haciendo paso a paso, ellos solos se van a dar cuenta de las ventajas que les ofrece utilizar las herramientas facilitadas por su profesor, ya que le servirán de guía en su aprendizaje y con ello conseguirán una evaluación eficaz. Aunque este camino no siempre es sencillo.

Tabla 4. Principales inconvenientes y propuestas de mejora del sistema de EFyC para el maestro.

Primer trimestre	
Principales inconvenientes encontrados	**Posibles soluciones de mejora**
Tener que crear mucho material para organizar la Evaluación Formativa y Compartida al comenzar.	Hacerlo poco a poco y comenzar utilizando materiales ya existentes de muestras.
Entender bien las posibles opciones que existen para elegir la que más se adapta a las necesidades de tu aula .	Leer más sobre el tema.
Explicar la utilidad de ello a los niños para que el proceso funcione.	Comenzar paso a paso y sobre ejemplos claros.
Segundo trimestre (apareció el COVID-19 y fue educación online)	
Principales inconvenientes encontrados	**Posibles soluciones de mejora**
Tener que adaptar todos los recursos utilizados de manera presencial a un formato online.	Muchos materiales no eran necesario adaptarlos en formato, si no en la forma de dar el *feedback*.
Querer generar muchas rúbricas para seguir teniendo muy presente la Evaluación Formativa y Compartida.	Pensar otras formas de llevar a cabo la EfyC no solo a través de rúbricas.
Tercer trimestre (online)	
Principales inconvenientes encontrados	**Posibles soluciones de mejora**
No poder hacer un *feedback* en persona de manera diaria y más fluido.	Aprovechar más los tiempos de las videollamadas.
No poder hacerles tan partícipes en su proceso de calificación.	Hacer videollamadas individuales para comentar los resultados.

Conclusiones

Llevar a cabo la EFyC es una gran oportunidad para desarrollar en el aula –haciendo partícipe en todo momento al alumnado en su proceso de aprendizaje– la obtención de información relevante sobre la evolución y ellos sobre su propia formación, siendo una fuente de datos constante en ambas direcciones.

Utilizar rúbricas u otros instrumentos de evaluación comentados dentro de la Evaluación Formativa y Compartida, les hace a los alumnos ser más conscientes de qué aspectos se van a tener en cuenta, además de partícipes del proceso. Con ello serán conocedores desde un inicio de los parámetros entre los que se tienen que mover para obtener los resultados que quieren y alcanzar los objetivos fijados, mejorando en su proceso de aprendizaje. Este aspecto se ha dado muy pocas veces en la educación más tradicional, ya que se realizaban tareas sin tener claros los objetivos de la misma y muchas veces no se llegaba a conseguir el aprendizaje porque el alumno no se sentía parte de ello.

Por otra parte, a mí como docente, me parce una herramienta maravillosa y llena de posibilidades. Me facilita el camino a la hora de corregir, siendo mucho más imparcial en todo momento y obteniendo resultados más ajustados, ya que tan solo tengo que valorar los aspectos fijados y comentados con los alumnos anteriormente y siendo evaluados todos exactamente igual, dejando de lado la parte más emocional que en otras ocasiones puede imperar. Además de poder ver el proceso de evolución que van teniendo después

                                            Buenas prácticas de Evaluación Formativa y Compartida

de los *feedback* recibidos y comparar dentro del mismo instrumento los avances que ha obtenido cada uno.

Por tanto, sí es posible realizar EFyC en el aula de Educación Primaria, tanto presencial como online.

ANEXO: Lista de control de expresión oral.

Lista de observación expresión oral	Sí	No	A veces	Observaciones
-Habla durante más de dos minutos.				
-Realiza un discurso fluido sin trabase o dudar.				
-El contenido es adecuado a la propuesta.				
-Es interesante la información que cuenta.				
-Emplea vocabulario adecuado a la edad.				
-El volumen y entonación es adecuado.				
-Apoya su explicación con gestos.				
-Tiene un buen apoyo visual.				
-La postura es correcta.				
-Mira a todos los compañeros sin centrarse en algo o alguien.				

En esta tabla de anexo I cada alumno deberá poner con una X en el sí, no, a veces, en función del grado de cumplimiento que tengan con la oración propuesta. El apartado de observaciones es para añadir elementos que llamen la atención y sean buenos a tener en cuenta.

CAPÍTULO 11

La Evaluación Formativa y Compartida: de la enseñanza presencial a la enseñanza online

Vanesa Reyes Alonso
Educación Primaria, CIM Padre Antonio Soler
(San Lorenzo de El Escorial – Madrid)

Introducción

En este trabajo se explica cómo se ha llevado a cabo el proceso de Evaluación Formativa y Compartida a lo largo del curso académico 2019-2020 en un colegio de San Lorenzo de El Escorial (Madrid) con alumnos de 4° y 5° de Educación Primaria en el área de Educación Física. Además, se establece una comparativa del sistema de evaluación entre los dos primeros trimestres y el tercer trimestre, afectado por el Covid-19, obligando a adaptar todo el proceso.

A lo largo del capítulo, encontramos diferentes técnicas e instrumentos que se han utilizado para el proceso de Evaluación Formativa y Compartida, los cuales ayudan a que los alumnos sean partícipes tanto de su proceso de aprendizaje como de su propio proceso de evaluación. Entre ellos, cabe resaltar la autoevaluación y la coevaluación, todo ello ambientado a través de un hilo conductor (la tierra y el viento), intentando adaptarse a la temática establecida en el centro.

Finalmente, en los resultados obtenidos, encontramos una notable mejoría según van avanzando las unidades didácticas, pero también nos encontramos con la problemática que ha ocasionado la pandemia, cambiando casi al completo el sistema de evaluación y alterando los resultados. Asimismo, podemos observar que los alumnos van siendo conscientes de esta forma de evaluación, mejorando su aprendizaje y su capacidad reflexiva.

Contexto

El centro donde se ha desarrollado el sistema de Evaluación Formativa y Compartida es el Centro Integrado de Música Padre Antonio Soler, que educa a alumnos de Educación Primaria y Secundaria y es de línea dos. Además, en él, los alumnos desarrollan a la vez dos enseñanzas, la Educación Primaria y la enseñanza musical. Este centro está ubicado en la localidad de San Lorenzo de El Escorial, en la sierra oeste de la Comunidad de Madrid. Respecto a sus características, cuenta con dos edificios de tres plantas, uno para Primaria y Secundaria y otro para la música.

Centrándonos en la Educación Primaria, el centro acoge a 152 alumnos (de 3° a 6°). Los cursos con los que he aplicado la Evaluación Formativa y Compartida son 4° y 5°

de EP, tanto con el grupo A como con el B en el área de Educación Física. Por lo que su aplicación se ha llevado a cabo con un total de ochenta alumnos. Cada uno de los niveles recibe una sesión de una hora de EF a la semana.

En cuanto a las características de los alumnos, son grupos con un nivel medio-alto, los cuales muestran un gran gusto por la EF. En su mayoría, son niños muy activos y participativos, cuyo comportamiento es bastante bueno. Además, dentro de estos grupos podemos encontrar tres niños con altas capacidades intelectuales, los cuales no requieren de ninguna adaptación curricular significativa en el área de EF.

Tabla 1. Objetivos del área de EF.

Primer y segundo trimestre	Tercer trimestre (COVID-19)
a) Utilizar la cooperación y el diálogo para resolver problemas en diferentes actividades.	a) Mantenerse activo realizando diferentes actividades físicas para reducir el sedentarismo y evitar la obesidad.
b) Conocer su cuerpo y la actividad física como medio de disfrute y relación con los demás, así como tomar conciencia de las posibilidades de expresión y comunicación del cuerpo a través de la expresión corporal y el juego.	b) Conocerse a sí mismos, así como sus posibilidades y limitaciones corporales.
c) Realizar actividades que ayuden a tomar conciencia de la importancia del ejercicio físico, la higiene, la seguridad y prevención de riesgos, los primeros auxilios, la alimentación y los hábitos posturales sobre la salud.	c) Mejorar la coordinación dinámica general, óculo-segmentaria y el equilibrio.
d) Conocer y practicar diferentes tipos de juegos, como los juegos cooperativos, populares y tradicionales, de desplazamientos, etc.	d) Desarrollar y mejorar las habilidades motrices básicas y las capacidades físicas.
e) Ampliar el conocimiento y la práctica de diferentes actividades físico-deportivas. Conocer la técnica y la táctica tanto en defensa como en ataque.	e) Conocer algunos deportes mediante los trabajos de investigación o elaboración de materiales.
f) Practicar actividades físicas en el medio natural y utilizar las habilidades motrices básicas y específicas para adaptar el movimiento a los diferentes juegos y entornos.	

Tabla 2. Actividades de aprendizaje.

Primer y segundo trimestre	Tercer trimestre (COVID-19)
a) Explicaciones iniciales, realizadas al inicio de cada sesión para comentar lo que se va a trabajar y los objetivos.	a) Trabajos teóricos. Pequeños trabajos de búsqueda de información para el conocimiento de diferentes deportes.
b) Circuitos, actividades físicas organizadas y juegos motores, realizados a lo largo de las sesiones y enfocados a los contenidos y objetivos que se pretender lograr.	b) Construcción de materiales con elementos reciclados. En relación con los deportes sobre los que se ha realizado el trabajo de investigación.
c) Trabajos y proyectos grupales, los cuales se realizan en algunas unidades didácticas y algunos llevan un proceso de coevaluación. Estos pueden ser trabajos de investigación o producciones grupales de manera práctica.	c) Actividades prácticas. Planificadas para las diferentes semanas a través de la aplicación Genially.
d) Cuaderno del alumno, para los alumnos de 4° de EP, el cual completan al final de cada unidad didáctica a modo de reflexión del aprendizaje.	d) Videollamadas. Donde hablamos sobre cómo se encuentran, las dudas que tienen y realizamos una clase práctica.
e) Asambleas finales grupales con asignación de puntos (con relación a la tierra y el aire), donde reflexionamos en grupo sobre comportamiento y la actitud, el respeto a las normas, materiales y compañeros, la resolución de conflictos y la participación.	

Pero dadas las circunstancias provocadas por el Covid-19, el contexto ha cambiado. Hemos pasado de una educación presencial a una educación a distancia, comunicándonos a través de dispositivos electrónicos y plataforma como Teams o el correo electrónico, lo cual genera desventajas en el alumnado, ya que hay familias que no disponen de medios suficientes. Cada quince días, los alumnos recibían una clase práctica de EF por video-llamada, así como un calendario de actividades para realizar.

Explicación del sistema de evaluación y calificación

Tabla 3. Instrumentos de Evaluación Formativa y Compartida del primer y segundo trimestre.

Evaluación compartida y autoevaluación del alumnado	- Ficha de autoevaluación del alumno, que se completa al final de cada unidad. Formada por unos indicadores de logro y una escala gráfica y verbal. Conlleva una revisión del maestro y una posterior entrevista individual con el alumno. - Aplicación digital "Plikers", que permite formular preguntas y mediante códigos que los alumnos responden, proporcionarme información acerca de sus aprendizajes.
Coevaluación grupal	- Ficha entre los miembros de un mismo grupo con escala verbal. - Ficha entre grupos con escala gráfica para valorar las representaciones del resto.
Autoevaluación grupal a través de la asignación de puntos	- Se realiza de manera oral al final de cada sesión. Los alumnos establecen un pequeño diálogo en función de la participación, la actitud, el trabajo, etc. y se asigna un elemento (tierra o aire), que lleva asociado una puntuación y que reflejan en un mural en clase.
Autoevaluación del maestro y de la unidad	- Ficha estructurada con escala verbal, que ayuda al maestro a mejorar de cara a futuras unidades didácticas.
Diario del maestro	- Cuaderno digital estructurado, donde el maestro anota información de todo tipo de manera inmediata.
Rúbrica de observación con escala numérica (aplicación Additio)	- Ficha digital de observación individual con escala verbal y numérica, que ayuda a obtener la nota de la unidad didáctica, asociando los indicadores de logro con los estándares de aprendizaje y los objetivos.
Rúbrica para autoevaluación y autocalificación final del alumnado	- Ficha con escala gráfica, escala verbal y escala numérica (Anexo I). La completan los alumnos de manera individual al finalizar el trimestre. En ella aparecen aspectos referentes a la participación, actitud, cuaderno o trabajos grupales, respeto, material y ropa deportiva. Además, se asigna la nota que consideren y, posteriormente, tienen una entrevista individual con el maestro para ver si estamos o no de acuerdo y por qué.
Entrevista individual	- Sobre su rúbrica de autoevaluación, se les marca lo que el profesor considera y después se realiza una entrevista individual con el alumno, compartiendo así la evaluación.
Trabajos grupales	- Los alumnos de 5º realizan trabajos grupales, los cuales son devueltos por el maestro con comentarios para mejorar.
Cuaderno de reflexiones	- Los alumnos de 4º realizan un cuaderno de reflexiones de manera individual sobre lo trabajado en las diferentes unidades didácticas y el maestro se lo devuelve corregido a final de trimestre.
Escala graduada	- A principio de curso, se entrega a los alumnos una ficha, donde aparece información relativa a la evaluación y qué deben hacer para sacar X nota en la asignatura de EF (Anexo II).

Tabla 4. Instrumentos de Evaluación Formativa y Compartida del tercer trimestre (Covid-19).

Rúbrica de autoevaluación de las actividades de Genial.ly	- Ficha de autoevaluación de los genial.ly que los alumnos completan y devuelven al maestro.
Autoevaluación del maestro y las actividades realizadas	- Ficha que completan los alumnos sobre el maestro y las actividades, formada por una escala verbal y que ayuda a mejorar el proceso de enseñanza de cara a futuras actividades.
Rúbrica de observación con escala numérica (en Additio)	- Ficha digital con escala verbal y numérica, que ayuda a obtener la calificación de la unidad didáctica.
Trabajos teóricos	- Los alumnos realizan trabajos individuales de investigación y el maestro los devuelve con comentarios para mejorar. - Rúbricas específicas de cada trabajo.
Videollamadas	- Ficha de registro, donde se refleja lo trabajado, los asistentes y cualquier aspecto que resulte importante.

Es importante tener en cuenta el uso del *feedback*, el cual se da a lo largo de todas las sesiones de manera tanto individual como grupal. Además, este se proporciona tanto durante la propia actividad o juego motriz como al final de la misma, dependiendo de su dificultad y de si queremos centrarnos más en la ejecución o en los resultados. También se realizan diferentes asambleas, donde tanto el maestro como los propios alumnos dan *feedback* a sus compañeros. Y, por último, se otorga *feedback* a los alumnos tanto en las fichas de autoevaluación, como de coevaluación, en las entrevistas individuales y los trabajos grupales.

Sistema de calificación

La evaluación se traduce en una calificación, la cual se da a los alumnos al final de cada uno de los trimestres, acompañada de observaciones y recomendaciones para que el alumno mejore, así como en algunos trabajos grupales. Los resultados de la evaluación se expresan en términos de insuficiente (1, 2, 3 o 4), suficiente (5), bien (6), notable (7 u 8) y sobresaliente (9 o 10).

Además, para la calificación se otorgan porcentajes a los instrumentos de evaluación. Por lo tanto, al final del trimestre la nota se obtiene de la media aritmética de las unidades didácticas desarrolladas durante el mismo, la actitud y comportamiento, la participación, los juegos y trabajos grupales, el trabajo individual diario, el cuaderno y si traen ropa y calzado adecuados. Todo esto se recoge a través de la aplicación digital educativa de Additio, que permite realizar las medias automáticamente. En el caso de que no salga un número entero, se tendrá en cuenta la evolución ascendente o descendente de cada alumno.

Tabla 5. Criterios e instrumentos de calificación primer y segundo trimestre.

Criterios de calificación	Técnicas e instrumentos	Porcentaje
Participación y trabajo individual diario en clase (Valoración de los contenidos y del desarrollo de las competencias adquiridas)	- Cuaderno o diario del maestro y aplicación educativa Additio.	20%
Objetivos alcanzados	- Rúbrica de evaluación de cada unidad (media de las unidades didácticas) en la aplicación educativa Additio.	25%
Autoevaluación y coevaluación	- Fichas de autoevaluación y coevaluación.	—
Actitud y comportamiento (Escucha, esfuerzo, colaboración, respeto, ayuda de material)	- Cuaderno o diario del maestro y aplicación educativa Additio (rúbrica).	25%
Ropa y calzado adecuado	- Cuaderno o diario del maestro y aplicación educativa Additio. *3 o más días sin traer el chándal es un 0 en este apartado.	10%
Cuaderno de reflexiones (4º) o trabajos grupales (5º)	-Diario del maestro y aplicación educativa Additio. *No entregarlo a final del trimestre implica suspender EF.	20%

Tabla 6. Criterios e instrumentos de calificación tercer trimestre (Covid-19).

Criterio de calificación	Porcentaje
Entrega de la tarea programada	50%
Ejecución correcta, orden, presentación, limpieza de la tarea	50%

Tabla 7. Coherencia interna entre los elementos curriculares del primer y segundo trimestre.

Primer y segundo trimestre				
Finalidades y/o competencias	Actividades de aprendizaje	Evaluación formativa	Instrumentos de calificación	Criterios de calificación
- Conocer su cuerpo y la AF como medio de disfrute y relación con los demás. - Utilizar las HMB para adaptar el movimiento a los diferentes juegos y actividades. - Realizar actividades que ayuden a tomar conciencia de la importancia del ejercicio físico, la higiene, la seguridad y prevención de riesgos, los primeros auxilios, la alimentación y los hábitos posturales. - Conocer y utilizar nociones básicas asociadas al espacio, al tiempo y a la percepción y estructuración espacio-temporal en el centro. - Tomar conciencia de las posibilidades de expresión y comunicación del cuerpo a través de la expresión corporal. - Iniciarse en la práctica de diferentes juegos y deportes a través de los juegos modificados, así como de algunos deportes alternativos.	**Juegos motores y actividades físicas organizadas**	Fichas autoevaluación (se realizan al final de la unidad didáctica y posteriormente se devuelve en clase con comentarios).	-Ficha de observación grupal. - Diario del maestro y Additio. -Ficha de calificación. -Ficha de autoevaluación del maestro y de las unidades didácticas.	- Participación. - Implicación. - Cooperación. - Aspectos motores. 25%
	Actividad grupal con coevaluación	Fichas de coevaluación (en proyectos grupales y se comentan en la misma sesión en gran grupo).	- No se califica.	—
	Asambleas finales grupales	Reflexiones orales en gran grupo. Se refleja a través de la asignación de personajes de los Simpson.	-Tabla de asignación de puntos.	- Actitud en clase. - Respeto normas, compañeros y material. -Participación. 25%
	Cuaderno del alumno (4º)	Reflexiones escritas sobre el aprendizaje de las unidades didácticas.	- Rúbrica de calificación del cuaderno y aplicación additio.	- Grado de reflexión, presentación, ortografía, etc. 20%
	Trabajos y proyectos grupales (5º)	Trabajos teóricos o prácticos grupales.	Rúbricas específicas para cada trabajo. Coevaluación.	- Participación, coherencia, presentación etc. 20%

Tabla 8. Coherencia interna entre los elementos curriculares del tercer trimestre.

Tercer trimestre (COVID-19)				
Finalidades y/o competencias	Actividades de aprendizaje	Evaluación formativa	Instrumentos de calificación	Criterios de calificación
• Mantenerse activo realizando diferentes actividades físicas para reducir el sedentarismo y la obesidad. • Conocerse a sí mismos, así como sus posibilidades y limitaciones corporales. • Mejorar la coordinación dinámica general, óculo-segmentaria y el equilibrio. • Desarrollar y mejorar las habilidades motrices básicas y las capacidades físicas. • Conocer algunos deportes mediante los trabajos de investigación o elaboración de materiales.	Actividades y retos prácticos (Genial.ly)	Fichas de observación (Additio)	- Observación individual. - Diario del maestro y additio. -Autoevaluación genial.ly.	- Participación. - Implicación. - Aspectos motores. 70%
	Videollamadas	Fichas de registro.	- No se califica.	—
	Construcción de materiales con elementos reciclados.	Elaboración de materiales de EF para realizar actividades.	- Diario del maestro y aplicación Additio.	- Participación. - Creatividad. 5%
	Trabajos teóricos	Trabajos teóricos o prácticos individuales.	Rúbricas específicas para cada trabajo.	- Participación, coherencia, presentación etc. 25%

Resultados-efecto en el rendimiento académico del alumnado

Tabla 9. Rendimiento académico del alumnado de 4º de Primaria.

Resultados globales	1er trimestre		2º trimestre		3er trimestre (COVID-19)	
Calificación	Porcentaje	Nº alumnos	Porcentaje	Nº alumnos	Porcentaje	Nº alumnos
Sobresaliente	10%	4	37,5%	15	47,5%	19
Notable	75%	30	62,5%	25	47,5%	19
Bien	7,5%	3	0%	0	2,5%	1
Suficiente	0%	0	0%	0	2,5%	1
Insuficiente	7,5%	3	0%	0	0%	0
Totales	**100%**	**40**	**100%**	**40**	**100%**	40

Tabla 10. Rendimiento académico del alumnado de 5º de Primaria.

Resultados globales	1er trimestre		2º trimestre		3er trimestre (COVID-19)	
Calificación	Porcentaje	Nº alumnos/as	Porcentaje	Nº alumnos/as	Porcentaje	Nº alumnos/as
Sobresaliente	15%	6	17,5%	7	47,5%	19
Notable	57,5%	23	82,5%	33	37,5%	15
Bien	27,5	11	0%	0	10%	4
Suficiente	0%	0	0%	0	5%	2
Insuficiente	0%	0	0%	0	0%	0
Totales	**100%**	**40**	**100%**	**40**	**100%**	**40**

En general, los resultados del **primer trimestre** son satisfactorios, aunque tendiendo a la baja, puesto que los alumnos no se han tomado enserio la realización del cuaderno (en 4º) o los trabajos grupales (en 5º), provocando que las notas hayan bajado entre 1 y 2 puntos en algunos casos. Incluso en 4º de Primaria suspenden tres alumnos por no entregar el cuaderno, ya que es imprescindible realizarlo para aprobar.

No obstante, los criterios utilizados para la calificación del alumnado permiten que todos sean más o menos ágiles en EF, obtengan un buen resultado, ya que se valora mucho el esfuerzo, la participación y el trabajo diario. Además, el proceso de Evaluación Formativa y Compartida ayuda a los alumnos a ser conscientes del trabajo que están realizando y los contenidos que se están desarrollando en el área.

Por otro lado, se observa que el efecto de la Evaluación Formativa no ha causado el mismo impacto en 5º de Primaria que en 4º. En este último nivel, los alumnos se lo han tomado más en serio, reflexionado realmente sobre su práctica y aprendizaje y mostrando una mayor preocupación por mejorar.

En relación con el **segundo trimestre,** los resultandos han mejorado enormemente, ningún alumno ha obtenido una calificación menor de 7. Por lo que se deduce, que los alumnos han entendido qué y cómo es lo que se pide en la asignatura y se han esforzado por mejorar y aprender. Además, se ha comprobado un mayor esfuerzo en el cuaderno (en los alumnos de 4º), así como en los trabajos grupales (realizados en 5º). En esto ha ayudado, en gran medida, la autoevaluación y la coevaluación que los alumnos han ido realizando, ya que han sido conscientes de todo el proceso y han podido conocer la forma de trabajo y de evaluar.

En el **tercer trimestre**, dadas las circunstancias producidas por el Covid-19, los resultados son buenos, pero en algunos casos han empeorado. Según los criterios de calificación que se establecieron en el centro, algunos alumnos debían haber suspendido, pero dada la situación extraordinaria, estos alumnos han tenido que aprobar. No obstante, estos son una minoría y no ha sido por falta de medios, sino de actitud de las familias. Pero por lo general, los alumnos han trabajado y se han esforzado mucho y eso se refleja en las calificaciones. En este caso, el principal instrumento de Evaluación Formativa y Compartida ha sido el *feedback*, ya que era difícil establecer otro tipo de instrumentos.

Principales ventajas encontradas

Tabla 11. Principales ventajas encontradas del sistema de EFyC.

Principales ventajas encontradas	
Primer y segundo trimestre	**Tercer trimestre (COVID-19)**
- Interés mostrado por el alumnado en la evaluación y en el aprendizaje de la asignatura. - Mayor motivación del alumnado al verse implicado en la evaluación. - Produce un cambio en la visión de la asignatura de Educación Física, demostrando aún más su importancia. Los alumnos se dan cuenta que detrás del juego hay un aprendizaje. - Permite un conocimiento más individualizado del alumnado y que el propio alumno se conozca mejor (autoconocimiento). - Ayuda al alumno a ser consciente de qué aprende y de cómo lo aprende. - Ayuda a los alumnos a mejorar su capacidad de reflexión y su espíritu crítico y, con ello, a contribuir a la competencia de sentido de iniciativa y espíritu emprendedor. - Se logra la aceptación del trabajo en grupos mixtos, haciendo que los alumnos quieran trabajar con los compañeros que mejor trabajan y no solo con sus amigos, por lo que se fomenta la coeducación. - Mejora la práctica docente. Toda la información obtenida proporciona que el maestro pueda mejorar tanto su práctica como el proceso de evaluación, el cual está sometido a cambio. - Nos hace ver la diferencia entre evaluar y calificar, dos conceptos que tienden a significar lo mismo, cuando en realidad no lo son.	- Permite mejorar el proceso de enseñanza-aprendizaje, ya que es una situación nueva sometida a constantes cambios. - El *feedback* se convierte en algo esencial dentro del proceso, permitiendo que el alumno mejore y vea sus propios errores.

Principales inconvenientes encontrados y posibles soluciones de mejora

Tabla 12. Principales inconvenientes y propuestas de mejora del sistema de EFyC.

Primer y segundo trimestre	
Principales inconvenientes encontrados	**Posibles soluciones de mejora**
Aplicar algunos instrumentos rápidamente para no perder tiempo motriz, dado que estos alumnos solo disponen de una hora de EF a la semana.	Reducir el número de instrumentos a utilizar para no saturar al alumnado y disponer de más tiempo. Esto, además, proporcionará una experiencia motriz más amplia en el alumnado.
Al impartir EF en la calle, las fichas de evaluación utilizadas acababan deterioradas.	Realizar estas fichas en el aula antes o después de la sesión dejando un tiempo para ello.
No todos los alumnos tienen el mismo grado de motivación y participación en este proceso.	Buscar la fórmula para lograr una motivación similar en todo el alumnado.
Tercer trimestre (COVID-19)	
Principales inconvenientes encontrados	**Posibles soluciones de mejora**
Se pierde interés por parte del alumnado.	Buscar alternativas que enganchen al alumnado en el proceso.
Mayor número de horas de trabajo frente a la pantalla al tener que diseñar nuevos instrumentos de evaluación.	Establecerse un horario y unas rutinas para no estar todo el día frente al ordenador.
No todos los alumnos se implican y entregan las fichas de evaluación que se mandan.	Hacerlo en las videollamadas de manera oral para asegurarme que todos responden.

 BUENAS PRÁCTICAS DE EVALUACIÓN FORMATIVA Y COMPARTIDA

Conclusiones

Tabla 13. Conclusiones obtenidas en el proceso.

Primer y segundo trimestre	Tercer trimestre (COVID-19)
La Evaluación Formativa y Compartida nos ayuda a lograr aprendizajes más significativos en el alumnado, puesto que los alumnos son conscientes de lo que se pide en la asignatura, los contenidos que se trabajan, los comportamientos, etc. Además, el poder implicar a los alumnos, haciéndoles tomar decisiones sobre este proceso, ayuda a que estén más motivados y creen una conciencia crítica y reflexiva. Así, podemos observar que en general los resultados han sido satisfactorios, pero más allá de la calificación, los alumnos han mejorado, venían a clase con ganas y han visto que detrás del juego hay un aprendizaje. De esta manera, hemos intentado quitar importancia a la calificación, valorando el proceso y no tanto el resultado. Aplicar este sistema de evaluación en este contexto ha sido fácil, puesto que los alumnos han vivido estos procesos en otras áreas, lo que permite un conocimiento previo. Y, aunque al principio pueda resultarles extraño al ser un área motriz, después lo han agradecido. Además, las constantes reflexiones que implica este proceso les han hecho ser conscientes de su aprendizaje y se han sentido protagonistas, contribuyendo así a un aprendizaje significativo y duradero.	Dentro de la asignatura de EF, el sistema de Evaluación Formativa y Compartida pierde un poco de sentido, ya que la mayor parte del trabajo se centra en el trabajo en equipo, la cooperación y la colaboración, y con esta situación eso no ha podido realizarse. Pero, no obstante, ha sido un proceso importante, donde el *feedback* ha sido primordial y gracias al cual los alumnos han podido continuar logrando aprendizajes significativos. Finalmente, la parte de evaluación compartida, donde los alumnos se evalúan entre ellos se ha perdido y esa parte de competencia social se ha quedado más estancada.

ANEXO I: Rúbrica para autoevaluación y autocalificación del alumnado con escala gráfica (aire o tierra), escala verbal (mucho... nada) y escala numérica.

Nombre y apellido: **Curso:** **Trimestre:**					
	Nivel A (90-100) Mucho	Nivel B (70-89) Bastante	Nivel C (60-69) Poco	Nivel D (50-59) Muy poco	Nivel F (30-49) Nada
Participación	Participo mucho en clase y de una manera muy activa.	Participo bastante en clase y de una manera activa.	Participo poco en clase y de una manera poco activa	Participo muy poco en clase y de una manera muy poco activa.	Nunca participo en clase y me mantengo pasivo.
Actitud en clase (comportamiento)	Mi comportamiento en clase es muy bueno. Nunca me regañan.	Mi comportamiento en clase es bueno. Pocas veces tienen que regañarme.	Mi comportamiento en clase es regular. A veces me regañan.	Mi comportamiento en clase es malo. Suelen regañarme.	Mi comportamiento en clase es muy malo. Me regañan constantemente.
Juegos y actividades en clase	He respetado siempre las normas y a mis compañeros.	He respetado bastante las normas y a mis compañeros.	He respetado poco las normas y a mis compañeros.	He respetado muy poco las normas y a mis compañeros.	No he respetado las normas ni a mis compañeros.
Cuaderno	He entregado el cuaderno completo y muy bien hecho.	He entregado el cuaderno completo y bien hecho.	He entregado el cuaderno, pero lo he hecho regular.	He entregado el cuaderno, pero no me he esforzado.	No he entregado el cuaderno.
Material	Siempre ayudo a sacar y guardar el material, aunque no me lo pidan.	Siempre ayudo a sacar y guardar el material.	A veces ayudo a sacar y guardar el material.	Casi nunca ayudo a sacar y guardar el material.	Nunca ayudo a sacar y recoger el material.
Ropa y zapatillas deportivas	Todos los días he llevado el chándal y las zapatillas de deporte a clase.	Todos los días, salvo uno, he llevado el chándal y las zapatillas de deporte a clase.	Todos los días, a excepción de dos, he llevado el chándal y las zapatillas de deporte.	Tres días o más no he llevado el chándal y las zapatillas de deporte a clase.	Nunca he llevado el chándal y las zapatillas de deporte a clase.
¿Qué nota crees que mereces?					

9-10	- Ir siempre en chándal y deportivas a las clases de EF. - Participar en todas las actividades que se realizar en clase de una manera activa. - Respetar <u>siempre</u> materiales e instalaciones. - Respetar <u>siempre</u> las normas de clase y del juego. - Respetar <u>siempre</u> a los compañeros y al profesor. Ayudar y dialogar con los compañeros para resolver las actividades sin entrar en conflictos. - Tener una actitud y un comportamiento muy bueno en clase. - Saber ganar y perder sin enfadarse. - Realizar y entregar todos los trabajos o proyectos (individuales o de grupo) y obtener una calificación de 9-10.
7-8	- Que no se me olvide el chándal y las deportivas más de dos veces al trimestre, - Participar en todas las actividades y juegos que se realizar en clase activamente. - Respetar bastante materiales e instalaciones. - Respetar bastante las normas de clase y del juego. - Respetar bastante a los compañeros y al profesor. Ayudar y dialogar a veces con los compañeros para resolver las actividades. - Tener una actitud y un comportamiento bueno en clase. - Realizar y entregar todos los trabajos o proyectos (individuales o de grupo) y obtener una calificación de 7-8.
5-6	- Que no se me olvide el chándal y las deportivas más de tres veces al trimestre, - Participar en las actividades y juegos que se realizar en clase, aunque no se me dé bien. - Respetar materiales e instalaciones. - Respetar las normas de clase y del juego. - Respetar a los compañeros y al profesor. Ayudar y dialogar muy poco con los compañeros para resolver las actividades. - Tener una actitud y un comportamiento regular/normal en clase. - Realizar y entregar todos los trabajos o proyectos (individuales o de grupo) y obtener una calificación de 5-6.
Menos de 5	- No traer nunca o casi nunca el chándal y las deportivas. - No participar en las actividades y los juegos que se realizar en clase. - No respetar materiales e instalaciones. - No respetar las normas de clase y del juego. - No respetar a los compañeros y al profesor. - No ayudar ni dialogar con los compañeros para resolver las actividades. - Tener una actitud y un comportamiento malo en clase. - No realizar ni entregar los trabajos o proyectos (individuales o de grupo) u obtener una calificación menor a 5.

CAPÍTULO 12

Poner nota en Plástica: ¿Cómo lo hago?

Aroa Mediero González
Educación Primaria, CEIP Arcipreste de Hita
(El Espinar - Segovia)

Introducción

El sistema de evaluación y calificación en la asignatura de Plástica puede resultar controvertido en una asignatura en la que se trabaja la Educación Artística. Por ello, en este capítulo se presenta un estudio longitudinal desarrollado durante tres cursos académicos con diferentes grupos de Educación Primaria en el que se empleó el mismo sistema de Evaluación Formativa y Compartida (EFyC), en el que se dio el salto a la calificación. Esta experiencia se ha llevado a cabo en un grupo de 6º durante los dos primeros trimestres del curso 2017/18; dos grupos del mismo nivel durante el curso 2018/19; y una clase de 6º durante el año 2019/20. Los resultados revelan cómo los estudiantes mejoraron en su proceso de aprendizaje en la asignatura siendo conscientes de sus logros. Además, se trata de un sistema de EFyC que les hace partícipes.

Por medio del empleo de las herramientas que presentamos (diario de los alumnos, rúbricas y escalas graduadas) facilitamos unos instrumentos válidos y fáciles de adaptar y transferir a las propuestas de otros docentes y que se alejan de un modelo educativo tradicional en la asignatura de Plástica. Es importante subrayar que han mostrado ser legítimas a lo largo de estos tres años con los diferentes grupos de estudiantes con los que las hemos manejado.

Contexto

El centro educativo en el que hemos puesto en práctica nuestra experiencia ha sido el CEIP Arcipreste de Hita de El Espinar (Segovia). Es un colegio ubicado en un entorno rural que cuenta con una situación estratégica al estar cercano a la capital, Madrid, y las ciudades de Segovia y Ávila. Por tanto, un enclave privilegiado por su cercanía a destacados núcleos urbanos. Asimismo, su importante patrimonio natural lo convierte en un punto que aglutina turismo de interior.

El colegio es de nueva construcción y cuenta con un elevado número de alumnado, algo que origina que tenga hasta cuatro líneas en alguno de sus niveles educativos. Además, cada grupo suele contar con una veintena de estudiantes en el aula.

En lo que se refiere a la asignatura de Plástica, los grupos de 6° cuentan con una hora de clase semanal. Por tanto, una docencia escasa que se ve repercutida si coincide con alguna festividad.

La propuesta que se presenta se puso en práctica a lo largo de tres cursos con diferentes grupos de 6º: el primer año, durante los dos primeros trimestres con el grupo que tutorizamos, el segundo, con dos grupos de 6º y, el último, con un único grupo. Por ello, se pudo observar su utilidad y beneficios con diversos grupos del mismo nivel a lo largo de los tres años.

Nuestra experiencia se centra en el sistema de EFyC en la asignatura de Plástica. Hay que tener presente que el centro no cuenta con docentes especialistas y, normalmente, son los tutores del grupo los encargados de ello. En este sentido vale la pena destacar mi especialidad en esta asignatura debido tanto a la formación universitaria, así como al perfil de doctoranda en Educación Artística.

La línea metodológica de trabajo que seguimos en las clases es una propuesta contemporánea. Nos estamos refiriendo a unos contenidos que tienen como referencia el arte contemporáneo y una propuesta de trabajo más novedosa que rechaza el tradicional binomio imperante en las aulas de Plástica que la relaciona con las manualidades. Por tanto, unos principios metodológicos y unos contenidos contemporáneos con una novedosa propuesta de trabajo ajena a unas clases tradicionales (Acaso y Megías, 2017). Asimismo, con un tipo de trabajo que, de manera general, apuesta por un tipo de actividades comunitarias, por el trabajo en grupo, en el que la experiencia vivenciada por los participantes es fundamental. Nos estamos refiriendo a la importancia del proceso en el trabajo grupal y comunitario dejando de focalizar nuestra atención exclusivamente al resultado final como objeto artístico (Mesías-Lema, 2019). En este proceso al que nos estamos refiriendo el alumnado alcanza un aprendizaje siendo conscientes de ello.

En toda esta a reformulación metodológica, es necesario realizar unos procesos de EFyC acordes al trabajo realizado. Vale la pena destacar que, tradicionalmente, en Plástica la calificación y los procesos de evaluación suelen ser relegados a lugares marginales (Sánchez, 2014). En este sentido, normalmente suelen basarse en el comportamiento del alumnado, dejando el proceso de aprendizaje del área a un lugar casi inexistente en la asignatura.

Las prácticas y actividades en las que se basa nuestra propuesta suelen tener como eje conductor un artista contemporáneo que se encuentre en activo. En función de alguna de sus obras o trabajos se plantea una práctica en el aula que suele durar entre dos y cuatro sesiones. En cada una de ellas se aborda un tipo de contenido diferente que puede ir desde la "instalación artística" hasta la *"performance"* o el *"video mapping"*, por citar algunos.

Explicación del sistema de evaluación y calificación

En nuestra redefinición metodológica logramos integrar plenamente el trabajo con tres herramientas focalizadas en los procesos de EFyC. Nos estamos refiriendo al diario, la rúbrica y la escala graduada (López Pastor & Pérez Pueyo, 2017). De modo que, por cada artista trabajado, el alumnado debía escribir en su diario al menos dos veces, así como cumplimentar la rúbrica de evaluación una vez concluida cada propuesta. Ahora bien, la escala graduada únicamente se trabajaba con ella a la finalización de cada trimestre para poder dar así el salto a la calificación.

El sistema de EFyC empleado se basaba, fundamentalmente, en el trabajo en los **diarios** que tenía cada estudiante. De esta manera, podíamos ofrecer *feedback* a cada uno de ellos de manera individual (Brooks et al., 2019; Hattie & Timperley, 2007). En sus diarios, cada estudiante debía responder a una serie de preguntas que les proporcionábamos, siempre las mismas, y con posibilidad de escribir una parte libremente. Como docentes, al recoger el diario, escribíamos en el mismo proporcionando *feedback* y ofreciendo posibilidades de mejora en su trabajo y en su proceso de aprendizaje. Además, era fundamental felicitarles ante sus avances o trabajo, así como comentar la evolución en su proceso de aprendizaje. Las preguntas a las que nos estamos refiriendo son las siguientes: (a) Mi experiencia de hoy con _____ha sido...; (b) ¿qué que he aprendido?; (c) planificación de mi trabajo...; (d) evaluación de la práctica; (e) aportación libre: qué me gustaría hacer, lo que más y lo que menos me ha gustado, etc. (Adaptado de Mediero, 2018, p. 68).

En lo referido a las **rúbricas**, por cada trabajo con un artista, los alumnos las cumplimentaban para autoevaluarse ellos mismos en cuanto a su trabajo y aprendizaje. Es importante conocer que ellos tenían una copia de la rúbrica en su diario en cada propuesta y, por tanto, eran conocedores del proceso de evaluación en el trabajo que iban a realizar. Una vez finalizado el trabajo práctico, debían entregarla cumplimentada, esto es, marcando en cada indicador el lugar donde consideraran que se localizaban. De este modo, como docentes éramos conscientes si eran capaces de realizar su propia autoevaluación de modo coherente y honesto puesto que, de no ser así, debíamos proporcionarles *feedback* para solucionarlo y que tuvieran la posibilidad de corregirlo y mejorar.

Sin embargo, para dar el salto a la calificación, la herramienta empleada era la **escala graduada** cuyo origen está en las rúbricas de evaluación. Por tanto, el sistema de calificación creado tiene coherencia con los instrumentos de EFyC manejados, puesto que, la propia escala nace de la rúbrica. Este instrumento se presenta con un desarrollo horizontal dividido en cinco grandes apartados que se corresponden con las notas que pueden tener en cualquier colegio de Educación Primaria. En cada uno de esos bloques hay una serie de descriptores que buscan facilitar el trabajo a los alumnos a la hora de identificarse con una u otra nota.

En la finalización de cada trimestre, cada estudiante tenía que cumplimentar una escala graduada en las que, tras haber reflexionado sobre su nota trimestral, marcaba los descriptores con los que se identificaba. En caso de no existir coherencia y correspondencia entre la opinión del docente con la del alumnado, se establecería un debate dialógico en el que se lleve a cabo un proceso de calificación dialogada, con el propósito de alcanzar un acuerdo coherente entre ambas partes en lo que respecta a la calificación.

Resultados-efecto en el rendimiento académico del alumnado

El trabajo en esta asignatura exige una calificación al final de cada trimestre. A continuación, en las tablas 1, 2 y 3 mostramos las calificaciones obtenidas por nuestro alumnado a lo largo de los cursos académicos en los que pusimos en práctica este sistema con el objetivo de mostrar la mejora en las calificaciones en los trimestres.

Nuestra experiencia de trabajo con estas herramientas de EFyC muestran una mejora en las calificaciones de los estudiantes y, por tanto, tiene importancia tanto en su progreso académico como en su proceso de aprendizaje.

Tabla 1. Rendimiento académico del alumnado en el curso 2017/2018 (Solo se impartió docencia los dos primeros trimestres).

	Primer trimestre		Segundo trimestre	
Calificación	Alumnos/as	Porcentaje	Alumnos/as	Porcentaje
Sobresaliente	3	13,64%	8	38,1%
Notable	16	72,72%	11	52,3%
Bien	3	13,64%	2	9,6%
Suficiente	0	0%	0	0%
Suspenso	0	0%	0	0%
Totales	**22**	**100%**	**21**	**100%**

Fuente: Adaptado de Mediero (2018, p. 71).

Tal y como muestra la Tabla 1, hubo una mejora en las calificaciones en lo que respecta al segundo trimestre.

Tabla 2. Rendimiento académico del alumnado en el curso 2018/2019.

	Primer trimestre		Segundo trimestre		Tercer trimestre	
Calificación	Alumnos/as	Porcentaje	Alumnos/as	Porcentaje	Alumnos/as	Porcentaje
Sobresaliente	1	2,9%	7	20%	11	31,4%
Notable	19	55,9%	18	51,4%	19	54,3%
Bien	13	38,2%	5	14,3%	4	11,4%
Suficiente	1	2,9%	5	14,3%	1	2,9%
Suspenso	0	0%	0	0%	0	0%
Totales	**34**	**100%**	**35**	**100%**	**35**	**100%**

Fuente: Adaptado de Mediero (2019, p. 190).

La Tabla 2 evidencia que, de manera general, hay un incremento progresivo en las calificaciones más altas. Por tanto, los resultados en las calificaciones de los estudiantes mejoraron a lo largo del curso. No obstante, es llamativo el aumento de número de aprobados en el segundo trimestre. Esto tuvo su origen en que no entregaron ni los instrumentos de evaluación ni de calificación. Por tanto, ni su diario con las correspondientes rúbricas, ni la escala graduada. Al no ocurrir lo mismo de cara al último trimestre, las calificaciones del alumnado con sobresaliente y notable supusieron el 85,7 % del total de los dos grupos en los que impartíamos docencia de Plástica.

Tabla 3. Rendimiento académico del alumnado en el curso 2019/2020.

Calificación	Primer trimestre		Segundo trimestre		Tercer trimestre	
	Alumnos/as	Porcentaje	Alumnos/as	Porcentaje	Alumnos/as	Porcentaje
Sobresaliente	0	0%	6	26%	6	26%
Notable	21	91%	15	65%	5	22%
Bien	2	9%	2	9%	4	17%
Suficiente	0	0%	0	0%	6	26%
Suspenso	0	0%	0	0%	2	9%
Totales	**23**	**100%**	**23**	**100%**	**23**	**100%**

La Tabla 3 evidencia que, de manera general, hay un incremento progresivo en las calificaciones más altas en el segundo trimestre. Esto puede ser corroborado por el aumento de los sobresalientes del segundo trimestre frente a su inexistencia en el primero.

En este curso es importante señalar la incidencia la pandemia ocasionada por la COVID-19 en el tercer trimestre, puesto que no fueron manejados los instrumentos de evaluación y calificación que veníamos empleando durante el curso. Ante la situación de pandemia, la mayoría del alumnado se centró en las áreas instrumentales principalmente. Esto generó que, en Plástica, no entregaran todos los trabajos, siendo este el criterio principal para su calificación. Es importante reflejar que, ante un intento fallido de continuar empleando un sistema de EFyC por medio de correos electrónicos, desistimos en su uso. Únicamente fue viable con un par de alumnos. Por tanto, se trata del trimestre con las notas más bajas e incluso con dos suspensos que tienen su origen en esta situación de clases no-presenciales y online.

Principales ventajas encontradas

El principal beneficio de emplear tanto los diarios como las rúbricas en los procesos de enseñanza-aprendizaje lo obtenemos al proporcionar *feedback* individual a cada alumno. En este sentido, ellos son conocedores de lo que les estamos pidiendo o de aquellos aspectos en los que deben mejorar o esforzarse en mayor medida. Como consecuencia, la mayor parte del alumnado fue logrando mejores calificaciones a lo largo del curso.

Asimismo, en lo que respecta a la escala graduada, nos supone una herramienta muy sencilla y práctica que facilita dar el salto a la calificación de manera trimestral en la asignatura. Es importante reflejar que, a lo largo de estos tres cursos académicos, no nos encontramos con la falta de coherencia, es decir, con un desacuerdo alarmante entre la opinión del docente y la de los estudiantes en lo que respecta a la calificación de los trimestres. Por tanto, es un claro ejemplo de la muestra de honestidad del alumnado y su consciencia en lo que respecta a su trabajo en la asignatura.

No obstante, la principal ventaja lograda tras haber manejado los procesos de EFyC durante estos tres años con diversos grupos de 6º curso de Educación Primaria, ha sido la mejora en los procesos de enseñanza/aprendizaje del alumnado en la asignatura de Plástica así como en su involucramiento en los procesos de EFyC y posterior calificación de un modo consciente.

Principales inconvenientes encontrados y posibles soluciones de mejora

Normalmente nos encontramos con posturas discordantes por parte de nuestro alumnado ante un tipo de trabajo que, tradicionalmente, no se relaciona con el área de Plástica. Por ello, es fundamental hacerles comprender su uso y utilidad en su proceso de aprendizaje.

Tabla 4. Principales inconvenientes y propuestas de mejora del sistema de EFyC.

Primer trimestre	
Principales inconvenientes encontrados	**Posibles soluciones de mejora**
A lo largo del trabajo con distintos grupos durante tres cursos, siempre nos encontramos con desatención así como cierta apatía por parte de los estudiantes ante la entrega de los instrumentos solicitados. Nos estamos refiriendo tanto a los diarios con las preguntas y las correspondientes rúbricas de evaluación, así como en la falta de entrega de la escala graduada.	Mostrar la convicción e importancia en el trabajo de estas herramientas para poder así realizar la correspondiente evaluación y calificación de los estudiantes.
Puesto que tradicionalmente no se maneja ningún tipo de herramientas en los procesos de evaluación y calificación en Plástica, el alumnado muestra incomprensión ante el manejo de los mismos. En este sentido, en lo que respecta al diario, no acaban de comprender el alcance e importancia de escribir una justificación teórica y crítica de sus palabras; en cuanto a las rúbricas y la escala graduada, manifiestan igualmente incomprensión del instrumento así como dificultad a la hora de cumplimentarlos.	Exponer el convencimiento e importancia de un trabajo adecuado con estas herramientas para el consiguiente proceso de evaluación y calificación de los estudiantes. Por tanto, continuar empleándolos a pesar de las muestras de resistencia haciéndoles comprender su utilidad así como conveniencia en sus procesos de evaluación y calificación.
Segundo y tercer trimestre	
Principales inconvenientes encontrados	**Posibles soluciones de mejora**
Por parte de algún alumno persiste la resistencia ante su rechazo al manejo de este tipo de herramientas.	Continuar mostrando convicción ente el trabajo con las mismas e incidir en su importancia y valor en los procesos de evaluación y calificación de los alumnos.

Conclusiones

A lo largo de estos años, el trabajo que presentamos ha demostrado ser eficaz. Hemos podido darnos cuenta de que gracias al manejo de estas herramientas, los principales beneficiados de su uso son los propios estudiantes al permitirles ser conscientes de su proceso de aprendizaje. Además, han formado parte de un proceso de evaluación y calificación auténtico en un área como el de Plástica.

Todo ello demuestra que se trata de un tipo de trabajo beneficioso tanto para el alumno –dado que contribuye a generar aprendizaje además de hacerles partícipes en sus procesos de evaluación/calificación– como para el docente, puesto que le permite dar el salto a la calificación. Se trata de un sistema eficaz que contribuye en la mejora del rendimiento académico involucrándoles tanto en su aprendizaje así como en los procesos de evaluación y autoevaluación.

Asimismo, podemos calificarlo como una "buena práctica" (Pérez-Pueyo *et al.*, 2018) puesto que ha demostrado ser: (a) innovadora, al ofrecer herramientas y soluciones nuevas; (b) efectiva, ya que hemos observado una mejora en los procesos de aprendizaje y ha sido útil en los procesos de evaluación/calificación; (c) sostenible, porque ha sido útil durante tres cursos con diferentes grupos; y, por último, (d) replicable, al poder adaptarse a otros contextos educativos. En este sentido, el tipo de herramientas empleadas es fácilmente transferible a otras experiencias con las correspondientes adaptaciones.

Referencias bibliográficas

Acaso, M. & Megías, C. (2017). *Art Thinking. Cómo el arte puede transformar la educación.* Paidós.

Brooks, C., Carroll, A., Gillies, R. M., y Hattie, J. (2019). A Matrix of Feedback for Learning. *Australian Journal of Teacher Education, 44*(4), 14-32. doi.org/10.14221/ajte.2018v44n4.2

Hattie, J., y Timperley, H. (2007). The Power of Feedback. *Review of Educational Research, 77* (1), 81-112. https://doi.org/10.3102/003465430298487

López-Pastor V. M. & Pérez-Pueyo, A. (Coords.) (2017). *Evaluación formativa y compartida en Educación: experiencias de éxito en todas las etapas educativas.* León: Universidad de León. http://buleria.unileon.es/handle/10612/5999

Mediero, A. (2018). ¿Cómo evaluar y calificar en el área de Plástica? Una experiencia de éxito en Educación Primaria. En A. Ramírez y M.P. Gutiérrez (coords.), *La evaluación educativa: entre la emoción y la razón, Actas del XI Congreso Nacional de Evaluación formativa y compartida* (pp. 65-72). Don Folio.

Mediero, A. (2019). Evaluar y calificar en Plástica, Una experiencia de éxito en Educación Primaria. *Infancia, Educación y Aprendizaje (IEYA), 5* (2), 187-194. https://doi.org/10.22370/ieya.2019.5.2.1617

Mesías-Lema, J.M. (2019). *Educación artística sensible. Cartografía contemporánea para arteducadores.* Graó.

Pérez-Pueyo, A., Gutiérrez-García & C., Hortigüela, D. (2018). La exposición oral con Pecha-kucha desde la Evaluación Formativa. En A. Ramírez y M.P. Gutiérrez (coords.), *La evaluación educativa: entre la emoción y la razón, Actas del XI Congreso Nacional de Evaluación formativa y compartida* (pp. 104-123). Don Folio.

Sánchez, L. (2014). *Evaluación creativa: estrategias contemporáneas para representar el aprendizaje en la Educación Artística en la ESO* (Tesis Doctoral). Universidad Complutense, Madrid. https://eprints.ucm.es/28485/1/T35769.pdf

ANEXO

Tabla 12. Escala graduada que cumplimenta el alumnado en cada evaluación.

EVALUACIÓN (1ª,2ª o 3ª):_____Nombre y apellidos:_______________________________
Marca los puntos que con los que se identifican tu trabajo a lo largo de este trimestre de curso
SOBRESALIENTE
• Los trabajos presentados muestra gran atención en la realización. Reflejan alto grado de personalización y originalidad mostrando riesgos y ofreciendo alternativas a las muestras del profesor y/o artista. • Puede definir los términos trabajados explicándolo con claridad y manejándolos de un modo seguro. • Ayuda a mantener el grupo concentrado en las actividades y sus aportaciones son significativas. Trata de mantener la unión de los miembros trabajando en grupo. • Usa criterios variados para valorar su trabajo: expresión, ideas, creatividad nombrando estrategias que ha usado en su trabajo y analizando críticamente su creación con términos apropiados. • Absoluta implicación en el trabajo. • Actitud positiva hacia el tema. Muestra gran interés y deseo por saber más. • Usa los nuevos conocimientos relacionándolos en otras áreas. Comparte en el aula noticias del tema. Hace comentarios espontáneos en otros contextos relacionados con el área.
NOTABLE
• El trabajo muestra algún rasgo de personalización, originalidad y creatividad, pero algún elemento de la creación no muestra especial cuidado. • Puede definir más de un término trabajado. Maneja de un modo no muy seguro en qué consiste y realiza una valoración escueta. La valoración personal no está totalmente justificada. • Participa en las actividades contribuyendo con alguna sugerencia. No causa problemas en el grupo. • Usa algún criterio para valorar su trabajo: expresión, ideas, creatividad, etc. Nombra alguna estrategia que ha usado en su trabajo y analiza básicamente su creación usando terminología apropiada. • Gran implicación en el trabajo. • Actitud positiva hacia el tema. Muestra gran interés. • En alguna ocasión esporádica realiza algún comentario espontáneo sobre el tema en otros contextos.
BIEN
• Hay un elemento que personaliza en el trabajo pero la idea no es creativa, es típica de lo que se puede esperar. La creación no denota un especial cuidado en su realización. La obra es más bien una copia de sus compañeros, del artista o del profesor. • Puede nombrar pero costosamente define el término principal. Manifiesta escuetamente en qué consiste. • Le cuesta hacer manifestaciones personales en el trabajo en grupo aunque a veces participa más activamente. • No distrae al grupo pero en ocasiones no es un buen miembro del mismo. • No es capaz de realizar una valoración crítica de su trabajo aunque lo intenta. • Muestra interés e implicación en el trabajo. • No muestra interés o deseo por conocer más del tema. • No realiza comentarios espontáneos sobre el tema en otros contextos.
SUFICIENTE
• El trabajo no muestra personalización en ningún elemento. Es copia de los compañeros, del artista o de la idea del profesor. • Dificultad en definir los términos trabajados. Le cuesta justificar en qué se diferencian de otros. • No realiza ningún tipo de valoración personal. • No participa activamente en el trabajo y/o distrae a los compañeros. • No es buen miembro del grupo. Hay alguna actitud negativa que causa problemas en su grupo o en la clase. • Sus palabras no tienen ningún tipo de relación con los conceptos trabajados en el aula. • Exclusivamente realiza el trabajo propuesto sin mostrar ningún tipo de interés o deseo por el tema trabajado.
NO APRUEBA
• No ha realizado/entregado todos los trabajos. • Evalúa su trabajo como bueno o malo basándose en su gusto personal. • No participa correctamente en el grupo y en muchas ocasiones muestra comentarios o actitudes que influyen negativamente en el trabajo de su grupo o del resto de la clase. • Raramente escucha, comparte o apoya el esfuerzo de su equipo.

Nota: Adaptado de Mediero (2019, p. 193).

CAPÍTULO 13

Creación de un portfolio digital del área de Educación Física utilizando la plataforma de Google Suite

Emilio José Barrientos Hernán

Educación Primaria, CEIP Las Acacias (Pozuelo de Alarcón - Madrid)

Introducción

El objetivo principal de este trabajo es el de implantar un sistema de Evaluación Formativa en el área de Educación Física (EF) en 4° de Educación Primaria en el colegio CEIP Las Acacias de Pozuelo de Alarcón (Madrid). Para ello, se ha utilizado de manera transversal la plataforma Google Suite, en la que se ha creado un aula virtual del área de EF como soporte a los aprendizajes y actividades que el alumnado va adquiriendo de manera presencial.

Se han utilizado dos instrumentos de evaluación para recoger la información: el portfolio digital del alumnado y el cuaderno de campo del maestro. En el portfolio digital es el alumnado quien participa en su propia evaluación y, por consiguiente, en el porcentaje de calificación que le corresponde a ese instrumento en cada uno de los trimestres.

Como elemento transversal para la aplicación de este sistema de evaluación, se ha dado al alumnado un *feedback* formativo de dos maneras: oralmente, en las sesiones presenciales en las actividades que realizan y, por escrito, en todos los trabajos que entregan de manera digital a través de la plataforma Google Suite.

Los resultados encontrados han sido positivos a lo largo del primer trimestre del curso 2020-2021, ya que la mayoría del alumnado ha obtenido una calificación de sobresaliente. Sin embargo, ha habido dos alumnos que no han utilizado la plataforma. Como conclusión, a lo largo del segundo y tercer trimestre en la asignatura de TIC se desarrollarán sesiones para que todo el alumnado se familiarice con la plataforma y puedan interactuar a través de la misma.

Contexto

La práctica de Evaluación Formativa se ha llevado a cabo en el centro CEIP Las Acacias situado en Pozuelo de Alarcón (Madrid). Es un centro habitualmente de línea dos, pero durante el curso 2020/2021 ha desdoblado varios de los grupos para cumplir con las medidas COVID-19 propuestas por la Consejería de Educación de la Comunidad de

Madrid. Por lo que hay algunos cursos que tienen hasta tres líneas y el colegio tiene alrededor de 450 alumnos.

Durante el curso 2020/2021 se han establecido una serie de condiciones determinadas por la pandemia que han requerido una serie de cambios a nivel educativo. Uno de ellos es la necesidad de tener un soporte telemático de todas las áreas en caso de un posible confinamiento y, adicionalmente, para reforzar los aprendizajes presenciales en cada una de las áreas.

La plataforma utilizada en el colegio se denomina Google Suite, es un entorno virtual en el que cada uno de los maestros pueden generar aulas virtuales con cada grupo de alumnos y de cada una de las áreas que imparta. En mi caso, he realizado un aula virtual con cada uno de los grupos en los que imparto Educación Física (EF).

La experiencia se ha realizado en EF en el grupo de 4º de Educación Primaria con un total de 17 alumnos, compuesto por nueve niños y ocho chicas. La asignatura de EF en los colegios bilingües de Madrid suele tener una carga lectiva semanal de una hora y treinta minutos dividida en dos sesiones de 45 minutos. Además, en este grupo imparto también una sesión semanal de 45 minutos de TIC, en la que les enseño, entre otras cosas, a utilizar la plataforma Google Suite.

Al ser mi primer curso en este colegio, siempre hay un periodo de adaptación tanto del alumnado como del maestro a la dinámica de las clases de EF. Uno de esos aspectos es la evaluación, ya que ni ellos ni las familias suelen estar habituados al sistema de Evaluación Formativa que intento llevar a cabo. Por ejemplo, el informe de autoevaluación trimestral que debe realizar el alumnado es un instrumento de evaluación que suele ser poco utilizado entre el profesorado de EF. Esta situación suele cambiar a partir del segundo y tercer trimestre, sin embargo, los datos utilizados en esta buena práctica serán los recogidos a lo largo del primer trimestre del curso 2020/2021.

Los requisitos que tiene que cumplir el alumnado para poder ser valorado de manera positiva en el área de EF son los siguientes: (1) traer ropa y calzado adecuado para la realización de EF y (2) entregar el portfolio digital/cuaderno del alumnado con todo el material realizado a lo largo del trimestre.

Los principales objetivos que me planteo para el área de EF son los siguientes:

a) Desarrollar la capacidad motriz del alumnado acorde a su nivel psicoevolutivo.
b) Desarrollar las capacidades cognitivas relacionadas con el ámbito motriz.
c) Desarrollar las capacidades afectivo-motivacionales a través del ámbito motriz.
d) Desarrollar las capacidades sociales a través del ámbito motriz.
e) Desarrollar los objetivos anteriores utilizando las TIC de manera transversal como refuerzo de los aprendizajes de las sesiones presenciales.

Para llevar a cabo y desarrollar los objetivos anteriores se proponen las siguientes actividades de enseñanza y aprendizaje:

a) Sesiones presenciales de Educación Física. En ellas se realizarán unidades temáticas con las que cubrir las necesidades del currículum de Madrid del área de EF. Para ello, se utiliza una estructura de sesión que fomente momentos de reflexión y aprendizaje en el alumnado: asamblea inicial, parte central de la sesión (con posibles paradas de reflexión en caso de ser necesarias) y asamblea final.

b) Trabajos digitales y/o escritos. El alumnado realiza actividades de reflexión y desarrollo de los elementos trabajados en las unidades didácticas, como puede ser la ficha de autoevaluación de cada una de las unidades didácticas que llevamos a cabo.

Explicación del sistema de evaluación y calificación

En esta experiencia se ha utilizado un sistema de evaluación formativo en el que el alumnado participa en su propia evaluación. Además, al alumnado se le da *feedback* oral de carácter formativo durante las sesiones presenciales, aparte de *feedback* en todas las producciones que presentan digitalmente y/o por escrito. Todos los procesos evaluativos están dirigidos a mejorar los aprendizajes para que puedan alcanzar los objetivos propuestos en cada una de las unidades didácticas.

Para desarrollar este sistema se han llevado a cabo los siguientes instrumentos de evaluación:

1- El portfolio digital o cuaderno (para el alumnado que no tenga acceso a Internet). Dentro de la plataforma Google Suite he creado un aula virtual para cada uno de mis grupos de EF. El uso de la plataforma es muy intuitivo tanto para el alumnado como para el maestro. En el apartado "trabajo de clase" voy subiendo cada una de las actividades que deseo que realicen, hago una descripción de las actividades, elijo las fechas de entrega de las actividades y se realiza una copia automáticamente de todos los documentos a cada uno de los alumnos.

El alumnado, por su parte, recibe en su perfil un aviso de que tiene una tarea pendiente del área de EF, la fecha de entrega de la misma y las actividades que debe de realizar. Tienen un botón de "entrega de tarea", donde pueden adjuntar el documento modificado en Drive o, si lo ha descargado y modificado en su dispositivo, puede adjuntar ese nuevo documento. Todos los cambios que el alumnado realice en los documentos se quedan guardados en su portfolio digital y cuando el alumnado me entrega la tarea, recibo un email en mi cuenta de Google Suite.

Por mi parte, una vez que he recibido las actividades del alumnado dispongo de dos opciones de ofrecer *feedback*. Por un lado, en un chat privado que va adjunto a la entrega y, por otro lado, poniendo comentarios dentro del propio documento. Finalmente, decidí dejar el chat privado para posibles problemas técnicos en la entrega y poner todos los comentarios dentro del documento. De esta manera, en el portfolio final del alumnado quedarán guardados mis comentarios dentro del archivo.

Todas las actividades las publico con una fecha de entrega de siete días, una vez superada esa fecha, la propia plataforma me indica que ha sido entregada con retraso. En el caso de que el retraso sea mayor a una semana, no reviso los documentos y escribo al alumnado informándole de que no se tendrá en consideración su entrega.

Todos los trabajos son devueltos con algún comentario enfocado a que el alumnado reflexione sobre su trabajo. A veces les hago preguntas para que profundicen en sus comentarios y en otras ocasiones, señalando cuál es mi opinión sobre su trabajo. Se cierra el ciclo de entrega-devolución cuando les indico que "ya no es necesario que vuelvas a entregarme el trabajo".

Tabla 1. Ejemplo ficha de autoevaluación unidad didáctica de "Roba Conos" Parte I.

ASPECTOS A VALORAR	NIVEL DE ADQUISICIÓN				
	1 (negro)	2 (rojo)	3 (amarillo)	4 (azul)	5 (verde)
Conozco las reglas del roba conos					
Colaboro y ayudo en mi grupo					
Propongo estrategias en mi grupo					
Resuelvo mis problemas hablando					
Acepto ganar o perder					
Diseño estrategias de ataque y defensa					
Juego limpio: acepto las reglas del juego y no hago trampas					

La tabla anterior es un ejemplo de la ficha de autoevaluación que tiene que realizar el alumnado. En ella, están descritos cada uno de los objetivos que se debería de haber desarrollado a lo largo de la unidad y el alumnado simplemente pondrá una cruz en el nivel de adquisición que piensa que está.

Tabla 2. Ejemplo ficha de autoevaluación unidad didáctica de "Roba Conos" Parte II.

NIVELES	COMENTARIO ALUMNO	COMENTARIO PROFESOR
1- Aún no he sido capaz de hacerlo o no lo hemos hecho en clase 2- Consigo hacerlo alguna vez, pero todavía me resulta muy difícil 3- Lo hago bastantes veces bien, pero aún me cuesta 4- La mayoría de las veces soy capaz de hacerlo y bastante bien 5- Soy capaz de realizar la tarea muy bien siempre		

En la Tabla 2 se refleja la segunda parte de la ficha de autoevaluación. En ella vienen descritos el significado de cada uno de los niveles de adquisición y el alumnado tiene un espacio en blanco para escribir su opinión sobre lo acontecido a lo largo de la unidad. En el espacio en blanco para el profesor pondré mis comentarios sobre los distintos aspectos que debía haber conseguido el alumnado a lo largo de la unidad.

2- Cuaderno del maestro. En este instrumento registro los mismos instrumentos de evaluación que realiza el alumnado, con la única diferencia del formato que utilizo. En el día a día, utilizo una ficha de seguimiento grupal con los aspectos clave que deberían adquirir al finalizar la unidad didáctica. Después, realizo un volcado de los datos en la ficha de seguimiento individual de cada uno de los alumnos.

Para llevar a cabo la calificación del alumnado se utilizarán los instrumentos de evaluación citados anteriormente.

Tabla 3. Resumen criterios de calificación trimestral en EF.

INSTRUMENTO	CARACTERÍSTICAS	Porcentaje
Portfolio/Cuaderno del alumnado (valoración de un 40 % de la nota)	Entrega de toda la documentación y con todos los apartados completos.	10%
	Documentos utilizados en las unidades didácticas, se realizará la media aritmética entre todos los documentos.	20%
	Informe de autoevaluación trimestral.	10%
Cuaderno de campo del maestro (valoración de un 60% de la nota final)	Instrumentos de evaluación utilizados en las unidades didácticas, se realizará la media aritmética entre todos los documentos.	30%
	Participación positiva en las clases del alumnado, aportando ideas y respetando el turno para hablar.	10%
	Actitud del alumnado: respetar y ayudar a otros compañeros, cuidar y recoger el material de educación física.	20%

La calificación trimestral surge de los instrumentos de calificación citados en la tabla 3. El portfolio/cuaderno del alumnado será valorado con un 40% y el cuaderno de campo del maestro con un 60%.

Aunque el alumnado participa en su proceso de evaluación y es informado de los aspectos que se le tendrán en consideración, sin embargo, no conoce su calificación hasta que recibe el boletín de notas trimestral. A lo largo del trimestre les voy informando de cómo es su progreso en las clases de EF, tanto de manera oral como por escrito, pero en ningún caso realizo comentarios sobre la calificación.

En cuanto a la calificación anual, resultaría de la media aritmética de la nota obtenida en cada uno de los trimestres.

Resultados-efecto en el rendimiento académico del alumnado

Los resultados académicos durante el primer trimestre del curso 2020-2021 han sido positivos, ya que no ha habido ningún alumno que haya suspendido, aunque no se pueden comparar con resultados previos ya que es el primer año que estoy en este colegio y con este grupo de alumnos.

Por otro lado, no todo el alumnado ha entregado el portfolio digital y ha habido dos alumnos a los que he tenido que dar físicamente la documentación, pero en general la respuesta ha sido muy positiva y han participado en su propia evaluación y aprendizaje.

Tabla 4. Rendimiento académico del alumnado.

Calificación	Primer trimestre	
	Alumnos/as	Porcentaje
Sobresaliente	9	52.94%
Notable	5	29.41%
Bien	2	11.76%
Aprobado	1	5.88%
Suspenso	0	0
No presentado	0	0
Totales	**17**	**100%**

Los resultados generales han sido muy positivos con más de la mitad de la clase con una calificación de sobresaliente (52.94%) y donde la menor nota es de una sola persona, con un aprobado (5.88%). De esta manera, más del 80% de la clase ha tenido una nota igual o superior a notable.

Principales ventajas encontradas

El sistema de evaluación ha ayudado a que el alumnado sea consciente de su propia evaluación y participe de manera activa en sus propios aprendizajes. Algunas de las ventajas encontradas serían:

Tabla 5. Principales ventajas encontradas del sistema de EFyC.

Principales ventajas encontradas
- El alumnado participa de manera activa en su propia evaluación, valorando de manera positiva que se tenga en cuenta su opinión. - Los objetivos de aprendizaje de cada unidad didáctica quedan claros desde el inicio y el alumnado sabe qué se le va a evaluar y qué debería de hacer. - Los ciclos de *feedback* formativo con el alumnado ayudan a esclarecer dudas y a mejorar el proceso de enseñanza y aprendizaje. - Los trabajos realizados de manera digital aumentan el tiempo de actividad motriz de las sesiones presenciales.

Principales inconvenientes encontrados y posibles propuestas de mejora

Tabla 6. Principales inconvenientes y propuestas de mejora del sistema de EFyC.

Primer trimestre	
Principales inconvenientes encontrados	**Posibles propuestas de mejora**
Tiempo invertido en la creación de grupos y aula virtual en Google Suite.	Es una inversión de tiempo inicial que es imprescindible.
Tiempo invertido en explicar cómo utilizar la plataforma de Google Suite desde casa.	Realizar videos autoinstruccionales que el alumnado pueda visualizar y seguir los pasos.
Algunos alumnos no pueden acceder a la plataforma de Google Suite.	Realizar las actividades con ellos en la sesión de TIC. Entregarles la documentación en formato físico.
Ciertas reticencias a hacer "tareas" de EF por escrito.	Promover "tareas" donde la parte por escrito sea mínima o de apoyo de la actividad motriz.

     BUENAS PRÁCTICAS DE EVALUACIÓN FORMATIVA Y COMPARTIDA

Conclusiones

El sistema de evaluación utilizado ha tenido unos resultados positivos en el rendimiento académico, pero aún más importante ha sido la mejora en la dinámica de las clases de EF. Este sistema organizativo ha servido para aprovechar al máximo el tiempo disponible en las sesiones presenciales, utilizando la plataforma de Google Suite como refuerzo de los aprendizajes realizados en el aula.

Sin embargo, no todo el alumnado ha utilizado el aula virtual, por lo que ha habido algunas actividades que no se han podido realizar. Para estos alumnos se ha seguido el sistema tradicional ofreciéndoles en soporte físico las actividades imprescindibles que deben realizar en el área de EF.

En próximos trimestres, se utilizará la asignatura de TIC para que todo el alumnado pueda acceder al aula virtual de Google Suite y, por tanto, a enviar y recibir los trabajos a través de la plataforma.

CAPÍTULO 14

Evaluación Formativa y Compartida en Formación Profesional

Teresa Fuentes Nieto
Formación Profesional, Ciclo Técnico de grado superior,
IES La Albuera (Segovia)

Introducción

En este capítulo se explica la experiencia de Evaluación Formativa y Compartida llevada a cabo en el primer trimestre del curso escolar 20/21 en el IES La Albuera (Segovia) en una asignatura del Ciclo Técnico Superior de Enseñanza y Animación Sociodeportiva (TSEAS). El sistema de evaluación utilizado cumple con las características de la Evaluación Formativa y Compartida, centrándose en la implicación del alumno en su aprendizaje y la continua mejora en los procesos de enseñanza-aprendizaje. Los resultados académicos obtenidos son bastante buenos, con un 100% de alumnos que superan la materia en este primer trimestre, la mayoría de ellos con notable. Se concluye que la experiencia se ha llevado a cabo con éxito.

Contexto

La experiencia se realizó en un el IES La Albuera (Segovia). Se trata de un centro de educación secundaria, bachillerato y formación profesional con unos novecientos alumnos, con cuatro-cinco líneas de alumnos en cada curso de las etapas de Secundaria y bachillerato.

La experiencia se desarrolla durante el primer trimestre en la asignatura anual "Valoración de la condición física e intervención en accidentes" del 1º curso del Ciclo Superior de Técnico en Enseñanza y Animación Socio-deportiva (T.E.A.S –antes TAFAD–), que consta de seis horas semanales. Los principales objetivos de la signatura son:

a) Conocer las bases anatómicas y fisiológicas del cuerpo humano (sistema músculo-esquelético, sistema cardio-respiratorio y sistemas reguladores).

b) Evaluar la condición física y biológica de las personas participantes en los programas de animación sociodeportiva.

c) Conocer y aplicar los principios, sistemas y técnicas de acondicionamiento físico. Elaborar programas de acondicionamiento físico.

d) Conocer y aplicar medidas complementarias para la mejora de la condición física: recuperación, alimentación y nutrición.

e) Aplicar procedimientos de intervención y administración de primeros auxilios en caso de accidentes.

La asignatura tiene seis horas semanales (dos sesiones de dos horas teóricas en aula y una sesión de dos horas prácticas en el gimnasio o patio exterior). La clase práctica se utiliza para aplicar los contenidos teóricos (aprendizajes cercanos a la realidad).

En la Tabla 1 se muestran las principales actividades de aprendizaje que se llevan a cabo en la asignatura:

Tabla 1. Principales actividades de aprendizaje realizadas en la asignatura.

Actividad de aprendizaje	Cómo se realiza
Rutinas de pensamiento y cuestionarios de detección de conocimientos (digital y oral)	Utilizadas durante las clases teóricas al inicio y al final de bloques de contenidos concretos. En la rutina final los alumnos reflexionan sobre lo aprendido.
Exposición de contenidos por parte del profesor	Explicación de los contenidos con el soporte de diapositivas en formato *Power Point*.
Elaboración de apuntes propios	Los apuntes propios son utilizados durante las actividades de aprendizaje y las pruebas teóricas (exámenes). Los alumnos autoevalúan así sus propios apuntes.
Elaboración de mapas mentales o conceptuales	Los alumnos tienen una plantilla con los puntos a tener en cuenta para elaborar un mapa mental. El docente aporta *feedback* individual y grupal durante el proceso de elaboración de este. Los mapas mentales son utilizados durante las actividades de aprendizaje y las pruebas teóricas. Los alumnos autoevalúan así la utilidad de sus propios mapas mentales.
Visionado de vídeos didácticos	Los videos didácticos apoyan las explicaciones del contenido teórico por parte del profesor. Se utilizan antes o después de la explicación. El profesor realiza *feedback* interrogativo para asegurarse de la comprensión de estos.
Elaboración de *lapbook*	Material educativo tangible creado por los estudiantes y que sirve para entender mejor un concepto. Es un libro desplegable que contiene solapas, juegos didácticos, dibujos, imágenes y mini-libros. Cada alumno elabora su *lapbook* y lo expone en clase.
Prácticas de aplicación de los contenidos teóricos	Realización de prácticas reales sobre el contenido teórico en el gimnasio y/o patio.
Narrado, reflexión, autoevaluación y coevaluación de las clases prácticas	Tras las prácticas los alumnos realizan el narrado y/o la reflexión de la práctica. Además, realizan una autoevaluación y, en ocasiones, también una coevaluación.
Exposiciones orales y elaboración de videos didácticos	Loa alumnos realizan exposiciones orales sobre los contenidos para el resto de la clase y elaboran videos didácticos que luego se ven en clase y se corrigen.
Prueba teórica de desarrollo y tipo test	Para la prueba teórica los alumnos utilizarán los recursos generados por ellos mismos durante las clases: apuntes propios, *lapbook* y mapas mentales. Se da importancia de la competencia de búsqueda, gestión y aplicación de la información.
Corrección de las pruebas teóricas en grupo	Los alumnos van saliendo uno a uno a responder las preguntas del examen. Se aclaran las dudas y se ofrece *feeback* grupal.

   Buenas prácticas de Evaluación Formativa y Compartida

Explicación del sistema de evaluación y calificación

Durante las clases teóricas se centran en la exposición de los contenidos por parte del profesor donde se utiliza un *feedback* continuo para asegurar que el alumno comprende los contenidos y seguir avanzando. El *feedback* suele ser interrogativo, grupal e inmediato. En ocasiones es un *feedback* aportado por los propios compañeros en vez de por el profesor. Las clases teóricas incluyen actividades de aprendizaje como la elaboración de un *lapbook*, realización de mapas mentales, presentaciones orales o visionado de videos elaborados por los alumnos. En las clases prácticas se suele trabajar en grupos de cuatro-cinco alumnos, el *feedback* se da de manera continua a cada grupo y al final de la práctica al gran grupo.

Las actividades a realizar por el alumno son tanto presenciales (durante las dos horas de clase práctica, normalmente) como online (través de la plataforma Clasroom). En ambos tipos de actividades se utilizan fichas de registro que incluyen un apartado de autoevaluación y/o coevaluación. Se muestra como ejemplo la tabla 2.

Las diferentes fichas son corregidas por el profesor, aportando el *feedback* escrito y/u oral (al grupo correspondiente o al gran grupo) y los alumnos deben corregir lo comentado y volver a entregar la ficha a través del aula virtual Clasroom. Además, trabajamos con rúbricas o fichas de evaluación concretas, que el alumno conoce de antemano, para evaluar algunas actividades como: videos didácticos, presentaciones orales, prácticas específicas o *lapbook*. A continuación, se muestra un ejemplo de la ficha de coevaluación del *lapbook* (Tabla 3).

Los instrumentos de evaluación más utilizados son las rúbricas y tablas de autoevaluación y/o coevaluación que se incluyen al final de las fichas de las sesiones prácticas y los instrumentos de evaluación de las exposiciones orales o videos elaborados por los alumnos (anexo). Además, se ha incluido una tabla sencilla de autoevaluación al final de la prueba teórica abierta (Tabla 4).

Tabla 2. Ficha de autoevaluación de una de las prácticas.

Ítem	A	B	C	D	E	Nombre del alumno	VALORACIÓN (A, B, C, D, F)	Observaciones
Aportación	He participado mucho en la búsqueda y elaboración del material.	He participado en la búsqueda y elaboración del material.	He participado algo en la búsqueda y elaboración del material.	He participado muy poco en la búsqueda y elaboración del material.	No he participado en la búsqueda ni en la elaboración del material.			

Ítem	A	B	C	D	E	Nombre del alumno	VALORACIÓN (A, B, C, D, F)	Observaciones
Actitud	Estoy muy atento y activo durante la sesión. Respeto las normas, a los compañeros y al animador.	Estoy atento y activo durante la sesión. Respeto casi siempre las normas, a los compañeros y al animador.	Estoy atento y activo durante parte de la sesión. Respeto las normas, a los compañeros y al profesor, en parte de la sesión.	Estoy poco atento y activo durante la sesión. Respeto poco las normas, a los compañeros y al profesor.	Casi nunca estoy atento y activo. No respeto las normas, a los compañeros ni al animador.			

Tabla 3. Ficha de evaluación de la exposición del *lapbook*.

LAPBOOK: CRITERIOS DE EVALUACIÓN	4 Excelente	3 Bueno	2 Regular	1 Pobre
TRABAJO EN CLASE Y USO DEL TIEMPO (20%): utiliza sabiamente su tiempo para trabajar al máximo en clase hasta terminar su *lapbook*.				
CONTENIDO (20%): representa todos los conceptos sobre el tema y amplía con algún contenido novedoso no dado en clase.				
ESTRUCTURACIÓN Y ORGANIZACIÓN (20%): el *lapbook* se estructura de manera lógica según lo requerido (resalta los contenidos más importantes por encima de los secundarios, reparte el contenido de manera coherente).				
APRENDIZAJE (20%): el *lapbook* facilita la comprensión y el aprendizaje del contenido estudiado.				
ORDEN, LIMPIEZA Y ESFUERZO (20%): el *lapbook* está impecablemente presentado, ordenado y el estudiante hizo un gran esfuerzo por hacer bien las cosas.				

Tabla 4. Tabla de autoevaluación de las respuestas del examen teórico.

Nombre y apellidos:			*Marca la casilla que consideres con X
PREGUNTA	Completa y correcta	Incompleta.	Sin rellenar o respuesta incorrecta
1.			
2.			
3.			
4.			
5.			
6.			
7.			

Se da calificación al final de cada trimestre, a modo informativo, siendo la calificación final la que se ponga en el último trimestre.

Los porcentajes de calificación son:

- Contenidos teóricos: 60%:
  - Examen tipo test (25%)
  - Examen con preguntas abiertas (35%)
- Prácticas: 40%
  - Todas las prácticas se evalúan con una escala cualitativa teniendo en cuenta la autoevaluación de los alumnos y/o la coevaluación y la heteroevaluación del profesor de cada una de ellas.
  - Al final del trimestre el profesor da el salto a la calificación, transformando la valoración cualitativa (A, B, C, D y E, normalmente) en un valor numérico.

A continuación presentamos una tabla-resumen de actividades aprendizaje, Evaluación Formativa a realizar y salto a la calificación.

Tabla 5. Coherencia interna entre los elementos curriculares. Alineación curricular.

Finalidades y/o competencias	Actividades de aprendizaje	Evaluación formativa	Instrumentos de calificación	Criterios de calificación
Reflexionar sobre su propio conocimiento. Aprender a aprender. Resumir, recopilar y organizar la información.	Rutinas de pensamiento y cuestionarios de detección de conocimientos.	En la rutina final los alumnos reflexionan sobre lo aprendido (autoevaluación y evaluación compartida).	No hay.	No calificable.
	Elaboración de apuntes propios.	*Feedback* del profesor.	No hay.	No calificable.
	Visionado de vídeos didácticos.	El profesor realiza *feedback* interrogativo para asegurarse de la comprensión de los mismos.	No hay.	No calificable.
Resumir, recopilar y organizar la información.	Elaboración de mapas mentales o conceptuales.	Uso de los mismos en los exámenes.	No hay.	No calificable.
Organizar la información de manera lógica. Aplicar los conocimientos teóricos en situaciones reales. Reflexionar sobre lo aprendido.	Elaboración de *lapbooks*.	Autoevaluación, coevaluación y heteroevaluación del *lapbook* tras la presentación de estos.	Rúbrica de elaboración y presentación del *lapbook* (anexo 4).	Dentro del 40% de las prácticas.
	Prácticas concretas para la aplicación de los contenidos teóricos. Exposiciones orales y elaboración de videos didácticos.	Durante las prácticas cada grupo de alumnos tiene su ficha a rellenar. Estas normalmente incluyen alguno o varios de estos apartados: (a) Reflexión; (b) Autoevaluación; (c) Coevaluación.	Fichas de las prácticas (ejemplos en anexos 1, 2 y 3).	Dentro del 40% de las prácticas.
Asentar los conocimientos aprendidos.	Prueba teórica escrita.	Ficha de autoevaluación (ver tabla 3).	Examen escrito.	El 60% del trimestre (25% el test + 35% desarrollo).
Repasar los conocimientos aprendidos y corregir posibles errores y confusiones del contenido aprendido.	Corrección conjunta del examen teórico. Los alumnos van saliendo 1 a 1 a responder las preguntas del examen.	Cada alumno tiene su propio examen con las correcciones del profesor. Se aclaran las dudas y se ofrece *feedback* grupal.	Examen escrito corregido por el profesor.	No calificable.

Resultados-efecto en el rendimiento académico del alumnado

En la tabla 6 se muestran las calificaciones correspondientes al primer trimestre del curso 20/21.

Tabla 6. Resultados académicos en porcentaje y número de alumnos.

	Primer trimestre	
Calificación	Alumnos/as	Porcentaje
Sobresaliente	2	6.6%
Notable	26	86%
Aprobado	2	6.6%
Suspenso	0	0%
No presentado	0	0%
Totales	**30**	**100%**

Los resultados son bastante buenos, todos superan la asignatura en este primer trimestre y la mayoría con buenas calificaciones. Podemos decir que el grupo es académicamente bueno, a pesar de tratarse de una formación profesional hay varios alumnos que han accedido desde bachillerato con notas elevadas. El trabajo continuo durante el trimestre a través de diferentes actividades permite que los alumnos asimilen los contenidos de la asignatura paulatinamente. La aplicación del contenido teórico a situaciones prácticas motiva a los alumnos, ya que entienden la importancia del aprendizaje de la teoría.

La mayoría de los alumnos tienen una calificación de notable, no hay apenas sobresalientes. Esto puede deberse a que los contenidos de este primer trimestre son complejos y, en muchos casos, novedosos, por lo que llegar a la adquisición sobresaliente de la materia es difícil. Sólo se observan dos aprobados, esto puede que se deba a que todos los alumnos han acudido a casi todas las clases y han tenido un trabajo continuo durante las mismas que ha permitido la adquisición de la materia de manera notable en la mayoría de ellos.

Por otro lado, la profesora imparte seis horas semanales para esta asignatura y otras cuatro para otra a los mismos alumnos (un total de diez horas por semana) y esto le permite conocer a los alumnos y adaptar mucho mejor las actividades de aprendizaje al perfil del grupo. En el caso concreto de este grupo, se han ido adaptando las actividades hacia una participación más activa y práctica del alumnado.

Principales ventajas encontradas

La aplicación de un sistema de Evaluación Formativa tiene ventajas derivadas de su propia definición:

- Participación del alumno en los procesos de evaluación.
- Transparencia en los procesos de evaluación de la asignatura desde el inicio de la misma.
- Aplicación de actividades cercanas al contexto real en el que el alumno desarrollará su futura actividad profesional.
- Evaluación constante del proceso de enseñanza-aprendizaje por parte del profesor.
- Alumnos más responsables de su propio aprendizaje.
- Alumnos conscientes de su progreso y de sus aprendizajes, así como de su nivel de logro.
- El alumno es capaz de conectar los conocimientos teóricos adquiridos con su aplicación práctica.
- Mejoras continuas en el proceso de enseñanza-aprendizaje.
- Motivación del profesorado y del alumnado, ya que ambos están muy implicados en el proceso de enseñanza-aprendizaje.

Principales inconvenientes encontrados y posibles soluciones de mejora

Tabla 7. Principales inconvenientes encontrados y posibles soluciones para cada uno de ellos.

Principales inconvenientes encontrados	Posibles soluciones de mejora
Falta de cultura en cuanto a la participación del alumnado en la evaluación. Los alumnos, como es normal debido a la tradición educativa recibida, se preocupan en exceso por la nota.	Continuidad en el trabajo de Evaluación Formativa con los alumnos. Seguir incidiendo en la importancia del aprendizaje por encima de la calificación.
Una carga fuerte de trabajo del profesorado al ser una asignatura nueva.	Una vez diseñadas las actividades de aprendizaje, el profesor podrá utilizarlas para posteriores cursos añadiendo las modificaciones pertinentes, en un ciclo continuo de Investigación-Acción.

Conclusiones

En términos generales, la utilización de un sistema de Evaluación Formativa ha supuesto un trabajo arduo pero muy motivante y enriquecedor para el profesor y el alumno. Ha propiciado una comunicación más directa y fluida con el alumnado, un ajuste continuo de las actividades y una mejora personal como docente. Este sistema compromete a la profesora como agente responsable del aprendizaje, pero involucra al alumno, haciéndole también responsable directo de su aprendizaje.

La presencia de prácticas cercanas al contexto real ha involucrado más al alumnado en el aprendizaje y ha acercado al profesor y al alumnado a la realidad laborar a la que se enfrentarán los alumnos.

Además, los resultados académicos obtenidos utilizando este sistema han sido bastante buenos.

Por otro lado, creo que la cantidad de horas semanales (diez) que la profesora pasa con este grupo de alumnos ha facilitado que el sistema de Evaluación Formativa se aplique con éxito. El conocimiento de los alumnos, la posibilidad de ajustar actividades y metodología y el tiempo para asentar esta forma de trabajo han contribuido al éxito de la experiencia.

ANEXO. Ficha de autoevaluación y coevaluación del *lapbook.*

Nombre y apellidos del alumno:
Señala con una" X" el grado de consecución de cada criterio.

LAPBOOK: CRITERIOS DE EVALUACIÓN	4 Excelente	3 Bueno	2 Regular	1 Pobre
TRABAJO EN CLASE Y USO DEL TIEMPO (20%): utiliza sabiamente su tiempo para trabajar al máximo en clase hasta terminar su *lapbook.*				
CONTENIDO (20%): representa todos los conceptos sobre el tema y <u>amplía con algún contenido novedoso no dado en clase.</u>				
ESTRUCTURACIÓN Y ORGANIZACIÓN (20%): el *lapbook* se estructura de manera lógica según lo requerido (resalta los contenidos más importantes por encima de los secundarios, reparte el contenido de manera coherente).				
APRENDIZAJE (20%): el *lapbook* facilita la comprensión y el aprendizaje del contenido estudiado.				
ORDEN, LIMPIEZA Y ESFUERZO (20%): el *lapbook* está impecablemente presentado, ordenado y el estudiante hizo un gran esfuerzo por hacer bien las cosas.				

Recomendaciones para la elaboración de tu *lapbook*:
1. Haz un esquema con los contenidos del tema (puedes ayudarte del "mind map").
2. Divide el contenido en bloques y establece en qué parte de tu *lapbook* pondrás cada uno.
3. Todo el contenido relevante del tema debe aparecer en el *lapbook*, organizado de forma coherente (lo más relevante en un lugar más destacado, mayor tamaño...).
4. Utiliza imágenes, dibujos y materiales que te ayuden a recordar y relacionar el contenido.
5. Es preferible que hagas tus propios dibujos. Puedes copiarlos de un libro, de internet...
6. Utiliza una caligrafía cuidada y atractiva.
7. Busca ideas, plantillas y recursos en internet.

CAPÍTULO 15

Resultados comparativos de tres cursos académicos sobre la aplicación de la Evaluación Formativa y Compartida y el Flipped Classroom

Juan Carlos Manrique Arribas

Facultad de Educación de Segovia (Universidad de Valladolid)

Introducción

El Flipped Classroom, o clase invertida, es un modelo pedagógico que transfiere el trabajo de determinados procesos de aprendizaje fuera del aula y utiliza el tiempo de clase para facilitar y potenciar otros procesos de adquisición de conocimientos dentro del aula. Precisamente este modelo de enseñanza, junto al desarrollo de un sistema de Evaluación Formativa y Compartida, se ha aplicado en una asignatura optativa, Educación Física y Salud, de la mención de Educación Física en el Grado de Educación Primaria.

Después de analizar los datos obtenidos del cuestionario anónimo pasado a los alumnos en los cursos 2018-2019, 2019-2020 y 2020-2021 y comparar los resultados académicos obtenidos por ellos, se observa que el grado de satisfacción con la experiencia ha sido elevado. En general, estiman que tanto el esfuerzo realizado a lo largo del proceso, como el alto grado de motivación demostrado se ven recompensados por unas calificaciones muy satisfactorias y por la sensación de haber aprendido de manera significativa a lo largo del cuatrimestre. En general, podemos decir que algunas competencias planteadas inicialmente se han alcanzado con éxito, tales como: cuestionarse ciertos planteamientos teóricos, organizar y presentar la información, aportar reflexiones propias, hablar en público, defender sus ideas, organizarse el trabajo personal o favorecer el trabajo en grupo.

Contexto

La experiencia se desarrolla en el Grado de Educación Primaria con el alumnado que cursa la mención de Educación Física en la Facultad de Educación de Segovia, perteneciente a la Universidad de Valladolid. Más en concreto, en la asignatura de Educación Física y Salud de cuarto curso. Es una materia optativa cuatrimestral de 6 créditos, de los que 2,4 son presenciales y 3,6 no presenciales, impartida por un profesor y la media de alumnos que la cursan en los últimos tres cursos es de 44. El total de alumnos está presente durante las clases prácticas y se divide en dos en las teóricas. En total el alumnado cursa presencialmente sesenta horas y noventa horas de trabajo autónomo de manera no presencial.

Entre los objetivos más importantes a conseguir en la asignatura destacan los siguientes:

1. Identificar y comprender los factores socioculturales y aspectos ideológicos que condicionan la práctica de actividad físico-deportiva de forma saludable.
2. Conocer los contenidos de enseñanza-aprendizaje y las estrategias metodológicas más convenientes para favorecer el aprendizaje del potencial educativo que ofrece la mejora de la forma física y la salud al alumnado de Educación Física en Primaria.

Durante los últimos tres cursos (2018-19, 2019-20 y 2020-21) se ha utilizado como método docente el Flipped Classroom (FC), o clase invertida. Este modelo pedagógico tiene su fundamento en el trabajo previo que los alumnos hacen antes de asistir a las clases presenciales. Por tanto, el proceso de aprendizaje parte de la inicial comprensión de los contenidos a través de los materiales que se le proporciona al alumnado antes de llegar al aula, además de ofrecerle el asesoramiento por parte del profesor. La finalidad es avanzar hacia la comprensión sin gastar tiempo de clase, para usar este momento lectivo en actividades de esclarecimiento, reflexión y profundización por medio de ejemplos, puesta en práctica de sesiones de Educación Física orientadas a la salud, explicaciones enfocadas a las dificultades detectadas y la aplicación y transferencia de estos conocimientos. Por tanto, con este modelo de enseñanza se pretende también acercarse al sistema del crédito ECTS.

Por otro lado, este sistema también presenta algunos inconvenientes como que requiere más tiempo de trabajo tanto para el profesor como para los alumnos. Sin embargo, pone al profesor en el camino para entender mejor los problemas de comprensión que puedan presentar sus alumnos y ayudarles a mejorar tanto su rendimiento como el mismo proceso de enseñanza-aprendizaje. En todo momento el seguimiento que se les hace es continuo, además de que se les permite equivocarse, acertar y rectificar en la medida que sus actuaciones se dirijan hacia un lado u otro. El profesor les ofrece constantemente *feedback* cualitativo mediante el cual el alumno puede advertir sus aciertos, errores y opciones de mejora en la entrega de sus trabajos y el docente entender mejor cómo se está ejecutando el proceso de enseñanza-aprendizaje.

Actividades de aprendizaje

En las clases teóricas se realiza una tertulia sobre el tema o contenido a trabajar cada semana. El alumnado trae leído y analizado el documento obligatorio propuesto, así como los complementarios, si lo estima oportuno. Las ideas más importantes que destaca el alumno se registran en un diario-cuaderno de clase, en el que también se anotan las reflexiones más apreciables expresadas por los compañeros durante la tertulia de puesta en común. También, antes de dicha tertulia, se participa en un foro abierto en el Campus Virtual para que cada uno exponga sus ideas, dudas o comentarios acerca del contenido del documento a analizar. Por último, cada semana, al finalizar la tertulia y durante un tiempo de unos diez minutos, se pasa una prueba escrita que sirve de reflexión y comprobación del estudio previo realizado sobre el contenido a debatir.

En las clases prácticas, que se realizan en un pabellón polideportivo, los alumnos participan de las propuestas diseñadas en los Proyectos de Aprendizaje Tutorados (PAT) que cada grupo ha programado. Estos PAT desarrollan un método pedagógico aplicado en Educación Física y que favorece el desarrollo de hábitos saludables entre la población escolar. Además de aplicarlos con sus compañeros, la sesión desarrollada se implementa en un aula con alumnos de Primaria. De cada una de las sesiones prácticas se presenta un informe de la sesión donde se recoge un narrado de lo sucedido y un análisis didáctico y de competencias sobre la puesta en práctica.

De manera optativa, se realiza un ensayo sobre los diferentes contenidos abordados en las sesiones teóricas. La finalidad de este ensayo es evaluar la capacidad para relacionar los contenidos y conceptos debatidos, siguiendo una secuencia lógica de ideas.

Explicación del sistema de evaluación y calificación

La inclusión de un sistema de Evaluación Formativa en el proceso de formación inicial de los futuros profesores atiende principalmente a la consecución de unas competencias generales que el Real Decreto 1393/2007 establece, como es el caso de las siguientes: que los estudiantes hayan desarrollado aquellas habilidades de aprendizaje necesarias para emprender estudios posteriores con un alto grado de autonomía y que desarrollen un compromiso ético en su configuración como profesionales, compromiso que debe potenciar la idea de educación integral, con actitudes críticas y responsables. Igualmente, de manera más específica, se trata de que aprendan a orientar la actividad física que se desarrolla en el centro, tanto en el horario escolar como extraescolar, para promover un entorno activo y saludable.

En cada una de las actividades se aporta el *feedback* oportuno y el alumno puede volver a entregar de nuevo el trabajo para mejorar las incorrecciones presentadas, siempre respetando los plazos de una semana entre una y otra entrega. Cada trabajo viene acompañado de comentarios por parte del profesor a modo de sugerencias para que se revisen y, en su caso, se mejoren. Posteriormente se les adjunta una rúbrica en la que se reflejan las competencias conseguidas y en las que todavía tienen margen de mejora. Este instrumento se utiliza también para realizar la autoevaluación del propio alumno y en otros casos como coevaluación intergrupal, especialmente en el caso de los PAT. De este modo se facilita la transferencia de la evaluación a la calificación.

Al principio del curso se ofrece al alumnado dos posibles vías de cursar la asignatura, que corresponden con dos grandes opciones a la hora de la evaluación.

A-Sistema principal: Evaluación formativa y compartida (EFyC) (se requiere la asistencia continuada a clase, 90%). Está integrada por las siguientes actividades formativas, con su correspondiente peso en la nota final: PAT, trabajo en grupo (35%); Informes de las sesiones prácticas, trabajo en grupo (15%); Cuaderno-diario de clase, trabajo individual (30%); Control de contenidos de cada uno de los temas, trabajo individual (20%). También se ofrece la oportunidad de realizar actividades optativas individuales, como los ensayos o participar en un proyecto de Aprendizaje Servicio, de manera individual, con las que se puede alcanzar hasta un 10% extra de la calificación final. En todos los casos, se facilita inicialmente al alumnado una escala descriptiva o rúbrica de cada actividad en la que se detallan los criterios de evaluación y calificación.

Aunque los porcentajes se plantean al comienzo de curso, los definitivos de cada instrumento se deciden, si así se estima oportuno, a mitad del cuatrimestre por consenso entre los alumnos y el profesor. Todas las evidencias, tanto individuales como grupales, se recopilan en una carpeta colaborativa. Es necesario aprobar cada una de las pruebas por separado. No se realizan medias ni existe ninguna posibilidad de compensación entre las diferentes pruebas. La calificación final de la asignatura se calcula a partir de los porcentajes establecidos, sólo en el caso de que se haya superado el nivel básico para cada actividad. Si alguna de las actividades no se ha superado, se tendrá que repetir hasta conseguir los mínimos determinados.

B-Sistema alternativo: Evaluación Final (no se asiste al 90% de las horas lectivas presenciales). Está integrada por las siguientes actividades formativas, todas realizadas de manera individual, con su correspondiente peso en la nota final: PAT (20%), examen escrito final de todos los temas (50%), cuaderno-diario de clase (30%). Al igual que en la vía principal, se da la oportunidad de presentar las mismas actividades optativas, con las que se puede llegar a conseguir hasta un 10% extra en la calificación final. También se les entrega las escalas descriptivas o las rúbricas para que conozcan de antemano los criterios de evaluación y calificación que se van a utilizar. Se valoran todos los trabajos que se piden en el sistema principal y serán entregados en la fecha determinada en cada caso. Es necesario participar semanalmente en el foro abierto para reflejar sus reflexiones sobre cada uno de los documentos a estudiar. En la tabla 1 se resumen las actividades de aprendizaje, el sistema de Evaluación Formativa y los criterios de calificación.

Tabla 1. Tabla resumen actividades de aprendizaje, Evaluación Formativa y criterios de calificación.

Finalidades y/o competencias	Actividades de aprendizaje	Evaluación formativa	Instrumentos de calificación	Criterios de calificación
1- Identificar y comprender los factores socioculturales y aspectos ideológicos que condicionan la práctica de actividad físico-deportiva de forma saludable. 2- Conocer los contenidos de enseñanza-aprendizaje y las estrategias metodológicas más convenientes para favorecer el aprendizaje del potencial educativo que ofrece la mejora de la forma física y la salud al alumnado de Educación Física en Primaria.	1- Proyecto de Aprendizaje Tutorado (PAT), trabajo grupal obligatorio. 2- Cuaderno-diario de clase, trabajo individual obligatorio. 3- Control de contenidos semanal, trabajo individual obligatorio. 4- Informe de las sesiones prácticas, trabajo grupal obligatorio. 5- Ensayo, trabajo individual opcional. 6- Experiencia de Aprendizaje Servicio, trabajo individual opcional.	En cada una de las actividades se aporta el *feedback* oportuno y el alumno puede volver a entregar de nuevo el trabajo para mejorar las incorrecciones presentadas, siempre respetando los plazos de una semana entre una y otra entrega. Cada trabajo viene acompañado de comentarios por parte del profesor a modo de sugerencias para que se revisen y, en su caso, se mejoren.	En cada actividad se les adjunta una **rúbrica** en la que se reflejan las competencias conseguidas y las que todavía tienen margen de mejora. Este instrumento se utiliza también para realizar la autoevaluación del propio alumno y en otros casos como coevaluación intergrupal, especialmente en el caso de los PAT.	En cada rúbrica* se establecen los criterios necesarios para superar la actividad. Porcentajes de calificación en la vía de EFyC: -PAT (35%), -Cuaderno-diario (30%), -Informes (15%), -Controles semanales (20%) -Ensayos y Aprendizaje-Servicio (hasta 10%)

*Se adjunta en el anexo un ejemplo de rúbrica utilizada.
Fuente: Elaboración propia.

  Buenas prácticas de Evaluación Formativa y Compartida

Resultados-efecto en el rendimiento académico del alumnado

Según los resultados académicos obtenidos por los alumnos en los últimos tres cursos (2020-2021, 2019-2020 y 2018-2019), todos optan por la evaluación continua. En las tablas 2, 3 y 4 se detallan los porcentajes de las calificaciones obtenidas. Por un lado, se señala, de manera global, el tanto por ciento de alumnos que obtiene cada calificación; y por otro, se ofrece la relación entre la calificación obtenida según la vía de evaluación escogida.

Podemos advertir que los alumnos que optan por la vía principal de evaluación alcanzan un alto porcentaje de aprobados en primera convocatoria, prácticamente no hay suspensos, en dos de los cursos no los hubo y en uno tan solo se alcanzó el 2,3% de no aprobados. Realizar las entregas fuera de plazo y no alcanzar lo mínimos de calidad exigidos fueron las causas de los suspensos. En las medias de los tres cursos, prácticamente la mitad del alumnado (53,3%) obtiene la calificación de notable y el número de sobresalientes (14,3%) y aprobados (23%) está equilibrado. Estos resultados se repiten de manera estable durante los tres cursos, lo que indica que el sistema de evaluación y el método de enseñanza empleados consiguen un alto rendimiento académico y, en general, una satisfacción por parte del alumnado por sentir que han alcanzado muchas de las competencias programadas en el Grado. Las causas principales de este aprovechamiento quizás sean el trabajo continuo del alumnado realizado a lo largo del cuatrimestre, el seguimiento que le hace el profesor o las informaciones que tanto el docente como los compañeros ofrecen en cada una de las actividades que desarrollan. En general estiman que han conseguido gran autonomía a lo largo del proceso de aprendizaje, así como ha ido aumentado la calidad de sus trabajos tanto individuales como grupales.

Tabla 2. Resultados académicos curso 2020-2021.

Resultados globales		
Calificación	**Porcentaje**	**N.º alumnos/as**
Matricula Honor	4%	2
Sobresaliente	11%	5
Notable	57%	26
Aprobado	28%	13
Suspenso	0 %	0
No presentado	0%	0
Totales	**100%**	**46**

VÍAS	NP	Suspenso	Aprobado	Notable	Sobresaliente	Mat. Honor	Totales
Continua	0%	0%	28%	57%	11 %	4 %	100%
Final	0%	0%	0%	0%	0%	0%	0%
Totales	0%	0%	28%	57%	11%	4%	100%

Tabla 3. Resultados académicos curso 2019-2020.

Resultados globales		
Calificación	**Porcentaje**	**N.º alumnos/as**
Matricula Honor	5,88%	2
Sobresaliente	20,60%	7
Notable	52,94%	18
Aprobado	20,58%	7
Suspenso	0 %	0
No presentado	0%	0
Totales	**100%**	**34**

VÍAS	**NP**	**Suspenso**	**Aprobado**	**Notable**	**Sobresaliente**	**Mat. Honor**	**Totales**
Continua	0%	0%	17,64%	52,94%	20,60 %	5,88 %	97,06%
Final	0%	0%	2,94%	0%	0%	0%	2,94%
Totales	0%	0%	20,58%	52,94%	20,60%	5,88%	100%

Tabla 4. Resultados académicos curso 2018-2019.

Resultados globales		
Calificación	**Porcentaje**	**N.º alumnos/as**
Matricula Honor	4,88%	2
Sobresaliente	14.66%	6
Notable	53,64%	22
Aprobado	24,39%	10
Suspenso	2,43%	1
No presentado	0%	0
Totales	**100%**	**41**

VÍAS	**NP**	**Suspenso**	**Aprobado**	**Notable**	**Sobresaliente**	**Mat. Honor**	**Totales**
Continua	0%	2,43%	24,39%	51,21%	14,66 %	4,88 %	97,57%
Final	0%	0%	0%	2,43%	0%	0%	2,43%
Totales	0%	2,43%	24,39%	53,64%	14,66%	4,88%	100%

Principales ventajas encontradas

Para conocer la opinión de los alumnos sobre la experiencia del FC y la aplicación de una EFyC, se ha pasado el último día de clase de cada curso un cuestionario anónimo para evaluar la asignatura. Los resultados, en general, han resultado bastantes positivos. Opinan que las calificaciones obtenidas se corresponden con el trabajo realizado a lo largo del cuatrimestre. Resulta también interesante comprobar que la experiencia les ha resultado cercana a su formación, pues les ha ayudado bastante a adquirir competencias profesionales en un alto porcentaje, tanto para su formación inicial como para su futura carrera profesional.

En cuanto a si ha resultado útil por su innovación, efectividad, sostenibilidad y replicabilidad, la valoran bastante. Estos resultados indican que al alumnado se le ofrecen soluciones nuevas y creativas a la hora de planificar una asignatura. También se demuestra su impacto positivo y tangible de mejora, puesto que se mantiene en el tiempo, puede producir efectos duraderos y es posible utilizarla como modelo para desarrollarla en otros contextos. En otro orden de cosas, las ayudas que recibe el alumnado por parte del profesor han sido valoradas positivamente, al facilitarles *feedback* en cada una de las tareas y actividades que tienen que realizar. Estiman que estas valoraciones les sirven para mejorar la calidad de las siguientes entregas. También aprecian las de sus propios compañeros, lo cual resulta atractivo por su componente motivacional y porque las aclaraciones que éstos emiten suelen ser más perdurables y significativas en el tiempo. El sistema de coevaluación, realizado habitualmente después de la puesta en práctica de los PAT, lo consideran esencial para mejorar algunos detalles que aplicarán posteriormente con los alumnos de Primaria. Por último, entre los comentarios que hacen los alumnos sobre este sistema de enseñanza y aprendizaje valoran que les ha ayudado a adquirir conocimientos teóricos a largo plazo. También les ha facilitado ser más organizados y sistemáticos en la organización de las tareas a realizar.

Por tanto, el alumnado, además de valorar el gran esfuerzo que requiere esta metodología inductiva del FC y este modelo de EFyC, considera que ha conseguido que le motive más la asignatura. Por esta razón, dan por bien empleado el tiempo que han dedicado ya que comprueban que han sido ellos mismos los protagonistas de su propio proceso de aprendizaje.

Principales inconvenientes encontrados y posibles soluciones de mejora

En la Tabla 5 se anotan los inconvenientes encontrados en la aplicación del sistema de EFyC y el FC:

Tabla 5. Principales inconvenientes y propuestas de mejora del sistema de EFyC y el FC.

Principales inconvenientes encontrados	Posibles soluciones de mejora
Los mayores problemas que han estimado los alumnos se centran en la gran cantidad de horas que han tenido que emplear para elaborar las actividades obligatorias exigidas para completar la Evaluación Formativa y Compartida.	Quizás una alternativa para que dediquen menos horas sea reducir el número de artículos o documentos sobre los que tienen que hacer el trabajo, así como aligerar el contenido de las fichas de sesiones prácticas para que no se conviertan en una rutina y no les desmotive. También insistir en explicarles previamente las rúbricas que se emplean en cada una de las tareas a realizar para que comprendan los indicios de calidad que deben tener y orienten mejor sus trabajos.
Acumulación de trabajo en algunas semanas que coincidía la entrega de las actividades que de manera fija había que hacer con la elaboración y entrega del PAT al grupo que le correspondía.	Permitir posponer las entregas a los grupos implicados en el PAT.
Los alumnos no entienden bien al comienzo del proceso cuál es el grado de compromiso que se adquiere con la aplicación de la EFyC y el FC.	Hacer una primera exposición de intenciones sobre lo que se pretende conseguir con la EFyC y el FC para que vean rápidamente la vinculación con la adquisición de las competencias profesionales. Revisar los criterios de evaluación y calificación y resolver las dudas o problemas que les surgen en los primeros momentos del proceso de enseñanza-aprendizaje.
Tener constancia real del grado de aprendizaje que los alumnos tienen sobre el contenido abordado cada semana.	Realizar pruebas presenciales de resolución inmediata que contribuya, tanto al profesor como al alumno, a tener una mejor idea de los contenidos más difíciles de aprender y los que no tienen tanto problema. No dedicar más de diez minutos a la semana para su realización.
Los trabajos en grupo presentan problemas de funcionamiento interno que crean conflictos personales y en algún caso se acapara demasiado trabajo por parte de algún componente.	Hay que recordarles que los trabajos en grupo tienen su sentido de ser si todos los miembros participan de manera activa. Para hacer un mejor seguimiento se propone elaborar un diario de las tareas realizadas por cada integrante. Con los datos registrados, se realiza un acta en el que se distribuye el porcentaje de la nota que corresponde a cada miembro del grupo y se firma la conformidad por parte de todos los integrantes.

Conclusiones

La experiencia de buena práctica basada en la aplicación la EFyC y el FC ha sido muy provechosa para el alumnado. Ha supuesto que las clases presenciales tuvieran un mayor aliciente para ellos, además de conseguir poner en común muchas ideas y experiencias. La posibilidad de venir con el trabajo conceptual más desarrollado ha permitido que las puestas en común, las tertulias y los diálogos fueran de mayor calidad. También las propuestas prácticas han sido más provechosas y las coevaluaciones han servido para afianzar los puntos fuertes de la experiencia y han orientado sobre los puntos débiles a resolver. En general, la participación en el aula ha sido mucho más activa y eficaz que cuando las clases se realizaban de la manera más directiva, los aprendizajes han sido mayores y los resultados académicos han mejorado.

ANEXO. Rúbrica para evaluar el PAT.

TÍTULO DEL PAT: AUTORES:

CRITERIOS DE EVALUACIÓN Y CALIFICACIÓN DE CADA APARTADO DEL PROYECTO DE APRENDIZAJE TUTORADO				
Aprendizaje Actividades	**NIVEL A (90-100)**	**NIVEL B (70-89)**	**NIVEL C (50-69)**	**NIVEL D (30-49)**
Marco teórico	1- Se realiza una buena justificación. 2- La secuencia de los contenidos es lógica. 3- Se explican los fundamentos del método pedagógico y del contenido. 4- No hay faltas de ortografía. 5- Presenta una buena puntuación. 6- La redacción tiene un alto nivel. 7- No hay errores en el sistema de citas y referencias. 8- Se utilizan muchas más de las cuatro referencias mínimas establecidas.	1- La justificación es correcta, pero le falta más argumentación. 2- A veces la secuencia de contenidos no es la adecuada. 3- No se entiende bien el método pedagógico y/o el contenido. 4- Los errores ortográficos son mínimos. 5- Hay algunos errores en la puntuación. 6- El estilo de redacción hace difícil entender algún párrafo. 7- En las citas y referencias hay pequeños fallos no generalizados. 8- Se utiliza alguna más de las cuatro referencias establecidas.	1- La justificación no queda clara y le falta fundamentación. 2- La secuencia de contenidos no sigue un orden lógico. 3- No queda claro el método pedagógico y/o el contenido. 4- Presenta errores ortográficos frecuentemente. 5- El sistema de puntuación provoca dificultades para entender el contenido. 6- Se hace difícil la comprensión de lo escrito por la manera de redactar. 7- Se suelen cometer fallos en las citas y referencias. 8- Se utilizan las cuatro referencias establecidas.	1- En la justificación se hace una mala fundamentación. 2- El desarrollo de los contenidos no sigue ningún orden lógico, falta coherencia. 3- El método pedagógico y/o el contenido no se reflejan. 4- Tiene numerosas faltas de ortografía. 5- La utilización del sistema de puntuación está marcada por la aleatoriedad. 6- Problemas de expresión y redacción. 7- No se cita o presenta problemas graves en la utilización de las referencias. 8- Se utilizan menos de las cuatro referencias establecidas o no hay referencias.
Defensa marco teórico	1- Intervenciones equilibradas entre todos los miembros del grupo. 2- Muy buen control corporal. 3- Muy buena vocalización y ritmo pausado. 4- No se miran las diapositivas ni las notas. 5- La presentación es muy visual y atractiva. 6- Se recogen los principios básicos del método y del contenido utilizado en el Proyecto. 7- Se responde a las preguntas de los compañeros con buenos argumentos.	1- El reparto de intervenciones es equilibrado. 2- En general, buen control del cuerpo. 3- En alguna ocasión no se vocaliza bien o se habla demasiado rápido. 4- Alguna vez se mira la dispositiva y/o las notas. 5- La presentación alterna imágenes y texto. 6- Hay detalles del método o del contenido que no se han explicado o no han quedado claros. 7- Se responde correctamente, pero sin argumentar.	1- Algún alumno acapara más tiempo que los demás. 2- Se alternan intervenciones de poco control corporal con otras más ajustadas. 3- Predominan las intervenciones en las que se habla sin controlar el ritmo. 4- Se suele mirar la diapositiva y/o las notas. 5- La presentación tiene demasiado texto e información. 6- El método no hay quedado bien explicado y ha creado confusión. 7- Respuestas muy simples y sin dar explicaciones con argumentaciones.	1- Algún alumno apenas interviene. 2- No se controla el lenguaje corporal. 3- La vocalización es deficiente y no se controla el ritmo de la exposición. 4- Es habitual mirar la diapositiva y/o las notas. 5- La presentación es poco atractiva, sugerente y con información poco relevante. 6- No se ha informado sobre los principios que se establecen en el método. 7- No se responde adecuadamente o se dan explicaciones obvias o nada argumentadas.
Elaboración del Plan de sesión	1- Actividades originales y creativas, adecuadas al método/s pedagógico/s. 2- Presentan un desarrollo de la sesión acorde con el método pedagógico realizado. 3- Se trabajan correctamente todos los objetivos propuestos. 4- Se programan con claridad las diferentes partes del plan de sesión (eje, contenido principal y secundario…). 5- Se diseña un sistema de evaluación adecuado en el que se establecen correctamente las técnicas y los instrumentos a emplear.	1- Actividades poco significativas al método/s pedagógico/s. 2- El desarrollo de la sesión es bueno, aunque hay alguna variación con respecto al modelo pedagógico y al contenido encomendado. 3- Hay objetivos que no quedan claros. 4- Diferencian las diferentes partes del plan de sesión (eje, contenido principal y secundario…) pero les falta incluir o desarrollar mejor alguna. 5- El sistema de evaluación está bien planteado pero algún instrumento no está bien diseñado.	1- Actividades copiadas sin modificaciones y poco ajustadas al método pedagógico a trabajar. 2- Desarrollo de la sesión incoherente con el método pedagógico propuesto y con el contenido encomendado. 3- Bastantes objetivos son difíciles de llevar a la práctica. 4- Algunas partes del plan de sesión (eje, contenido principal, secundario…) no están bien desarrolladas, faltan o tienen incoherencias. 5- Las técnicas y los instrumentos de evaluación no están bien definidos.	1- Actividades poco coherentes con el método pedagógico a trabajar. 2- El desarrollo de la sesión no es lógico con el método pedagógico y el contenido que se quiere trabajar. 3- No se trabajan los objetivos marcados. 4- No están bien definidas las partes del plan de sesión (eje, contenido principal, secundario…) y le faltan por ampliar o desarrollar algunas. 5- No están definidas las técnicas ni los instrumentos de evaluación o no se incluyen.

Puesta en práctica del Plan de sesión. Análisis de competencias docentes	1- La práctica es apta para todos los alumnos. 2- La sesión ha resultado ser gratificante para los participantes. 3- El alumno ha resultado ser el centro de su propio aprendizaje. 4- Las actividades propuestas garantizan el éxito. 5- Todos los alumnos están implicados, independientemente de su nivel físico o sus capacidades. 6- Se favorece la participación y se valora el esfuerzo personal. 7- Se fomenta la participación y la colaboración en el grupo. 8- Se ha facilitado conocimiento durante la práctica de las actividades. 9- Las actividades están bien programadas y siguen una secuencia lógica, según el método pedagógico. 10- Todos los maestros han pasado por los roles de maestro principal, ayudante y observador.	1- La práctica, en su mayoría, es apta para todos los alumnos. 2- La sesión les ha gustado, aunque alguna actividad se considera que se podía haber eliminado. 3- El alumno, en la mayoría de las actividades, era el centro de su propio aprendizaje. 4- En alguna actividad el alumno se ha sentido frustrado. 5- La mayoría de los alumnos han participado activamente. 6- Se reconoce la participación y el esfuerzo del alumno, pero a veces no se daba el *feedback* suficiente. 7- Se ha intentado integrar a todos los alumnos en el grupo. 8- En general se explicaba lo que se estaba trabajando, pero no había momentos de reflexión. 9- Secuencia de actividades coherente, pero con leves incongruencias con respecto al método pedagógico. 10- Un maestro no ha rotado por los diferentes roles.	1- Algunas actividades no estaban diseñadas para poder realizarlas muchos alumnos. 2- Algunas actividades no han resultado motivadoras. 3- En la mayoría de las actividades lo importante era completar el ejercicio. 4- En la mayoría de las actividades los alumnos no han sentido la sensación de éxito. 5- En muchas actividades los alumnos o han estado inactivos o poco participativos. 6- En muy pocas actividades se ha ofrecido *feedback*. 7- En diferentes fases de la sesión los componentes del grupo se sentían incómodos. 8- Había situaciones en las que no se explicaba el objetivo de la actividad ni había momentos de reflexión. 9- Algunas actividades no se entendían muy bien qué conexión tenían con lo hecho anterior o posteriormente y no se relacionaban con el método pedagógico. 10- Dos maestros no han rotado por los diferentes roles.	1- La práctica está dirigida especialmente para un grupo solo de alumnos. 2- La sesión ha resultado incómoda y aburrida para los alumnos. 3- La sesión no cuenta con las expectativas puestas por parte del alumnado. 4- Las actividades simplemente se realizan sin saber si están bien realizadas o si se ha conseguido el objetivo marcado. 5- Hay alumnos que no han realizado algunas actividades por su sentimiento de incapacidad o falta de motivación. 6- La sesión no se ha planteado para resolver problemas en equipo y no se ha dado *feedback*. 7- Hay alumnos que no se han sentido integrados en las actividades grupales. 8- Se ha terminado con la sensación de pasárselo bien pero no ha quedado claro lo que se ha aprendido, ni se ha reflexionado. 9- Las actividades son juegos "pegados" sin relación entre ellos ni favorece la aplicación del método pedagógico. 10- Solo un maestro ha pasado por los diferentes roles.
Elaboración del informe final	1- Muy buena presentación formal: portada, títulos, índice, márgenes, tipo de letra, etc. 2- Narrados completos tanto en la descripción como en las sensaciones recogidas. 3- Análisis didáctico y de competencias completos. Comentarios muy razonados. 4- Muy buena capacidad de reflexión crítica para analizar el proceso seguido. 5- Los anexos, si los hay, son muy completos, están bien presentados y aclaran situaciones de la práctica. 6- Las tutorías se han realizado con tiempo suficiente, mínimo dos semanas antes. 7- En las tutorías se viene con el trabajo planificado y revisado.	1- Buena presentación formal: portada, títulos, índice, márgenes, tipo de letra, etc. 2- Buenos narrados, aunque les falta profundidad en las sensaciones recogidas. 3- El análisis didáctico y de competencias están algo incompletos. 4- Buena capacidad de reflexión crítica para analizar el proceso seguido, pero le falta una mayor profundidad. 5- Los anexos, si los hay, aclaran la actividad realizada pero no están bien presentados. 6- Las tutorías se han realizado en la semana de la puesta en práctica. 7- En las tutorías se planifica bastante el trabajo, pero a veces se viene con él poco revisado o avanzado.	1- Deficiente presentación formal: portada, títulos, índice, márgenes, tipo de letra, etc. Cumple la estructura de forma muy justa. 2- Narrados simples, sin profundizar. 3- El análisis didáctico y de competencias es muy simple, sin profundizar. 4- Escasa reflexión crítica para analizar el proceso seguido, no analizan algunos aspectos importantes del proceso. 5- Los anexos, si los hay, son escasos, no son demasiado significativos y no explican mucho la actividad realizada. 6- Las tutorías se realizan unos pocos días antes de la puesta en práctica. 7- En las tutorías se planifica toda la sesión práctica, no se viene con la planificación hecha ni revisada.	1- Mala presentación formal: portada, títulos, índice, márgenes, tipo de letra, etc. y/o ni siquiera cumple la estructura pedida. Faltan apartados o están mezclados. 2- No siempre aparecen los narrados y si aparecen son muy superficiales. 3- El análisis didáctico y de competencias es muy superficial. Hay errores de contenido y/o lagunas. 4- Nula reflexión crítica. No se hacen comentarios sobre el proceso seguido. 5- No hay anexos o si los hay, son irrelevantes y poco significativos. 6- Las tutorías no se realizan o solo se ha hecho alguna consulta sin planificar. 7- El grupo viene a las tutorías sin haber realizado nada.
Observaciones o comentarios				

CAPÍTULO 16

Aprendiendo a evaluar. Experiencia comparativa de dos cursos académicos en el aula universitaria

Miriam Sonlleva Velasco

Educación Universitaria, Facultad de Educación de Segovia (Universidad de Valladolid)

Introducción

En el presente capítulo se recoge la experiencia de una docente universitaria en la creación y puesta en práctica de un sistema de Evaluación Formativa y Compartida (EFyC). La experiencia se contextualiza en la asignatura *Corrientes Pedagógicas de la Educación Infantil*, del Grado en Educación Infantil de la Facultad de Educación de Segovia. En ella se analiza el trabajo realizado en dicha materia durante los cursos académicos 2018-2019 y 2019-2020 (el último influido por el confinamiento domiciliario, de marzo a junio de 2020, derivado de la situación sanitaria derivada de la pandemia mundial provocada por el virus SARS-CoV-2).

La comparativa de los resultados académicos obtenidos por los estudiantes en ambos cursos muestra resultados similares. Aquellos alumnos que siguieron la vía de evaluación continua no solo tuvieron la oportunidad de mejorar su proceso de aprendizaje y progresar en el mismo a lo largo del cuatrimestre, sino que lograron superar la asignatura en primera convocatoria. La motivación durante el proceso, el acompañamiento y la retroalimentación continuada fueron herramientas bien valoradas por el alumnado del sistema llevado a cabo y, gracias a ellas, los estudiantes lograron adquirir las competencias de la materia con éxito. Además, el sistema de EFyC planificado les permitió conseguir otros aprendizajes vinculados con la profesión docente, como la importancia de la evaluación en el proceso de enseñanza/aprendizaje o el valor de la constancia y la autorregulación.

Contexto

La experiencia se contextualiza en la Facultad de Educación de Segovia (Universidad de Valladolid) en la asignatura *Corrientes Pedagógicas de la Educación Infantil*. Se trata de una materia cuatrimestral que se imparte en el primer curso de Grado en Educación Infantil y forma parte del módulo de formación básica. La asignatura tiene una carga de 6 créditos ECTS de los cuales 2,4 créditos son presenciales (60 horas) y 3,6 son no presenciales (90 horas).

Los principales objetivos de la materia son:

- Tomar conciencia de los cambios que ha experimentado la Educación Infantil a lo largo de la historia.
- Conocer las aportaciones de distintos pensadores al desarrollo de la Educación Infantil.
- Valorar críticamente los antecedentes de la Educación Infantil en España en los siglos XIX y XX.
- Analizar la situación actual de la Educación Infantil en los países de la Unión Europea.
- Descubrir experiencias innovadoras desarrolladas en Educación Infantil.
- Interpretar críticamente los problemas actuales de la Educación Infantil dentro del contexto social, familiar e institucional.

La falta de una formación histórica y humanística previa por parte de la mayoría de los estudiantes, gracias a las últimas reformas educativas –centradas en priorizar saberes de naturaleza técnica e instrumental–, condiciona no solo la motivación del alumnado por la materia, sino también su rendimiento. Esta situación fue tomada en cuenta para planificar la asignatura, programar actividades que fueran significativas para los estudiantes y establecer un sistema de EFyC que les permitiera ir mejorando sus aprendizajes de forma progresiva (López-Pastor y Pérez-Pueyo, 2017).

En el presente capítulo se analiza y compara el sistema de evaluación llevado a cabo por la docente titular de la asignatura en los cursos 2018/2019 y 2019/2020. En el primer curso estaban matriculados un total de 42 estudiantes. En el segundo, cursaron la asignatura 39 estudiantes. Merece la pena destacar el número de mujeres que se presenta en la muestra de estudiantes, propio de la tradición feminizada de este Grado, pues de las 81 personas que han cursado la asignatura en el periodo mencionado, solo cinco son hombres (cuatro alumnos en el curso 2018/2019 y uno en el curso 2019/2020). En ambos cursos se contaba con un único grupo de prácticas.

En cuanto a las actividades de aprendizaje que se llevan a cabo regularmente en la asignatura, destacamos fundamentalmente cuatro:

1. **Proyecto de Aprendizaje Tutorado** (PAT). Esta actividad se desarrolla en coordinación con dos asignaturas del Título de Grado de Educación Infantil: *Educación para la Paz y la Igualdad* y *Organización y Planificación Escolar* (Sonlleva, Martínez y Monjas, 2021; Sonlleva, Martínez y Monjas, 2019). Consiste en la elaboración de una sesión práctica para Educación Infantil, en pequeños grupos. Para su planificación se utilizan métodos y experiencias de pedagogos europeos del siglo XX trabajados en la asignatura. Una vez elaborada la sesión, ponemos en práctica la propuesta en un centro de la provincia de Segovia y en otro de la capital, con el objetivo de que el alumnado conozca las diferencias entre ambos tipos de centros. Finalmente, exponemos los resultados en el aula universitaria y evaluamos el trabajo individual y grupal. Para elaborar este proyecto se dedican aproximadamente 10 horas de trabajo presencial y 30 horas de trabajo no presencial.
2. **Debates dialógicos-pedagógicos.** Esta actividad está programada para las clases teóricas. El alumnado, antes de clase, realiza una lectura de un documento obligatorio de la bibliografía seleccionado semanalmente para tal fin y escoge tres ideas del texto que le resulten de interés para compartir con los compañeros. Un estudiante

de clase actúa como moderador de la tertulia y otro como secretario. El aprendizaje se construye con las aportaciones de los participantes y el debate de sus argumentos. Al finalizar la tertulia extraemos los temas principales, sobre los que cada alumno reflexionará de forma individual y argumentada en su diario de clase. La carga de esta tarea es de 25 horas presenciales y 25 horas de trabajo no presencial.

3. **Prácticas de aula.** En la asignatura se desarrollan nueve micro-proyectos orientados a profundizar de forma práctica sobre los bloques de la materia. Las fases por las que pasan estos proyectos son: a) aproximación a la temática a través de lecturas; b) investigación y búsqueda de información; c) análisis; d) reflexión grupal de los resultados; e) construcción de teoría. Para esta actividad se destinan 25 horas presenciales y 15 horas de trabajo no presencial.

4. **Prueba escrita final.** Se realiza al finalizar la asignatura y tiene como objetivo conocer el grado de aprendizaje de los estudiantes respecto a cuestiones centrales de la materia. El alumnado dispone de todo el material que considere oportuno para desarrollar esta prueba. Para su preparación se estima una carga de trabajo fuera del aula de 20 horas.

Explicación del sistema de evaluación y calificación

A continuación, nos disponemos a repasar los puntos fundamentales del sistema de EFyC planificado para la asignatura.

a) Sistema de Evaluación Formativa

Al comienzo de la asignatura se explica a los estudiantes cuáles son las actividades de evaluación y se hacen públicos los instrumentos que serán utilizados para dar el salto a la calificación. El porcentaje de calificación de cada actividad se consensua con el grupo, una vez que conocen la carga de trabajo que implica cada actividad y los criterios que serán tenidos en cuenta para evaluarla (Tabla 1). Además, planificamos juntos las fechas de entrega de cada actividad para que puedan organizar su tiempo.

Tabla 1. Actividades de evaluación y calificación de la asignatura.

Actividad de aprendizaje	Actividad de evaluación	Instrumento	Porcentaje de calificación
Proyecto de Aprendizaje Tutorado (PAT)	Dossier del PAT (incluye informe de expertas, programación didáctica, observaciones de la puesta en práctica, documentos utilizados para la exposición y cuestionarios individuales y grupales).	Escala graduada.	35%
Debates dialógico-pedagógicos	Diario de clase I (recoge las fichas de los debates y las reflexiones argumentadas).	Ficha de seguimiento grupal. Rúbrica de puntuación.	20%
Prácticas de aula	Diario de clase II (recopila los micro-proyectos y la reflexión de resultados).	Rúbrica de puntuación.	20%
Prueba escrita final	Examen.	Rúbrica de puntuación. Escala verbal.	25%

Una vez conocido el sistema de evaluación, el alumnado puede elegir entre tres vías para cursar la asignatura:

a) **Continua.** Para aprobar esta vía se requiere tener un 90% de participación en las clases de la asignatura. Además, se deben entregar todas las actividades de evaluación en tiempo y forma y obtener una puntuación de cinco puntos en cada una de ellas. La elección de esta vía implica la posibilidad de recibir *feedback* a lo largo del cuatrimestre y modificar cada actividad hasta en dos ocasiones, dentro de los plazos marcados.

b) **Mixta.** Está destinada a aquellas personas que por causa justificada no pueden asistir diariamente a clase. Para poder aprobar esta vía se requiere presentar todas las actividades de evaluación en tiempo y forma y obtener una puntuación mínima de cinco puntos en cada una de ellas. El docente ofrece *feedback* cuando se realizan las entregas y el alumno puede realizar una modificación de cada actividad antes de la entrega final.

c) **Final.** El alumno no participa en la asignatura y pierde el derecho a evaluación continua y formativa. Para aprobar la asignatura debe obtener una calificación superior a cinco puntos en la prueba final, para la que no dispone de ningún material de consulta.

b) Instrumentos de evaluación utilizados

Presentamos en este punto los instrumentos de evaluación que han sido construidos para la evaluación de la asignatura.

La escala graduada para la evaluación del PAT se elaboró en coordinación con los docentes de las asignaturas *Educación para la Paz y la Igualdad* y *Organización y Planificación Escolar* del Grado en Educación Infantil (Tabla 2). Los descriptores utilizados fueron estructurados de acuerdo con las competencias comunes de las tres asignaturas.

En los debates utilizamos una ficha de seguimiento (Tabla 3) que nos permite tener un registro de las intervenciones realizadas en cada clase teórica, así como de la calidad de las aportaciones de cada participante en la tertulia. En el apartado "observaciones" vamos recogiendo las dudas que cada estudiante va planteando en los debates y nos sirve para incidir en las siguientes clases en aquellas cuestiones que no han sido comprendidas. Cada ficha de seguimiento se completa al finalizar la sesión con el narratorio que realiza el secretario del debate.

Para los diarios, que recopilan las fichas individuales de debate de cada tertulia, así como las prácticas de aula que registra cada estudiante y sus reflexiones, utilizamos una rúbrica de puntuación (Tabla 4). En cada corrección del diario tratamos de orientar al alumnado sobre aquellos aspectos que aún no están conseguidos, ofreciéndoles una referencia sobre la calificación que en el momento de la entrega tendrían. El objetivo es que sean conscientes de los fallos y realicen los cambios oportunos para que puedan mejorar esa calificación.

Tabla 2. Escala graduada para el PAT.

Calificación	Descriptores
Sobresaliente	- Documento final acorde con las dimensiones y formato requerido. Redactado en normativa APA 6ªed. - Usa un lenguaje entendible y claro. - Conoce y conecta adecuadamente todos los apartados de la programación. - Respeta los plazos de entrega. - Originalidad de la propuesta y adecuación al contexto para el que se programa. - Uso adecuado de la base teórica de la asignatura. - En la exposición teórica muestra fluidez verbal y dominio en el conocimiento de la propuesta. Presenta con un lenguaje adecuado al contexto académico, utiliza soportes de apoyo y se ajusta al tiempo. Contesta de forma precisa a las preguntas del debate. - Coherencia en la evaluación del trabajo de grupo.
Notable	- Documento final acorde con las dimensiones y formato requerido. Con algunos errores en normativa APA 6ªed. - Lenguaje entendible, pero con algunos problemas para aclarar conceptos. - Conoce adecuadamente todos los apartados de la programación, aunque hay errores de conexión entre algunos elementos. - Respeta los plazos de entrega. - La propuesta es coherente, aunque no novedosa, y se adecúa al contexto para el que se programa. - Uso en la mayoría de los apartados de la base teórica de la asignatura. - En la exposición teórica muestra fluidez verbal y bastante dominio en el conocimiento de la propuesta. Presenta con un lenguaje adecuado al contexto académico, utiliza soportes de apoyo, pero hay algunos problemas de ajuste al tiempo. Contesta de forma precisa a las preguntas del debate. - Coherencia en la evaluación del trabajo de grupo.
Aprobado	- Documento final con algunos problemas en cuanto a la extensión y el formato requerido. - Usa un lenguaje entendible, aunque en algunos puntos hay problemas de claridad y concreción. - Hay problemas en la conexión de los apartados de la programación y faltan algunos de ellos. - Suele respetar los plazos de entrega. - La propuesta es factible, aunque no se adapta al nivel para el que se programa. - Utiliza la teoría de la asignatura de forma muy simple. - En la exposición teórica muestra fluidez verbal, aunque no dominio pleno del conocimiento de la propuesta. Algunos problemas de adecuación al lenguaje académico y tiempo. Contesta de forma imprecisa a las preguntas del debate. - No hay coherencia completa en la evaluación del trabajo de grupo.
Suspenso	- No se han seguido las indicaciones sobre las normas de formato y la redacción no sigue la normativa APA 6ªed. - Mala puntuación y expresión. - Faltan apartados en la programación y no conecta objetivos-contenidos-metodología-evaluación. - No respeta los plazos de entrega. - La propuesta es copiada en muchos puntos y no se adecúa ni al nivel ni al contexto en el que se desarrolla. - No hace uso de la base teórica de la asignatura. - En la exposición teórica no muestra fluidez verbal y dominio en el conocimiento de la propuesta. No presenta con un lenguaje adecuado al contexto académico, ni utiliza soportes de apoyo, ni se ajusta al tiempo. Contesta de forma imprecisa a las preguntas del debate. - Incoherencia en la evaluación del trabajo de grupo.

Tabla 3. Ficha de seguimiento grupal utilizada en los debates.

Grupo: Moderador:				Fecha: Secretario:			
Nombre y apellidos	Iniciativa	Argumentos	Habilidades comunicativas	Comprensión y fluidez	Pensamiento crítico	Nº de aportaciones	Observaciones
A.1							
A.2							
A.3							
...							
Escala numérica 1-5							

Tabla 4. Rúbrica de puntuación para el diario.

Puntuación / Elementos	Sobresaliente (9-10 puntos)	Notable (7-8,9 puntos)	Aprobado (5-6,9 puntos)	Suspenso (menos de 4,9 puntos)
Formales	1- No hay faltas de ortografía ni erratas. 2- Presenta una buena puntuación. 3- La redacción está muy cuidada. 4- Adecúa la presentación a las normas formales de un documento académico (secuencia de apartados, párrafos, fuentes, interlineado, etc.,). 5- Muy bien aplicado el sistema de citas en normativa APA 6ª ed. 6- Las referencias no presentan errores.	1- Faltas de ortografía y erratas mínimas. 2- Errores mínimos de puntuación. 3- Estilo de redacción correcto, aunque a veces presenta problemas de comprensión. 4- No se atienden algunas normas formales de un documento académico (secuencia de apartados, párrafos, fuentes, interlineado, etc.,). 5- Errores mínimos en citas con normativa APA 6ª ed. 6- Las referencias presentan algunos errores.	1- Presenta faltas de ortografía y erratas. 2- Errores de puntuación. 3- Problemas de redacción que dificultan la comprensión del contenido. 4- Problemas de adecuación a las normas formales de un documento académico (secuencia de apartados, párrafos, fuentes, interlineado, etc.,). 5- Apenas utiliza normativa APA 6ª ed. 6- Las referencias finales no aparecen o están mal citadas.	1- Graves faltas de ortografía y erratas. 2- No se atienden las normas de puntuación. 3- Problemas de expresión y redacción. 4- El documento no presenta una secuencia lógica ni sigue las normas de un texto académico. 5- No utiliza normativa APA 6ª ed. 6- No hay lista de referencias finales.
Fichas debates	1- Entrega todas las fichas de los debates y participa en las reflexiones grupales. 2- Completa todos los apartados de la ficha de forma adecuada. 3- Escribe argumentos muy bien razonados apoyándose en bibliografía. 4- Recoge las aportaciones realizadas en el aula y presenta su argumento personal. 5- Relaciona conceptos teóricos. 6- Muy buena capacidad de reflexión crítica.	1- Falta una ficha de debate y participa regularmente en las reflexiones grupales. 2- Completa los apartados de la ficha, aunque algunos no correctamente. 3- Escribe argumentos razonados, aunque no siempre se apoya en bibliografía. 4- Recoge las aportaciones realizadas en el aula, pero no presenta su argumento personal. 5- Relaciona conceptos teóricos en algunas ocasiones. 6- Reflexiona críticamente, pero le falta profundidad.	1- Faltan una o ficha de debate y apenas participa en las reflexiones grupales. 2- Completa algunos apartados de la ficha de forma poco reflexiva. 3- Escribe argumentos sin apoyarse en bibliografía. 4- Recoge pocas aportaciones realizadas en el aula y no presenta su argumento personal. 5- Relación escasa con conceptos teóricos. 6- Escasa reflexión crítica.	1- Falta más de una ficha de debate y no asiste a las reflexiones grupales. 2- Apartados de la ficha incompletos. 3- No hay argumentos. 4- Prescinde de las aportaciones realizadas en el aula. 5- Relación superficial con conceptos teóricos. 6- Nula reflexión crítica.
Prácticas de aula	1- Entrega todas las prácticas de aula y participa en las sesiones. 2- Muy buena capacidad investigadora. 3- Comentarios muy razonados y apoyados en bibliografía. 4- Recoge el debate del aula y reflexiona individualmente de forma argumentada. 5- Plantea actividades originales y adecuadas a los fundamentos teóricos. 6- Concluye cada bloque con una reflexión bien razonada que une práctica y teoría.	1- Faltan partes de las prácticas y participa regularmente en las sesiones. 2- Buena capacidad investigadora. 3- Comentarios razonados y apoyados generalmente en bibliografía. 4- Recoge el debate del aula, pero ni suele presentar argumentos individuales. 5- Plantea actividades coherentes y adecuadas a los fundamentos teóricos. 6- Concluye algunos bloques reflexiones razonadas.	1- Falta una práctica de aula o partes importantes de algunas de ellas. Apenas participa en las sesiones. 2- Escasa capacidad investigadora. 3- Comentarios poco razonados y argumentados. 4- Apenas recoge el debate del aula. 5- Plantea actividades originales y adecuadas a los fundamentos teóricos. 6- Escasas conclusiones.	1- Falta más de una práctica de aula o partes importantes de algunas de ellas y no participa en las sesiones. 2- Nula capacidad investigadora. 3- Comentarios sin razonar. 4- No recoge el debate del aula. 5- Plantea actividades desestructuradas y sin sentido. 6- No hay conclusiones.

La prueba final de la asignatura consiste en un examen de cinco preguntas en el que los alumnos que siguen la vía de evaluación continua y mixta pueden hacer uso del material que estimen oportuno para su elaboración. Para su corrección se utiliza una rúbrica de puntuación que se adapta a la prueba de cada curso y que tiene la siguiente estructura:

Tabla 5. Rúbrica de puntuación para el examen.

Puntuación Elementos	Sobresaliente (9-10 puntos)	Notable (7-8,9 puntos)	Aprobado (5-6,9 puntos)	Suspenso (menos de 4,9 puntos)
Preguntas	1- Conoce al autor del texto y describe perfectamente su modelo pedagógico de forma argumentada. 2- Relaciona la teoría del bloque con las bases de la Educación Infantil. 3- Define correctamente los conceptos apoyándose en los documentos teóricos y el diario. 4- Describe el modelo educativo a través de documentos complementarios y reflexiones del diario. 5- Programa una actividad creativa siguiendo una secuencia guiada y adecuada al caso. Emplea aprendizajes de la asignatura.	1- Conoce al autor del texto, pero hay algunos errores en su modelo pedagógico. 2- Establece algunas relaciones entre la teoría del bloque y las bases de la Educación Infantil. 3- Define los conceptos apoyándose en el diario, pero no en documentos teóricos. 4- Describe el modelo educativo a través de reflexiones del diario. 5- Programa una actividad coherente, siguiendo una secuencia guiada. Emplea algunos aprendizajes de la asignatura.	1- Conoce al autor del texto, pero no explica bien su modelo pedagógico. 2- Establece escasas relaciones entre la teoría del bloque y las bases de la Educación Infantil. 3- Define los conceptos de forma débil, sin apoyarse en documentos de la asignatura. 4- Problemas de claridad en la descripción del modelo educativo. 5- Programa una actividad coherente, pero no sigue una secuencia guiada.	1- No conoce al autor del texto ni su modelo pedagógico. 2- Presenta un desconocimiento de la teoría del bloque. 3- Define los conceptos de forma personal o copiada de Internet. 4- No sabe describir el modelo educativo. 5- La actividad no tiene sentido pedagógico ni sigue una secuencia lógica.
Aspectos formales	1- No hay faltas de ortografía. 2- Presenta una buena puntuación. 3- La redacción está muy cuidada. 4- Adecúa la presentación a las normas formales de un documento académico (secuencia de apartados, párrafos, fuentes, interlineado, etc.). 5- Aplica normativa APA 6ª ed.	1- Faltas de ortografía mínimas. 2- Errores mínimos de puntuación. 3- Estilo de redacción correcto, aunque a veces presenta problemas de comprensión. 4- No se atienden algunas normas formales de un documento académico (secuencia de apartados, párrafos, fuentes, interlineado, etc.,). 5- Aplica normativa APA 6ª ed, pero presenta algunos errores.	1- Presenta faltas de ortografía. 2- Bastantes errores de puntuación. 3- Problemas de redacción que dificultan la comprensión del contenido. 4- Problemas de adecuación a las normas formales de un documento académico (secuencia de apartados, párrafos, fuentes, interlineado, etc.,). 5- Apenas utiliza normativa APA 6ªed.	1- Graves faltas de ortografía y erratas. 2- No se atienden las normas de puntuación. 3- Problemas de expresión y redacción. 4- El documento no presenta una secuencia lógica ni sigue las normas de un texto académico. 5- No utiliza normativa APA 6ªed.
Reflexión	1- Sigue correctamente una secuencia lógica (introducción, análisis, conclusión). 2- Realiza aportaciones críticas e interesantes. 3- Emite opiniones razonadas sobre temas clave de la asignatura. 4- Establece conexiones entre los aprendizajes y sus experiencias.	1- Sigue una secuencia lógica (introducción, análisis, conclusión). 2- Realiza aportaciones de interés, pero carentes de crítica. 3- Conoce los temas clave de la asignatura. 4- Establece conexiones débiles entre los aprendizajes y sus experiencias.	1- Faltan algunas partes de la secuencia lógica (introducción, análisis, conclusión). 2- Aportaciones de escaso interés pedagógico. 3- Problemas en el conocimiento de los temas clave de la asignatura. 4- Apenas hay conexiones entre los aprendizajes.	1- No sigue una secuencia lógica (introducción, análisis, conclusión). 2- Aportaciones desacertadas y no vinculadas con la temática. 3- Confusión con los temas clave de la asignatura. 4- Dificultad para conectar los aprendizajes.

Para finalizar la asignatura, se presenta a los estudiantes una ficha de autoevaluación con escala verbal (Tabla 6). Se trata de hacerles reflexionar sobre su implicación y esfuerzo en la materia, así como de valorar su actuación en las principales actividades de aprendizaje.

Tabla 6. Ficha de autoevaluación con escala verbal.

Nombre y apellidos:		Fecha de entrega:
Escala verbal: A: Muy buena; B: Buena; C: Mala; D: Muy mala		
Aspectos a evaluar	**Valoración**	**Observaciones**
Elaboración del Proyecto de Aprendizaje Tutorado		
Implicación en las sesiones de desarrollo del PAT		
Coordinación con los miembros del grupo para el PAT		
Aportaciones en los debates		
Reflexiones individuales orales y escritas		
Dedicación al trabajo práctico		
Calidad de las prácticas de aula		
Elaboración del diario de aula		
Dedicación para la prueba final		
Esfuerzo en la asignatura		

c) El salto a la calificación

La calificación final de la asignatura se calcula a partir de los porcentajes asignados a cada actividad de aprendizaje. Todas las evidencias se entregan a través de la plataforma de la asignatura al finalizar el proceso de aprendizaje y con ellas se da el salto a la calificación, de acuerdo con los instrumentos utilizados.

Las personas que siguen la vía continua y la mixta van conociendo a lo largo del proceso una orientación de la calificación que reciben junto con una retroalimentación escrita en cada una de las entregas que realizan. Además, ofrecemos *feedback* en cualquier situación de aprendizaje, tanto de forma individual como grupal, tratando de que el alumnado conozca en todo momento del proceso qué hace bien, qué necesita mejorar, lo que ha aprendido y lo que aún le falta por aprender.

También implicamos al alumnado en procesos de evaluación compartida durante las exposiciones de clase y fomentamos la autoevaluación al finalizar el periodo, con el fin de asegurar un proceso de calificación justo, democrático y compartido.

Una situación diferente… la asignatura en tiempos de confinamiento por COVID-19 (marzo-junio de 2020) y su evaluación

La pandemia mundial causante de la enfermedad COVID-19 provocó que en marzo de 2020 se produjera el cierre de todos los centros educativos españoles. La suspensión de las actividades presenciales ocasionó la adaptación de todas ellas a un formato online. A partir de ese momento, tratamos de rediseñar la asignatura para ofrecer una respuesta inmediata al alumnado y llevamos a cabo algunos cambios, tanto en las actividades programadas en la asignatura como en el sistema de evaluación.

Las primeras actuaciones se orientaron a que los estudiantes tomaran conciencia de la situación y a proponer cambios consensuados que nos permitieran salir del contexto incierto en el que nos tocó vivir las dos primeras semanas de estado de alarma (Tabla 7). En este proceso seguimos ofreciendo a los estudiantes las tres vías de evaluación habituales en la asignatura.

La dificultad de los estudiantes para reunirse de forma presencial y los problemas para llevar a cabo las propuestas elaboradas en el PAT al aula, nos llevaron a prescindir de esta actividad y a proponer en su lugar otras actividades de programación individuales integradas como prácticas de aula. Además, abrimos espacios virtuales para debatir y fomentar el aprendizaje dialógico y establecimos los cambios oportunos en los instrumentos de evaluación.

Tabla 7. Cambios realizados en la asignatura Corrientes Pedagógicas de la Educación Infantil en el curso 2019/2020.

Cambios realizados en el proceso de la asignatura (metodología, tareas aprendizaje, etc.)	Cambios realizados en el sistema de Evaluación Formativa	Cambios realizados en el sistema de calificación
Eliminación del PAT y sustitución por otras tareas de aprendizaje similares integradas en el diario de aula. Realización de las tertulias pedagógicas de forma virtual. Habilitación de foros y chats para el aprendizaje dialógico.	Modificaciones de los instrumentos de evaluación, eliminando aspectos vinculados al PAT. *Feedback* a través de la plataforma virtual, el correo electrónico y el teléfono. Entregas virtuales de documentos. Flexibilización de plazos de entrega.	Modificación de los porcentajes de calificación: 60% diario de aula y 40% prueba escrita final.

En este periodo tratamos de acompañar al estudiante de forma más individualizada, para que la transición de la enseñanza presencial a online no le llevara a abandonar la asignatura. Además, cuidamos de no saturar al alumnado con tareas que no fueran significativas y tratamos de favorecer situaciones lo más semejantes a la enseñanza presencial.

Otro aspecto destacable fue el fomento en las clases de espacios de reflexión conjunta que nos permitieran recordar dónde nos encontrábamos en la asignatura, qué nos faltaba por aprender, cuál era el valor de las actividades que hacíamos y qué compromisos implicaba la enseñanza online. La flexibilidad en los plazos de entrega y el cuidado en ofrecer un *feedback* personalizado y motivador fueron dos aspectos fundamentales para poder continuar con la docencia y evitar el desconcierto y la incertidumbre de los primeros días.

El cambio en el proceso de la asignatura y el sistema de evaluación también nos llevaron a realizar modificaciones en el sistema de calificación. El porcentaje del 35% de la calificación que teníamos asignado al PAT fue repartido entre la prueba final y el diario. Los estudiantes decidieron que un 15% de ese porcentaje se sumara a la prueba final y el 20% restante se añadiera al diario, pues en él quedarían registradas las prácticas que iban a suplir a la actividad del PAT.

Resultados-efecto en el rendimiento académico del alumnado

Las calificaciones finales de los estudiantes en la asignatura no presentan diferencias significativas entre el curso 2018/2019 y 2019/2020 (Tabla 8). Aproximadamente un 50% del alumnado obtiene en la primera convocatoria una calificación de aprobado y más de un 30% consigue llegar a la calificación de notable. En los cuestionarios de autoevaluación finales se observa que la asignatura les resultó complicada por el desconocimiento que ellos mismos expresan de la historia contemporánea en general y de la historia de la educación en particular. Este desconocimiento favorece que tengan que preparar más sus intervenciones en las tertulias y debates de clase y les cueste reflexionar sobre algunos temas centrales de la asignatura.

Tabla 8. Comparativa número y porcentaje de alumnos según calificación (2018/2019 – 2019/2020).

Curso Calificación	2018/2019		2019/2020	
	Porcentaje	Nº de estudiantes	Porcentaje	Nº de estudiantes
Matrícula de Honor	0%	0	2,7%	1
Sobresaliente	0%	0	5,1%	2
Notable	50%	21	33,3%	13
Aprobado	47,6%	20	51,2%	20
Suspenso	2,4%	1	0%	0
No presentado	0%	0	7,7%	3
Totales	100%	42	100%	39

Las dificultades en el desarrollo de la asignatura experimentadas en el curso 2019/2020, por la situación sanitaria vivida por algunos estudiantes, el confinamiento domiciliario y la enseñanza online, provocaron que los estudiantes no se esforzaran tanto en mejorar sus resultados tras recibir la retroalimentación oportuna y participaran en menor medida en los debates y reflexiones realizados de forma virtual. Estos hechos causaron que un 51,2% de la clase terminara la asignatura con calificaciones situadas entre los 5 y 6,9 puntos, descendiendo el número de notables, si lo comparamos con el curso anterior.

En cuanto al rendimiento académico según las distintas vías de evaluación ofrecidas, aproximadamente un 90% de los estudiantes ha seguido la vía de evaluación continua en ambos cursos (Tabla 9). Sin duda, esta elección les ha permitido alcanzar un porcentaje de aprobados en primera convocatoria superior al 90% de los estudiantes.

En ambos cursos se demuestra como el alumnado que elige la vía de evaluación final suele obtener bajas calificaciones. La densidad del temario y la falta de retroalimentación en su proceso de aprendizaje repercuten en la calificación final de la asignatura, en la que ningún estudiante supera el aprobado.

Tabla 9. Comparativa del rendimiento académico entre las distintas vías (2018/2019 – 2019/2020).

Curso	Vías	NP	SUS	APROB	NOT	SOBRES	MH	Totales/vías
2018/2019	Continua	0%	2,4%	45,2%	50%	0%	0%	97,6%
	Final	0%	2,4%	0%	0%	0%	0%	2,4%
	Totales calificaciones	0%	4,8%	45,2%	50%	0%	0%	100%
2019/2020	Continua	0%	0%	48,7%	33,3%	5,1%	2,7%	89,8%
	Final	7,7%	0%	2,5%	0%	0%	0%	10,2%
	Totales calificaciones	7,7%	0%	51,2%	33,3%	5,1%	2,7%	100%

Si establecemos una comparativa entre ambos cursos, pueden observarse algunas diferencias. El porcentaje de alumnos que eligen esta vía final es más alto en el curso 2019/2020 que en el anterior. El confinamiento influye en la elección de la vía de evaluación final, al verse algunos estudiantes sobrepasados por los cambios que se produjeron en las asignaturas durante este periodo. Sin embargo, su decisión respecto a la elección de esta vía final no les benefició, pues al concluir el cuatrimestre no estudiaron el temario de la asignatura, por parecerles denso, y decidieron no presentarse a la prueba final. Esta situación no ocurrió en el curso 2018/2019, en el que los estudiantes que eligieron esta vía sí realizaron la prueba escrita, a pesar de que suspendieron la asignatura.

También es importante destacar el alto porcentaje de personas que se encuentra en ambos cursos en la calificación de "aprobado" siguiendo la vía de evaluación continua. La mayoría de ellos, acostumbrados a sistemas de evaluación tradicionales, explican que no son capaces de organizarse para realizar cambios en las entregas finales de actividades y se sienten desbordados a la hora de planificar el trabajo. Además, en el curso 2019/2020, con el confinamiento domiciliario, algunos estudiantes no se conectan regularmente a las sesiones virtuales, no están atentos a los plazos de entrega y les cuesta reflexionar mucho más sobre los textos programados en la asignatura. Estos hechos favorecen que sus calificaciones no sean tan altas como se esperaba al comienzo del cuatrimestre. Aunque si establecemos una comparativa entre los dos cursos académicos, el porcentaje de aprobados es semejante. Sin embargo, se aprecia un abanico más amplio de calificaciones en el curso 2019/2020 que en el curso anterior. En el último curso analizado, el porcentaje de notables desciende, pero hay personas que llegan a obtener la calificación de sobresaliente y matrícula de honor, algo que no ocurre en el curso 2018/2019. Estas personas asumieron de forma rápida los cambios que se llevaron a cabo en el proceso de la asignatura, se comprometieron con el aprendizaje y consiguieron hacer entrega de los documentos en tiempo y forma, con unos resultados muy superiores no solo a los de los compañeros de su clase, sino a los obtenidos el curso anterior.

Principales ventajas encontradas

a) Ventajas expresadas por los estudiantes

La aplicación de un sistema de EFyC en la asignatura de *Corrientes Pedagógicas de la Educación Infantil* ha resultado ser de gran importancia para la formación de los estudiantes. En su primer año de carrera, la experiencia ha sido interesante para mejorar su proceso de aprendizaje. En el cuestionario final de la asignatura destacan la importancia de este sistema para reconocer el trabajo diario, para adquirir aprendizajes significativos, para hacerles más responsables ante la tarea y para aprender más.

> *Estamos acostumbrados a que nos evalúen con un examen, no a que se reconozca el trabajo diario que hacemos en casa o en clase. A mí esta manera de evaluar me ha ayudado a responsabilizarme de lo que hago y a aprender más. (Cuestionario final, 2018/2019)*

Uno de los aspectos mejor valorados por los dos grupos es la retroalimentación recibida para enriquecer su proceso de aprendizaje. El *feedback* les ha hecho sentirse acompañados, conocer sus errores, motivar su exigencia hacia la tarea y mejorar la calidad de sus trabajos.

> *Me emocioné al leer los comentarios sobre la primera tarea. No estoy acostumbrada a que los profesores me feliciten cuando hago algo bien, sino a que me regañen cuando lo hago mal. Recibir comentarios positivos en la retroalimentación me sirvió para estar más atenta a los errores cometidos y a tratar de mejorar. (Cuestionario final, 2018/2019)*

Además, los estudiantes valoran el sistema de EFyC para mejorar sus competencias profesionales. El uso de distintos instrumentos a lo largo del proceso de aprendizaje les ofrece alternativas sobre las distintas técnicas que pueden utilizar en su práctica cotidiana.

> *Es importante trabajar con rúbricas y escalas en clase porque eso nos ayuda a utilizarlas en las programaciones que hacemos en las distintas asignaturas. (Cuestionario, 2019/2020)*

En el curso 2019/2020, el sistema de EFyC sirvió para que los estudiantes llevaran mejor los cambios que se produjeron en la asignatura desde una enseñanza presencial hacia sistemas de enseñanza virtual. Conocer cómo iban a ser evaluados, implicarlos en la modificación de los descriptores y criterios utilizados y adaptar el sistema a esta forma de enseñanza les hizo ser más conscientes de la importancia de la evaluación en el proceso de enseñanza/aprendizaje.

> *Lo que más valoro de la asignatura fue el ejemplo que nos dio la profesora de adaptación a las circunstancias. La motivación durante el proceso, la posibilidad de que juntos pensáramos cómo podíamos cambiar los instrumentos para adaptarnos a los cambios. La atención individualizada me ayudó a superar la asignatura. (Cuestionario, 2019/2020)*

b) *Ventajas detectadas por la docente*

Estructurar un sistema de EFyC en la asignatura gracias a las enseñanzas adquiridas en el seminario, nos ayudó en estos dos cursos a concretar qué aspectos eran importantes en la asignatura y a mejorar la práctica. Como docente, la posibilidad que ofrece esta formación permanente para intercambiar conocimientos y experiencias de evaluación y conocer las formas de evaluar de otros compañeros nos ha permitido ser más conscientes de la importancia de la evaluación en el proceso de enseñanza/aprendizaje y el valor que esta tiene en la formación inicial del profesorado.

Además, destacamos como ventajas de esta forma de evaluar la posibilidad que nos ofrece para: a) adaptar la forma de enseñar a la diversidad; b) individualizar el proceso de enseñanza/aprendizaje; c) valorar el esfuerzo continuado de los estudiantes en la asignatura; d) motivar el aprendizaje del alumnado; y e) evitar la subjetividad en la calificación final.

En el curso 2019/2020 los cambios que tuvimos que realizar en la programación de la asignatura para adaptarnos a la enseñanza virtual nos generaron momentos iniciales de inseguridad y temor. La mayoría de los estudiantes habían elegido la vía de evaluación continua y nuestro interés era seguir dando prioridad a esta vía. Las ventajas que destacamos en la forma de llevar la asignatura durante este periodo son: la participación del alumnado en los cambios que realizamos en la asignatura para adaptar la enseñanza al formato online, el fomento de la autoevaluación y la concreción de actividades de aprendizaje en el periodo de confinamiento.

Principales inconvenientes encontrados y posibles soluciones de mejora

a) *Inconvenientes expresados por los estudiantes y propuestas de mejora*

En los cuestionarios finales de la asignatura, así como en la encuesta docente y en la sesión de evaluación final en los dos cursos, los estudiantes también mostraron algunos inconvenientes con el sistema de EFyC aplicado. A continuación, hacemos un resumen de los comentarios y escribimos propuestas de mejora para aplicarlas en la práctica en los próximos cursos.

Tabla 10. Principales inconvenientes mostrados por los estudiantes y propuestas de mejora del sistema de EFyC.

Curso 2018/2019	
Principales inconvenientes encontrados	**Posibles soluciones de mejora**
Falta de hábito y problemas para realizar las entregas en tiempo y forma.	Comprometer a los estudiantes con un proceso de aprendizaje continuado y responsable desde los primeros días, estableciendo contratos de aprendizaje.
Exige mucho más esfuerzo que un sistema de evaluación tradicional.	Hacer ver a los estudiantes las bondades de este sistema para la mejora de su aprendizaje.
Dificultad para trabajar en grupo.	Trabajar con dinámicas que permitan reforzar la cohesión de grupo y responsabilizar a los estudiantes de su labor individual para el trabajo en grupo. También se pueden ofrecer más espacios dentro de la asignatura para eliminar las dificultades de los estudiantes para reunirse fuera del horario de clase.
Curso 2019/2020	
Principales inconvenientes encontrados	**Posibles soluciones de mejora**
Exige continuidad por parte del estudiante y no fue fácil asegurarla por la situación sanitaria y el aumento de tareas individuales que se programaron en otras asignaturas para suplir las actividades presenciales.	Fomentar la coordinación del profesorado del mismo curso para conocer qué tareas y fechas de entrega tienen establecidas y eliminar trabajos que no sean significativos.
Los cambios en el sistema de evaluación derivados de la adaptación de la asignatura a la enseñanza virtual generaron inseguridad e incertidumbre en el alumnado los primeros días.	Plantear un doble sistema de evaluación desde el comienzo de la asignatura que sirva a los estudiantes como guía sobre cómo proceder ante situaciones de emergencia.
Ofrecer flexibilidad en los plazos de entrega de las distintas actividades produjo que algunos estudiantes acumularan mucho trabajo al final de la asignatura.	Permitir que los estudiantes de la vía continua entreguen un dossier al finalizar la asignatura con todos los trabajos.
Acumulación de trabajo al finalizar la asignatura.	Trabajar con plazos cerrados de entrega y repartir la carga de trabajo a lo largo del cuatrimestre, evitando la sobrecarga de tareas en las últimas semanas.

b) Inconvenientes encontrados por la docente y propuestas de mejora

La experiencia vivenciada en la asignatura en estos dos cursos nos ha llevado a percibir algunos inconvenientes como docente en el sistema de EFyC. La reflexión sobre algunos de ellos en nuestro diario nos ha permitido tomar conciencia de los errores y compartirlos con los compañeros en el seminario mensual. A continuación reflejamos los más importantes y las soluciones de mejora que han sido propuestas junto en debate con los docentes que participan en el seminario internivelar.

   Buenas prácticas de Evaluación Formativa y Compartida

Tabla 11. Principales inconvenientes reflejados por la docente y propuestas de mejora del sistema de EFyC.

Curso 2018/2019	
Principales inconvenientes encontrados	**Posibles soluciones de mejora**
Construir instrumentos que recojan de forma precisa todos los elementos a evaluar.	-Tener claro qué queremos evaluar antes de construir el instrumento. -Buscar el instrumento que mejor pueda medir lo que queremos evaluar. -Probar y evaluar el instrumento antes de su uso.
Dar el paso de la evaluación a la calificación final.	-Planificar criterios claros a lo largo del cuatrimestre. -Recoger suficientes evidencias de los estudiantes a lo largo del proceso.
Curso 2019/2020	
Principales inconvenientes encontrados	**Posibles soluciones de mejora**
Dificultad para adaptar algunas actividades de evaluación a la enseñanza virtual.	-Construir un sistema de trabajo consensuado con el alumnado desde el comienzo de curso, programando actividades diferenciadas en función de si la enseñanza se puede impartir de forma presencial o no. -Promover entre los estudiantes el manejo de ambientes educativos virtuales, haciendo algunas tertulias de forma presencial y otras de forma virtual, para que se familiaricen con las herramientas utilizadas en el escenario virtual.
Excesivo tiempo dedicado por el profesor a las correcciones.	-Reducir el número de tareas y plantear solo aquellas que sean realmente significativas. -Llevar a cabo procesos de coevaluación y autoevaluación con el alumnado, para compartir las correcciones. -Ofrecer retroalimentación colectiva en algunas sesiones de la asignatura, en vez de plantear un sistema de correcciones únicamente individual, como se ha venido haciendo hasta el momento.

Conclusiones

La propuesta de EFyC analizada a lo largo de estas páginas nos ha permitido ver el valor que tiene el uso de este tipo de sistemas de evaluación para la formación inicial del profesorado (López-Pastor, 2009). Los resultados no solo reflejan cómo esta manera de evaluar ayuda a que los estudiantes se impliquen en su proceso de aprendizaje, sino también a que sean conscientes de sus errores y modifiquen sus prácticas, redundando en su saber docente. El uso de instrumentos de evaluación en su propia experiencia como estudiantes, les enseña la importancia de la evaluación en el proceso de enseñanza/aprendizaje, así como el valor de la reflexión sobre lo que hacemos a diario y la constancia en el oficio.

Podemos concluir con algunas apreciaciones más específicas sobre la experiencia aquí presentada. En este capítulo se constata: a) la importancia del *feedback* ofrecido a los estudiantes para motivar su aprendizaje; b) el valor de la participación del alumnado dentro del sistema de EFyC para consensuar los criterios de evaluación y los instrumentos utilizados, así como para adaptar el mismo a situaciones como la vivida en el primer semestre del año 2020; c) la posibilidad que ofrece para democratizar el proceso de evaluación y ajustar este a la individualidad.

El sistema de evaluación expuesto también presenta algunos inconvenientes para los estudiantes, como el esfuerzo que exige esta forma de aprender, la acumulación de trabajo al finalizar la asignatura y otros problemas derivados de la falta de hábito y práctica en esta forma de aprender. Estos inconvenientes serán tenidos en cuenta para futuros cursos, así como aquellos derivados de la experiencia de la propia docente de la materia, que están siendo analizados en el seminario de formación permanente sobre EFyC en el que participamos.

Referencias bibliográficas

López-Pastor, V. M. (coord.) (2009). *Evaluación formativa y compartida en educación superior. Propuestas, técnicas, instrumentos y experiencias.* Narcea.

López-Pastor, V. M. & Pérez-Pueyo, A. (2017). *Buenas prácticas docentes. Evaluación formativa y compartida en educación: Experiencias de éxito en todas las etapas educativas.* Universidad de León (E-book). https://buleria.unileon.es/handle/10612/5999.

Sonlleva Velasco, M., Martínez Scott, S., & Monjas Aguado, R. (2021). Una experiencia de Evaluación Formativa y Compartida: los proyectos de aprendizaje tutorado y la evaluación del trabajo en grupo. Reflexiones y propuestas. En C. Hamodi Galán y R.A Barba- Martín (Coords.), *Evaluación Formativa y Compartida. Nuevas propuestas de desarrollo en educación* (pp. 181-194). Dextra.

Sonlleva Velasco, M., Martínez Scott, S., & Monjas Aguado, R. (2019). Evaluación del Proyecto de Aprendizaje Tutorado en la asignatura de Educación para la Paz y la Igualdad. *Revista Infancia, Educación y Aprendizaje, 5* (2), 114-120.

CAPÍTULO 17

Una experiencia de Evaluación Formativa y Compartida en la asignatura de "Expresión Corporal en Educación Infantil", en la Formación Inicial del Profesorado de Educación Infantil

Miriam Molina Soria, Carla Fernández Garcimartín,
Cristina Pascual Arias y Víctor Manuel López Pastor
Facultad de Educación de Segovia (Universidad de Valladolid)

Introducción

Este capítulo presenta una experiencia en una asignatura de la Formación Inicial del Profesorado durante el curso académico 2020-2021. En ella se ofrece al alumnado diferentes vías de aprendizaje y evaluación, basadas en un sistema de Evaluación Formativa y Compartida (EFyC), que tiene como principal finalidad aportar un *feedback* constante y de calidad que mejore el aprendizaje del alumnado.

Dentro del sistema de EFyC y su explicación, nos centramos especialmente en una de las buenas prácticas que se llevan a cabo: los "Proyectos de Aprendizaje Tutorados", que se explican con detalle. También presentamos como anexos dos instrumentos de evaluación utilizados.

En general la experiencia ha sido muy positiva y hemos obtenido buenos resultados, tanto en lo relativo a las ventajas encontradas, como en el rendimiento académico del alumnado. La tasa de éxito ha sido muy elevada en la primera convocatoria. Se observan diferencias muy fuertes entre las tres vías de aprendizaje y evaluación, siendo la vía continua la que mejores resultados obtiene con mucha diferencia. La idea es mantener la práctica de éxito en los próximos años, con algunas pequeñas variantes para intentar solucionar los inconvenientes encontrados.

Contexto

Esta experiencia se realiza en la Facultad de Educación de Segovia (Universidad de Valladolid), en la asignatura optativa de "Expresión y Comunicación Corporal en la Educación Infantil", durante el primer cuatrimestre del curso académico 2020-2021. La asignatura tiene seis créditos ECTS, que se traducen en cuatro horas lectivas a la semana; se lleva a cabo en el 4º curso del Grado de Educación Infantil y en 5º curso del Programa de Estudios Conjunto (PEC) de Grado de Educación Infantil y Educación Primaria, pero en un único grupo-clase. Por tanto, cuenta con dos subgrupos de alumnos claramente diferenciados: los que pertenecen al Grado de Educación Infantil y los que pertenecen al PEC. Durante este curso 2020-2021 tenemos un total de 35 alumnos matriculados.

Los objetivos que persigue esta asignatura son:

a) Comprender y dominar los fundamentos de la expresión y comunicación corporal y del juego motor, su presencia en el currículo de Educación Infantil y sus relaciones con otras áreas y contenidos.

b) Diseñar, aplicar y valorar de procesos de enseñanza-aprendizaje y recursos didácticos encaminados al desarrollo de las capacidades de expresión y comunicación corporal y el enriquecimiento de la cultura motriz del alumnado.

c) Vivenciar, conocer y analizar de las tendencias y modelos actuales para el desarrollo de estos contenidos.

d) Realizar análisis de prácticas y propuestas didácticas sobre expresión y comunicación corporal y juego motor.

e) Desarrollar conductas y actitudes de respeto a los profesores y compañeros y a sus manifestaciones corporales, de trabajo sistemático y de participación constructiva tanto en las sesiones prácticas, como en los trabajos compartidos.

Las actividades de aprendizaje que forman parte de la asignatura son: sesiones prácticas, sesiones del marco teórico, mapas conceptuales sobre el dossier teórico, Proyectos de Aprendizaje Tutorados, recensiones y tertulias dialógicas, ensayo, trabajos individuales y el examen parcial con co-evaluación posterior.

En esta experiencia nos vamos a centrar especialmente en la "buena práctica" denominada: "Proyectos de Aprendizaje Tutorado" (PAT). En esta facultad llevamos muchos años desarrollando esta buena práctica, porque han demostrado ser una forma muy eficaz de trabajo teórico-práctico y de desarrollo de competencias profesionales y personales. Pueden encontrarse algunos artículos publicados en los que se explican a fondo estas experiencias y su organización (Manrique et al., 2010; Barba et al., 2010; López et al., 2010; López et al., 2016; López et al., 2020).

Se trata de una actividad de aprendizaje grupal. Cada grupo tiene que preparar una sesión práctica y un marco teórico (de cuatro páginas), a elegir dentro de una lista de temas y propuestas de intervención que se ofrecen a la clase a principio de curso, así como una guía para su elaboración (ver anexo 1). El proceso de elaboración es el siguiente:

a) Se explican los posibles temas a tratar, se eligen por los grupos y se asigna una fecha de realización para cada PAT.

b) En tutorías se explica a cada grupo los documentos que tienen que leer sobre cada propuesta.

c) El grupo elabora un borrador del marco teórico (cuatro páginas) y un plan de sesión y acuden a una tutoría grupal, donde el profesor corrige los borradores y les dice las cosas que deben ser mejoradas y corregidas.

d) Este proceso se repite hasta que los dos documentos tienen una calidad aceptable.

    BUENAS PRÁCTICAS DE EVALUACIÓN FORMATIVA Y COMPARTIDA

e) Se realiza la sesión práctica en la fecha elegida y a continuación se expone el marco teórico en diez minutos, entregando previamente una copia en papel del mismo a cada compañero.

f) Una semana después deben entregar el informe final del PAT. Si está correcto el profesor se lo devuelve para que lo guarden en su carpeta. Si hay aspectos a mejorar deben corregirlo y volverlo a entregar en un plazo máximo de una semana.

Se asigna una fecha de realización para cada PAT. Se realizan tantas tutorías como sea necesario con los borradores de sus PAT antes de ponerse en práctica, de forma que se asegura una calidad mínimamente aceptable, tanto en la sesión práctica como en la documentación a entregar a sus compañeras (marco teórico).

Explicación del sistema de evaluación y calificación

En esta asignatura se utiliza de forma sistemática y continua un sistema de EFyC, que busca mejorar del aprendizaje del alumnado. Se basa en ofrecer un *feedback* constante, rápido y de calidad en todas las actividades de aprendizaje realizadas, tanto en los documentos entregados por el alumnado como en las participaciones en las clases presenciales.

El primer día de clase se ofrece al alumnado tres vías de aprendizaje y evaluación que deben elegir de forma individual:

a) **Vía continua.** Exige una asistencia habitual a clase, con un 10 % de ausencias permitidas. Las entregas de los trabajos deben ser en tiempo y forma adecuados. Se realiza un proceso de Evaluación Formativa y continua. Es obligatorio realizarlo como "carpeta colaborativa" (grupos de 2-4 personas que realizan juntos todas las actividades grupales).

Tanto en la vía continua como en la vía mixta, los trabajos que se entregan se devuelven corregidos por el profesorado con el *feedback* correspondiente en un plazo de una semana. Todos los documentos tienen una ficha de autoevaluación al final, donde el alumnado evalúa la calidad del trabajo en cada uno de los aspectos indicados, en una escala numérica y graduada, y donde el profesor aporta también su evaluación del documento. Cuando un documento tiene algún aspecto en nivel D (suspenso), tienen la obligación de corregirlo y volver a entregarlo en el plazo de una semana. Esta opción de corregir y volver a entregar también pueden hacerla de forma voluntaria, aunque tengan todos los aspectos en C (aprobado) o superior (B y A).

b) **Vía mixta.** Supone asistir al menos al 50 % de las clases y realizar un PAT en grupo. La realización y entrega del resto de trabajos es voluntaria y flexible, pueden ser todos, solo alguno, o ninguno. Pueden trabajar dentro de una carpeta colaborativa o individualmente. Esta vía está pensada para los alumnos que no puedan asistir a todas las clases por incompatibilidad horaria o no puedan o quieran entregar todos los trabajos o tengan estilos de aprendizaje diferentes y prefieran trabajar de esa forma. También se da *feedback* en todos los documentos entregados y participaciones en el aula.

c) **Vía final.** Para el alumnado que ha asistido a menos del 50 % de las clases. Se ofrece porque la normativa de la universidad así lo exige (los alumnos tienen derecho a 2 convocatorias de examen, hayan asistido o no a clase). Consiste en realizar 3 pruebas (examen teórico, examen práctico y presentación y defensa de un PAT llevado a cabo con niños en una escuela), de forma que demuestren tener el mismo conocimiento y competencias que el resto de los alumnos de las otras dos vías.

En la Tabla 1 comentamos los instrumentos de EFyC que utilizamos a lo largo de toda la asignatura:

Tabla 1. Instrumentos de EFyC utilizados y su descripción.

Instrumentos	Definición
Escala descriptiva general de la asignatura	Es una escala que recoge todas las actividades que se realizan a lo largo de la asignatura y los diferentes niveles que pueden tener las producciones del alumnado.
Plantilla de corrección "ad hoc" para el examen teórico, de elaboración colectiva por grupos (carpetas colaborativas)	En esta asignatura son los propios alumnos quiénes hacen por grupos las preguntas del examen: (a) cada grupo realiza 8 preguntas sobre los contenidos dados en la asignatura y adjunta a cada pregunta una rúbrica de corrección; (b) los docentes de la asignatura realizan una selección de las preguntas para el examen y dan a los alumnos el cómputo total de preguntas para que puedan preparar el mismo; (c) los docentes elaboran la plantilla de corrección "ad hoc" con las rúbricas de las preguntas seleccionadas; (d) después de realizar el examen son los propios alumnos quiénes corrigen el examen de otro compañero utilizando la plantilla de corrección.
Fichas de autoevaluación	Las fichas de autoevaluación sirven para que los alumnos valoren diferentes aspectos de su trabajo, ya sea individual o grupal. El alumnado las adjunta a los documentos que entrega y los docentes aportan el *feedback* a partir de la autoevaluación que ha hecho el propio alumnado.

En la Tabla 2 se resumen las actividades de aprendizaje de la asignatura, el proceso de Evaluación Formativa realizado y los criterios de calificación utilizados.

Tabla 2. Tabla resumen actividades de aprendizaje, Evaluación Formativa y criterios de calificación.

Finalidades y/o competencias	Actividades de aprendizaje	Evaluación formativa	Instrumentos de calificación	Peso en la calificación
1-Fundamentos de la expresión corporal y del juego motor. Su presencia y relación con el currículo. 2-Analizar propuestas didácticas y diseñar y poner en práctica recursos didácticos relacionados con dichos contenidos. 3-Analizar tendencias y modelos actuales sobre el tema. 4-Desarrollar conductas y actitudes de respeto y participación en las sesiones.	PAT	Todos los documentos se corrigen y se da *feedback* en el plazo de una semana. Siempre incluyen ficha de autoevaluación.	Ficha de autoevaluación (rúbrica) PAT	30 %
	-Recensiones y tertulias dialógicas + ensayo individual		Ficha de autoevaluación de cada tipo de documento	20 %
	Fichas de sesiones prácticas	Los alumnos pueden mejorar los trabajos la semana siguiente. Obligatorio corregirlos si hay algún aspecto en nivel D.	Ficha de autoevaluación (rúbrica) de sesión	20 %
	Mapas conceptuales-dossier teoría			10 %
	Examen parcial	Con coevaluación inmediata	Plantilla de corrección "ad hoc"	20 %

   Buenas prácticas de Evaluación Formativa y Compartida

Resultados-efecto en el rendimiento académico del alumnado

En la tabla 3 presentamos los resultados de rendimiento académico obtenidos en la primera convocatoria de la asignatura (enero 2021).

Tabla 3. Rendimiento académico global del alumnado (en porcentajes y sujetos).

Resultados globales		
Calificación	**Porcentaje**	**Nº alumnos/as**
Matricula Honor	5.7 %	2
Sobresaliente	14.29 %	5
Notable	71.43 %	25
Aprobado	2.86 %	1
Suspenso	2.86 %	1
No presentado	2.86 %	1
Totales	**100 %**	35

Para poder tener una visión más clara de los datos, es conveniente tener también en cuenta la distribución de los datos en función de las tres vías aprendizaje y evaluación (vía continua, mixta y final), que puede verse en la tabla 4.

Tabla 4. Distribución de alumnado y rendimiento académico por vías (en porcentajes).

VÍAS	NP	Suspenso	Aproba.	Notable	Sobre.	Mat. Honor	Totales/ vías
Continua	-	-	2.86	62.8	14.3	5.7	**85.7**
Mixta	-	-		8.6-	-	-	**8.6**
Examen	2.86	2.86			-	-	**5.7**
Totales por calificaciones	**2.86**	**2.86**	**2.86**	**71.4**	**14.3**	**5.7**	**100 %**

Como puede comprobarse, el rendimiento académico es muy positivo en lo que se refiere al porcentaje de alumnos que superan la asignatura en la primera convocatoria (94.3 %). Se trata de un dato muy bueno, que pocas generaciones logran en la primera convocatoria. Sólo hay 1 suspenso y 1 no presentado.

Por otra parte, llama la atención el porcentaje tan elevado de notables (71.4 %). La explicación que encontramos es que se trata de una generación bastante implicada en el trabajo diario (un 86 % sigue la vía continua y sólo un 5.7% la vía examen final), pero un grupo amplio tiene un nivel académico bajo, que se nota en varias de las actividades de aprendizaje que hay que realizar (marcos teóricos, recensiones, análisis de sesiones, etc.). Por otra parte, la vía mixta tiene un rendimiento académico mejor de lo habitual, dado que las tres personas que eligen esta vía obtienen un notable. En los tres casos se trata de alumnas que no pueden seguir la vía continua por estar trabajando, pero que han venido a todas las clases que han podido y que se han implicado en la elaboración de diferentes trabajos colectivos con su carpeta colaborativa, además de realizar la mayoría de los trabajos individuales. Esta implicación continua en la asignatura se ha reflejado en el aprendizaje demostrado.

Principales ventajas encontradas

En la tabla 5 presentamos las valoraciones de profesorado (cualitativa) y alumnado (cuantitativa) sobre cuatro características de la experiencia de "buena práctica" (los PAT). Como puede comprobarse, tanto la valoración del alumnado y el profesorado es muy alta.

Tabla 5. Valoración de algunas ventajas de la buena práctica.

Indicador	*prof*	Valoración Q profe (¿Por qué?)	Valoración alumnos (1-5)
(a) *innovadora,* al desarrollar soluciones nuevas o creativas	*Si* x	Porque supone una gran diferencia con modelos más tradicionales de enseñanza. Es una metodología activa y exige una fuerte colaboración grupal para que salga bien y los resultados sean de calidad.	4.10
(b) *efectiva,* cuando demuestra un impacto positivo y tangible de mejora	*Si* x	Porque al ser obligatoria la realización de tutorías durante la elaboración del proyecto, la calidad del mismo mejora considerablemente y se asegura un nivel mínimo aceptable.	4.43
(c) *sostenible,* al mantenerse en el tiempo y producir efectos duraderos	*Si* x	Porque supone una mayor carga de trabajo en las tutorías de los meses centrales, cuando la mayoría de los grupos están elaborando su PAT y requieren tutorías, pero es perfectamente viable, dado que se realiza en las horas oficiales de tutoría.	4.33
(d) *replicable,* cuando es posible utilizarla como modelo para desarrollarla en otros contextos	*Si* x	Porque se puede utilizar en cualquier asignatura. De hecho, en nuestro centro es una metodología muy utilizada desde hace 15-20 años en muchas asignaturas.	4.60

La valoración de los PAT es muy positiva. Se trata de una actividad de aprendizaje que funciona muy bien, con una tasa de éxito muy elevada y con una buena calidad general. La explicación de ello está en la obligatoriedad y sistematicidad del proceso de revisión antes de poder poner en práctica el PAT. La implicación de las alumnas en su puesta en práctica es alta; además, las temáticas son llamativas y sencillas de llevar a cabo. Por la situación COVID la mayoría de las tutorías se han realizado a distancia, corrigiendo directamente el archivo Word enviado. En algunos casos hemos tenido que realizar tutorías, bien por videoconferencia, bien presenciales en el gimnasio. La calidad media es alta en la mayoría de los PAT realizados. Hay grupos que han realizado una buena preparación y presentación, pero también de calidad media y baja.

Principales inconvenientes encontrados y posibles soluciones de mejora

En la tabla 6 presentamos los principales inconvenientes que hemos encontrado este curso.

Tabla 6. Principales inconvenientes y propuestas de mejora del sistema de EFyC.

Principales inconvenientes encontrados	Posibles soluciones de mejora
En este curso han surgido problemas con los tiempos y la calidad de algunos marcos teóricos. Algunos grupos han apurado demasiado el tiempo de entrega de los borradores y han presentado borradores muy flojos, poco elaborados. Con varios grupos hemos tenido que realizar hasta 6-7 revisiones antes de cerrar el marco teórico definitivo.	Es complicado poder mejorar este aspecto. Desde el principio de les avisa de cuando tienen que hacer su PAT y cuando empezar a prepararlo. Quizás trabajar con la rúbrica específica de marco teórico de PAT desde el principio, antes de la entrega podría ayudar a que estén mejor elaboradas las primeras versiones (plantilla autoevaluación).
Tener que realizar las prácticas de educación física y expresión corporal con mascarilla y resto de medidas COVID19 (espacio reducido, distancia interpersonal, no utilizar material o desinfectarlo al terminar, lavado de manos al finalizar cada práctica, ventilación del espacio, etc.).	Mientras dure la solución COVID19 es difícil hacerlo diferente. Hay que cumplir estos protocolos por prevención.

Conclusiones

En general la experiencia ha sido muy positiva y hemos obtenidos buenos resultados. La idea es mantener la práctica de éxito. Este cuatrimestre no hemos utilizado de forma sistemática la ficha detallada de autoevaluación y autocalificación (escala descriptiva, ver Pérez et al., 2016, 2017). Es importante acordarse de usarla el próximo curso, para intentar mejorar los problemas encontrados en la elaboración de los marcos teóricos de los PAT.

Respecto al rendimiento académico del alumnado vemos que es muy bueno, con una tasa de éxito muy elevada en la primera convocatoria. Se observan grandes diferencias entre las tres vías de aprendizaje y evaluación, siendo la vía continua la que mejores resultados obtiene. También se observan diferencias importantes de capacidad académica dentro del grupo.

Referencias bibliográficas

Barba Martín, J. J.; López Pastor, V. M.; Manrique Arribas, J. C.; Gea Fernández, J. M.; Monjas Aguado, R. (2010). Garantir l'èxit en la formació inicial del professorat d'educació física: els projectes d'aprenentatge tutelats. *Temps d´educació, 39* (187-206). Universidad de Barcelona.

López-Pastor, V. M., Molina, M., Pascual, C., & Manrique, J. C. (2020). La importancia de utilizar la Evaluación Formativa y Compartida en la Formación Inicial del Profesorado de Educación Física: los Proyectos de Aprendizaje Tutorado como ejemplo de buena práctica. *Retos, Nuevas tendencias en Educación Física, Deporte y Recreación, 37,* 680-687.

López-Pastor, V. M.; Pérez-Pueyo, A.; Barba Martín, J. J., & Lorente, E. (2016). Rúbricas y PATS. Utilización de una escala graduada (rúbrica) para la autoevaluación de trabajos escritos en la formación inicial del profesorado de educación física (FIPEF). Percepción de su funcionalidad por parte de los estudiantes. *Cultura, Ciencia, Deporte (CCD), 31* (11,1),37-49. DOI:10.12800/ccd

López-Pastor, V.M.; Manrique Arribas, J. C.; Monjas Aguado, R.; Gea Fernández, J. M.; (2010). Formative Assessment in project-oriented learning to improve academic performance. *Assessment, Learning & Teaching Journal, 9* (23-26).

Manrique Arribas, J.C.; López-Pastor, V.M.; Monjas Aguado, R. y Real Rubio, F. (2010). El potencial de los proyectos de aprendizaje tutorado y los sistemas de Evaluación Formativa en la mejora de la autonomía del alumnado. Una experiencia interdisciplinar en formación inicial del profesorado. *Revista Española de Educación Física y Deportes, 14* (39-57).

ANEXO 1. Ficha para la evaluación del proyecto de aprendizaje tutorado.

NOMBRE DEL P.A.T.:	
Aspectos a evaluar	**Observaciones**
Diferencias entre lo planificado y lo ocurrido	
Reuniones internas llevadas a cabo y asistencia	
Reuniones con el profesor y breve comentario de lo realizado	
Problemas que surgen durante el proceso y como se solucionan	
Valoración del proceso de aprendizaje que se lleva a cabo a lo largo del PAT	
Otros aspectos a comentar	

ANEXO 2. Ficha de autoevaluación grupal (Proyecto de trabajo tutorado...).

Componentes del grupo: 1-Coordinador-a: 2-Secretario-a: 3-Vocal: 4-Vocal: 5-Vocal:							Fecha de entrega Tipo de trabajo:	

Aspectos a evaluar	**COMPONENTES DEL GRUPO**						**Calidad del documento**	**Observaciones**
	1	**2**	**3**	**4**	**5**	**6**		
Aprendizaje								
Organización y presentación								
Utilización bibliografía y citas								
Desarrollo del contenido								
Aportaciones propias - calidad del análisis								
- Tiempo de elaboración (en minutos)								
Otros aspectos:								
Aportación de cada uno al trabajo grupal								
Acta de reuniones:								

NIVEL A	NIVEL B	NIVEL C	NIVEL D
1- Marco teórico muy bien elaborado. 2- Alto dominio de las competencias docentes durante el desarrollo de la sesión práctica; 3- Muy buena presentación oral del marco teórico (clara, sin leer, mirar a todos, etc.). 4- Informe final bien presentado y elaborado y buen análisis de la sesión	1- Marco teórico bien elaborado. 2- Buen dominio de las competencias docentes durante el desarrollo de la sesión práctica, 3- Buena presentación oral del marco teórico (clara, sin leer, mirar a todos, etc.). 4- Informe final bien presentado y elaborado y buen análisis de la sesión	1- Marco teórico bien elaborado. 2- Algunos problemas en las competencias docentes durante el desarrollo de la sesión práctica; 3- Algunos problemas en la presentación oral del marco teórico (poco clara, leer, no mirar a todos, etc.). 4- Informe final bien presentado, pero un análisis demasiado simple o erróneo de lo sucedido en la sesión	1- Marco teórico mal elaborado, incompleto o mal presentado. 2- Problemas serios en las competencias docentes durante el desarrollo de la sesión práctica. 3- Mala presentación oral del marco teórico (poco clara, leer, sin preparar, etc.). 4- Informe final mal presentado, faltan apartados, análisis demasiado simple o erróneo de lo sucedido en la sesión.

CAPÍTULO 18

Descubrimiento del entorno a través de procesos de Evaluación Formativa en la Formación Inicial del Profesorado

Cristina Vallés Rapp

Facultad de Educación de Segovia (Universidad de Valladolid)

Introducción

Este trabajo presenta una propuesta de intervención en el Grado de Maestro de Educación Infantil en la asignatura "Actividades Experimentales para el Descubrimiento del Entorno" durante el primer cuatrimestre del curso 2017-2018.

En la primera parte del capítulo, se describen las características generales de la asignatura y el proceso de evaluación llevado a cabo; a continuación, se presentan los resultados encontrados tras su implementación y su análisis.

La experiencia se desarrolla en una asignatura que tiene un importante componente práctico; la aplicación de Proyectos Tutorados se presenta como una alternativa de trabajo para propiciar la intervención del alumno y centrar la docencia en su propio aprendizaje. Parte del proyecto presentado se ha implementado con niños de Educación Infantil, lo que ha permitido fomentar la cultura científica en la ciudadanía. El trabajo es el resultado de los procesos de Investigación-Acción centrados en valorar las experiencias de Evaluación Formativa aplicadas en la universidad y otros niveles educativos desde hace ya varios años (López Pastor, Martínez Muñoz y Julián, 2007; Hamodi, López Pastor y López Pastor, 2014; Pascual Arias y López Pastor, 2019).

Contexto

El Centro en el que se ha realizado el trabajo que se describe en este capítulo es la Facultad de Educación de Segovia, con unos 600 alumnos en total. Los estudiantes proceden, bien de la misma capital y provincia, o bien de las ciudades más cercanas, por lo que viajan a diario; también asisten alumnos de zonas más alejadas por lo que viven en la misma ciudad. La Facultad se caracteriza por ofrecer un trato cercano con el alumnado y un seguimiento personalizado. En este mismo centro se imparte el Grado de Maestro en Educación Primaria y los estudios simultáneos de Maestro en Educación Primaria e Infantil. Desde hace más de 15 años, un amplio grupo de profesores de distintas áreas y departamentos se han interesado y han implementado sistemas de Evaluación Formativa, así como propuestas educativas basadas en metodologías activas y forman parte de la Red de Evaluación de Formativa y Compartida (López Pastor, Martínez Muñoz y Julián, 2007).

La experiencia se desarrolla en el Grado de Maestro en Educación Infantil, concretamente en 4º curso, en una asignatura optativa de la Mención Observación y Exploración del Entorno, denominada "Actividades Experimentales para el Descubrimiento del Entorno".

Se trata de una asignatura cuatrimestral, con una carga crediticia de seis ECTS, impartida durante los últimos años por una única profesora, que se corresponden con sesenta horas presenciales para el alumnado. Es una asignatura que amplía los contenidos abordados en la disciplina obligatoria "Las Ciencias de la Naturaleza en el Currículo de Educación Infantil" impartida en tercer curso de la titulación, que permite profundizar en la importancia de las actividades en el entorno para aproximar al niño a los procesos y fenómenos científicos a través de la experimentación.

Una parte importante del curso se centra en seleccionar y diseñar una propuesta educativa basada en la metodología por proyectos sobre un aspecto del entorno que se aborde a través de actividades experimentales. Esta tarea se orienta a través de un trabajo tutorado grupal con la supervisión de forma continuada por parte de la profesora, que ofrece retroalimentación en las distintas fases de la elaboración del trabajo. Con este proyecto se persigue que el alumnado reflexione sobre la enseñanza y el aprendizaje de las ciencias y, tras la búsqueda de información y la toma de decisiones, articule una propuesta didáctica. Además, se pretende que se incluyan estrategias y actividades que potencien el pensamiento de los niños, así como la Evaluación Formativa.

El grupo está constituido por quince alumnas, tres de ellas ya tituladas en Educación Primaria. En general, realizan buen seguimiento de la materia, son participativas y fomentan el buen clima en el aula. Una de las alumnas presenta menos implicación y no realiza un seguimiento continuo de la asignatura.

Sistema de evaluación

El sistema de evaluación es formativo, el alumno juega un papel activo y recibe retroalimentación para orientar su proceso de aprendizaje. Al principio de curso se propone la guía de la asignatura y se consensuan con todo el grupo los diferentes elementos con el alumnado, incluidos los aspectos de la evaluación y calificación.

Se propone una vía de evaluación continua en la que el alumno debe entregar los informes de las actividades que se realizarán y la profesora revisa los documentos. Éstos son entregados de nuevo a los alumnos con comentarios, de manera que recibe información sobre los aspectos fuertes y propuestas de mejora que puede aplicar en el resto de los documentos que se entregan a lo largo del curso, o en la misma actividad (Tabla 1).

Tabla 1. Resumen de los instrumentos de evaluación y su finalidad.

Instrumento	Descripción y finalidad
Informe del proyecto realizado en grupo	Documento realizado en grupo por los estudiantes supervisado por la profesora. Pretende un aprendizaje orientado a solucionar situaciones que pueden plantearse en la futura labor docente de los alumnos.
Informes de actividades prácticas	Documentos en los que el alumno desarrolla sus ideas a partir del análisis de materiales, lectura de textos, realización de prácticas, etc. La presentación de ideas y el grado de argumentación presentan especial relevancia.
Hoja de autoevaluación grupal	Escala graduada que refleja información sobre la valoración de los aprendizajes por parte de los alumnos y la calificación que estiman oportuna de forma consensuada. La profesora coteja la información con su valoración para establecer la evaluación y calificación final.
Cuestionario final de la asignatura	Cuestionario con preguntas tipo Likert y preguntas abiertas para conocer las impresiones finales de los alumnos y obtener información sobre el proceso de enseñanza-aprendizaje.

A continuación, se presenta la hoja de autoevaluación grupal del proyecto de aprendizaje tutorado (Tabla 2).

Tabla 2. Ficha de autoevaluación grupal del proyecto tutorado.

Esta hoja de autoevaluación del trabajo realizado debe ser cumplimentada en grupo, acordando entre los dos miembros de la misma la valoración de cada ítem, para ello utiliza la siguiente escala verbal:
M (Mal) – R (Regular) – B (Bien) – MA (Muy bien)
Componentes del grupo:
1.-
2.-
3.-
4.-

	COMPONENTES DEL GRUPO				
Aspectos a evaluar	1	2	3	4	Observaciones
Aprendizaje					
Planificación del trabajo					
Conexión con otros conocimientos					
Presentación de la información					
Aportación de cada uno al trabajo en común					
Tiempo de elaboración					Reuniones:
Justificación					
Originalidad					
Viabilidad					
Capacidad de reflexión y crítica					
Adecuación de la metodología					
Adecuación al contexto					
Materiales elaborados					
Estilo y forma general del trabajo					
Otros aspectos (indicar cuáles)					
Calidad del trabajo final, calificación (sobre 10)					

En la Tabla 3 se presentan las preguntas incluidas en el cuestionario final de la asignatura.

Tabla 3. Preguntas del cuestionario final de la asignatura.

1- ¿Qué aspectos destacarías de la forma de trabajar y plantear la asignatura este curso?

2- ¿Y de la forma y sistema de evaluación que se ha utilizado en esta asignatura?

3- ¿Cómo valoras los aspectos relativos a la organización de la asignatura (tiempos, espacios, información previa, etc.)

4- ¿Qué te han parecido los aspectos relativos a los contenidos y desarrollo de la asignatura (bloques, actividades, etc.)? Escala del 1 al 4: 1.-Inadecuado 2.- Poco adecuado 3.- Bueno 4.- Muy bueno

	1	2	3	4	NS/NC	Observaciones
Aspectos teóricos (valoración general)						
Actividades prácticas (Valoración general)						
Actividad 1...						
Proyecto Tutorado en general						
En general valoro los contenidos y el desarrollo de la asignatura...						
Otros aspectos (indicar cuáles)						

5- Señala la actividad que te haya resultado más positiva y justifícalo.
6. Indica la actividad que valores peor y justifica por qué.
7.- ¿Podrías hacer una estimación del tiempo dedicado a la asignatura hasta este momento, y una valoración del mismo?

ACTIVIDADES	Trabajo individual (horas)	Trabajo grupo (horas)	Comentarios
Proyecto tutorado			
Actividades prácticas no incluidas en el proyecto tutorado			
Estudio y preparación general de la asignatura			
TOTAL			

8·- Sugiere justificadamente alguna propuesta de mejora que consideres oportuna.

Los requisitos mínimos establecidos para que el alumno supere la asignatura, según la vía continua, incluyen cumplir los plazos marcados para los distintos hitos y que la calidad de los mismos permita obtener la calificación de 5 sobre 10. Además, existen unos requisitos generales sobre el formato de los trabajos acordados por la unidad departamental o el centro, en su caso. Se ofrece una vía alternativa de evaluación para aquellos alumnos que, por diferentes motivos, no puedan acogerse a los criterios de la vía formativa, no participan con un seguimiento continuo y se presenten a un examen final. Alternativamente, se ofrece una vía mixta, es decir el alumno realiza algunas entregas de las actividades de aprendizaje, pero no cumple los criterios mínimos para superar la asignatura y tiene que presentarse a un examen final.

La tabla 4 resume las diferentes vías del sistema de evaluación.

Tabla 4. Resumen de las diferentes vías de evaluación de la asignatura y alumnos que siguen cada alternativa.

Sistema	Continua	Mixta	Final
Alumno/as matriculados	15		
Nº alumno/as	14	1	
Requisitos	Superar el 5 sobre 10 en los informes de actividades prácticas y el proyecto tutorado.	Alcanzar en el examen una puntuación de 5 sobre 10.	Alcanzar en el examen una puntuación de 5 sobre 10.
Actividades de aprendizaje	Lecciones magistrales, actividades prácticas y proyecto tutorado.	Lecciones magistrales, actividades prácticas y proyecto tutorado. Entrega de informes de actividades y superación de la prueba objetiva final.	Realización de una prueba objetiva final en la convocatoria correspondiente. La prueba incluirá los contenidos de la asignatura abordados a través de diferentes técnicas, instrumentos y herramientas.

En la tabla 5 se muestra de forma resumida las actividades e instrumentos de evaluación continua y cómo se reflejan en la calificación, según el sistema de evaluación continuo.

Tabla 5. Tabla resumen del sistema de evaluación continua.

Finalidades y/o competencias	Actividades de aprendizaje	Evaluación formativa	Instrumentos de evaluación	Porcentajes de calificación
Reflexionar sobre la importancia de la experimentación en Educación Infantil. Analizar, desde el punto de vista didáctico, actividades sobre el descubrimiento del entorno en Educación Infantil. Diseñar, implementar y evaluar una propuesta didáctica sobre la Enseñanza de las Ciencias. Buscar y seleccionar diversas fuentes de información. Potenciar el pensamiento crítico y los procesos de Evaluación Formativa.	Lecciones magistrales	A través de la observación directa la profesora valora la participación, la aportación de ideas y su argumentación por parte de los alumnos. Como se trata de un grupo de alumnos reducido y en las sesiones hay gran interacción con el grupo no fue necesario un registro sistemático.	Observación por parte de la profesora de la participación, la aportación de ideas, su argumentación, etc. Cuestionario final de la asignatura (Tabla 3)	10% Al finalizar el curso se valoró la participación del alumnado y se cuantificó en una escala de 0-10 que se transformó en el correspondiente porcentaje en la calificación final.
	Actividades prácticas	La profesora supervisa los documentos que elaboran los alumnos, se contrasta sus opiniones con los participantes para ofrecer su punto de vista y posibles alternativas de mejora en la ejecución de sus propuestas. En el caso del proyecto tutorado se hacen diferentes entregas.	Informes de las actividades. Cuestionario final de la asignatura (Tabla 3)	40%
	Proyecto de Aprendizaje Tutorado (Informes grupales que incluyen tanto el diseño de la propuesta como los resultados y análisis obtenidos en su implementación).		Hoja de autoevaluación grupal (Tabla 2). Cuestionario final de la asignatura (Tabla 3).	50%

Resultados

Efecto en el rendimiento académico del alumnado

Los resultados globales encontrados en este grupo se presentan en la Tabla 6. La tasa de éxito es muy elevada (93,33%) y la mayoría de los alumnos alcanzan una calificación de notable o sobresaliente (86,66).

Tabla 6. Distribución del número y porcentaje de alumnos/as según la calificación.

Resultados globales		
Calificación	Porcentaje	Nº alumnos/as
Matricula Honor	0	0
Sobresaliente	20	3
Notable	66,67	10
Aprobado	6,67	1
Suspenso	0	0
No presentado	6,67	1
Totales	**100**	**15**

En la tabla 7 se refleja la distribución de alumnos por vías de evaluación y los resultados de rendimiento académico en cada caso. Se aprecia que, mientras que en la vía de evaluación continua el 100% de los alumnos superan con éxito la asignatura, la única alumna que sigue la asignatura por la vía mixta no se presenta al examen final por lo que no aprueba.

Tabla 7. Rendimiento académico entre las distintas vías (en porcentajes).

VÍAS	NP	Suspenso	Aprobado	Notable	Sobresaliente	Mat. Honor	Totales/ vías
Continua			6,67	66,67	20	0	93,33
Mixta	6,67						6,67
Totales por calificaciones	6,67		6,67	66,67	20	0	100

Principales ventajas encontradas

Los alumnos han mostrado entusiasmo y mayor capacidad de trabajo, sobre todo al diseñar y organizar las tareas directamente aplicadas a las actividades con los niños de Educación Infantil. El trabajo en grupo, en general, ha sido enriquecedor y el seguimiento continuado permite conocer con detalle cómo se están desarrollando las tareas.

Con respecto al grado de satisfacción, los estudiantes señalan fundamentalmente que se encuentran medianamente satisfechos con la experiencia, también señalan mayoritariamente que les ha resultado medianamente difícil. Sin embargo, se muestran bastante satisfechos en relación con la evaluación de la experiencia. Así muestran sus impresiones algunos de sus testimonios:

El proyecto que planteamos nos ha resultado enriquecedor por todos los conocimientos que como maestras hemos adquirido para acercar a los niños y niñas mediante la experimentación y manipulación con diferentes materiales del entorno más cercano. Las actividades desarrolladas nos han permitido tomar conciencia de la importancia y viabilidad de llevar la ciencia al aula, partiendo de los intereses e inquietudes de los alumnos y logrando con ello la motivación en el aprendizaje.

Consideramos que hemos conseguido cumplir con la mayor parte de los objetivos propuestos al inicio del proyecto.

Algunos alumnos valoran positivamente la actividad y la destacan frente a otras que se han realizado; si bien algunos alumnos la destacan como una actividad que valoran peor, pero lo justifican por la falta de tiempo que han tenido para su realización, como reflejan sus afirmaciones:

La actividad más positiva es la que realizamos en la Semana de la Ciencia, ya que pone en práctica y podemos observar las deficiencias, los inconvenientes y aspectos positivos que nos pueden surgir en el aula.

La actividad de la Semana de la Ciencia me ha resultado interesante e innovadora ya que no habíamos tenido ninguna actividad con los niños de experimentos.

La actividad de la Semana de la Ciencia debido a la falta de tiempo para prepararla.

Entre las características de la "buena práctica", los alumnos destacan que se trata de una práctica "sostenible" (Tabla 8).

Tabla 8. Valoración sobre la experiencia realizada.

(a) *innovadora,* al desarrollar soluciones nuevas o creativas	*Si* X *No* ☐	La metodología ya no supone una innovación en el contexto en el que tiene lugar pues en la Facultad ya llevamos trabajando con esta metodología varios años, pero sí lo es de manera general.
(b) *efectiva*, cuando demuestra un impacto positivo y tangible de mejora	*Si* X *No* ☐	Los alumnos se han mostrado motivados especialmente al realizar las experiencias con los niños de Educación Infantil.
(c) *sostenible,* al mantenerse en el tiempo y producir efectos duraderos	*Si* X *No* ☐	Porque es un aprendizaje que se consigue de forma guiada a medida que el alumno va construyéndolo, no es inmediato, pero sí se espera que sea duradero.
(d) *replicable*, cuando es posible utilizarla como modelo para desarrollarla en otros contextos	*Si* X *No* ☐	La metodología empleada sí es trasferible, pero el tema y su abordaje desde el punto de vista de las Ciencias Experimentales no, salvo en asignaturas de Didáctica de las Ciencias similares.

En general, esta experiencia es transferible a otras materias y asignaturas, es suficiente con cambiar el tema sobre el que el alumno trabaja para poderlo aplicar en otras asignaturas o contextos (Tabla 8). En este caso se trata de elaborar una propuesta didáctica, pero se pueden proponer trabajos de investigación sobre temas concretos, como hemos hecho en otras materias.

Por otro lado, es interesante destacar que se plantea una metodología que los alumnos pueden utilizar si potencian el trabajo por proyectos en el aula, y además las propias secuencias que diseñan pueden extrapolarlas al aula en la asignatura Prácticum II, durante la elaboración de su Trabajo Fin de Grado o en su futuro profesional. Esto supone que la transferencia se pueda hacer también a otros niveles y contextos.

Como la asignatura se implementa en 4º curso, se percibe que los alumnos sí están familiarizados con el desarrollo de trabajos tutorados, puesto que los Proyectos de Aprendizaje Tutorado se han convertido en los últimos años en un signo de identidad de la Facultad de Educación en la que se desarrolla la experiencia. Esto facilita, tanto a los alumnos como a la profesora, la dinámica del aula y un buen aprovechamiento de las actividades. Por otra parte, es un grupo de alumnos reducido, lo que permite un seguimiento más cercano de los grupos y un mayor dinamismo en el aula.

Se destaca el buen clima de trabajo en el aula, la elevada motivación en las actividades realizadas con escolares en el Campus Universitario con los futuros maestros. Se plantean actividades muy próximas a la realidad escolar que permiten a los alumnos diseñar sus propuestas, implementarlas y evaluarlas junto con los maestros implicados.

Principales inconvenientes encontrados y posibles soluciones de mejora

A pesar de todo, se han detectado una serie de dificultades en la puesta en práctica ante las que se anticipan posibles soluciones, como queda reflejado en la siguiente tabla:

Tabla 9. Problemas encontrados y posibles soluciones.

Problemas encontrados	Posibles soluciones
Se trata de un grupo de 4º curso, pero en este caso ha mostrado poca iniciativa y ha demandado más información y guía para el desarrollo de las actividades de lo previsto, fundamentalmente en la organización de los documentos que tienen que presentar.	Hacer más explícitas las tareas y los criterios acordados.
Los alumnos en ocasiones solicitan más tiempo y muestran cierto agobio con las tareas solicitadas.	Marcar con más antelación los tiempos y tareas que se tienen que realizar. Se puede plantear una mayor selección de actividades que tienen que entregar.
Los alumnos echan en falta que puedan mejorar los documentos una vez revisados, si bien en el trabajo tutorado sí se lleva esta práctica a cabo.	Se puede dar la posibilidad de mejora en las primeras prácticas o en algunas de ellas, en función de la calidad de las mismas.
La organización en grupo se ha adaptado a los intereses de los participantes y a la dinámica del aula. El grupo trabajó en dos subgrupos en las experiencias con niños, en uno de los casos se mantuvo para continuar el trabajo, pero resultó ser muy numeroso, aunque se valora positivamente el hecho de mantener buen clima de trabajo en este grupo.	Mantener grupos de pequeño tamaño, al menos en actividades que requieren el análisis y la elaboración de informes.

Entre los propósitos de cambio para otros cursos se plantean los siguientes:

1. Explicar con más detalle el proceso de evaluación, aunque se incluye en la guía y se explica, han surgido dudas importantes en el proceso.
2. Revisar el sistema de evaluación y las actividades susceptibles de entrega para conseguir que se ajuste mejor a los tiempos y al conocimiento previo de los estudiantes

3. Reorientar el trabajo en grupos, mantener la flexibilidad para su organización, pero establecer su tamaño en función de los objetivos propuestos.

Conclusiones

El sistema de evaluación se desarrolló de forma apropiada, pero se considera que es necesario dedicar más tiempo a orientar en el aula sobre la estructura y contenido de las actividades que requieren informe. El grupo solicita mayor orientación y asesoramiento en este sentido, así como conocer de forma muy detallada la estructura que se espera que presente el documento objeto de entrega en cada caso.

El ritmo de trabajo en la asignatura, aunque se adapta al grupo, se ve en ocasiones determinado por tareas y actividades de otras asignaturas. Al tratarse de un grupo reducido se han facilitado las tareas en el aula y se ha generado un clima de aprendizaje agradable en el que no se han presentado conflictos.

La organización en grupos se ha adaptado a los intereses de los participantes, pero hay que tener en cuenta los objetivos propuestos y el reparto de tareas que puede requerirse.

Los alumnos participantes han destacado la puesta en práctica de actividades experimentales en las aulas de Educación Infantil en el marco de la Semana de la Ciencia, a través de Proyectos tutorados. Los estudiantes muestran satisfacción por el aprendizaje, fundamentalmente ante las actividades prácticas y las desarrolladas con niños de Educación Infantil.

La calificación más presente en el grupo ha correspondido al notable y las alumnas han expresado sentirse bastante satisfechas en relación con la evaluación de la asignatura.

Referencias bibliográficas

Hamodi C., López, V. M. & López, A. T. (2014). Red de Evaluación Formativa y Compartida en Docencia Universitaria: Creación, Consolidación y Líneas de Trabajo. *Revista de evaluación Educativa. REVALUE*, 3(1). http://revalue.mx/revista/index.php/revalue/article/view/110/169

López-Pastor, V. M., Martínez-Muñoz, L. F. & Julián, J. A. (2007). La Red de Evaluación Formativa, Docencia Universitaria y Espacio Europeo de Educación Superior (EEES). Presentación del proyecto, grado de desarrollo y primeros resultados. Red-U. *Revista de Docencia Universitaria, 2(1), pp. 1-19.* http://www.redu.um.es/red_U/2

Pascual Arias, C. & López-Pastor, V. M. (2019). Seminario de formación permanente internivelar sobre Evaluación Formativa y Compartida. *Infancia, Educación y Aprendizaje* (IEYA), 5 (2), 66-70. http://revistas.uv.cl/index.php/IEYA/index

CAPÍTULO 19

Experiencia de Evaluación Formativa y Compartida en el Grado de Educación Primaria: área de Ciencia, Tecnología y Sociedad

Vanessa Ortega-Quevedo y Cristina Gil Puente

Facultad de Educación de Segovia, Universidad de Valladolid

Introducción

El presente capítulo recoge una experiencia de evaluación en la asignatura Ciencia Tecnología y Sociedad, cursada en el Grado Universitario de Maestro en Educación Primaria (Facultad de Educación de Segovia) en la Universidad de Valladolid. Se ha empleado un sistema de Evaluación Formativa y Compartida (López-Pastor, 2012), que fundamentalmente emplea rúbricas y listas de control como instrumentos de heteroevaluación, coevaluación y autoevaluación aplicados a las principales actividades programadas, en este caso son un conjunto de prácticas y un proyecto de aprendizaje tutorado. El salto a la calificación se negocia al inicio de la materia mediante el acuerdo de los porcentajes, estos delimitarán la ponderación de cada una de las actividades programadas. Una vez finalizado el proceso, docentes y estudiantes se reúnen y, tomando como referencia las evaluaciones realizadas durante todo el curso, se comparan las calificaciones estimadas por cada estudiante con las asignadas por los docentes y se llega a un consenso que se establece como calificación final. Los estudiantes han valorado positivamente el sistema de evaluación planteado y, de forma especial, los *feedback* aportados por las docentes. Asimismo, el rendimiento de los estudiantes ha sido muy alto y ha mejorado a lo largo del curso de forma progresiva.

Contexto

La experiencia de Evaluación Formativa y Compartida que se va a presentar tiene lugar en la Facultad de Educación de Segovia (Universidad de Valladolid), concretamente con alumnado de cuarto curso del Grado de Educación Primaria, en la asignatura Ciencia Tecnología y Sociedad (CTS) de seis créditos ECTS. CTS es una materia optativa que durante el curso académico 2020-2021 ha contado con diecisiete estudiantes, de los cuales dieciséis han cursado la modalidad de Evaluación Formativa.

Por su cronología dentro del programa de estudios del Grado de Educación Primaria CTS es la última asignatura relacionada con las ciencias experimentales que cursa el alumnado de la mención "Entorno, Naturaleza y Sociedad". Esta característica implica que los estudiantes matriculados llegan a cursar CTS con una base sólida de conocimientos sobre las ciencias experimentales y su didáctica, así como sobre educación ambiental. En consecuencia, el desarrollo de esta materia pretende contribuir a la capacitación del alumnado para el análisis y comprensión crítica de las cuestiones científicas relevantes para la sociedad actual. La asignatura responde a un enfoque en la enseñanza de las ciencias de gran importancia y reconocimiento internacional, en el que se presentan al alumnado temas científico-tecnológicos de la vida cotidiana, lo que permite el desarrollo de una participación democrática y crítica para la toma de decisiones sobre asuntos de transcendencia social, presentes o futuros.

En este contexto desde el proyecto docente de la asignatura se plantean objetivos tales como:

a) Mostrar una imagen de la ciencia socialmente contextualizada.
b) Conocer las relaciones Ciencia-Tecnología-Sociedad y sus implicaciones para procurar un futuro sostenible.
c) Analizar, diseñar y aplicar estrategias, recursos y materiales para la enseñanza-aprendizaje que incluyan contenidos relacionados con la interacción CTS, la Naturaleza de la Ciencia y la Tecnología y el desarrollo del Pensamiento Crítico y estén dirigidos a los distintos niveles de Educación Primaria.
d) Analizar, diseñar y aplicar instrumentos que permitan evaluar actividades y estrategias diseñadas.

El planteamiento didáctico pretende movilizar los conocimientos específicos sobre el aprendizaje de los estudiantes, de forma que vaya produciéndose el deseable cambio progresivo hacia el descubrimiento de la realidad del aula de Primaria y en todas las actividades de ámbito científico. Las clases se plantean como sesiones de trabajo para todos, con buen grado de implicación de las partes involucradas, pues se emplean metodologías que fomenten la participación del alumnado, además de las relaciones entre los compañeros y las profesoras. De forma general se suele presentar la teoría mediante actividades teórico-prácticas, seguidas de la realización de una práctica contextualizada en una problemática real en la enseñanza de las ciencias en Educación Primaria; por último, se desarrolla un Proyecto de Aprendizaje Tutorado (PAT) en el que los estudiantes tienen que ir integrando los conocimientos adquiridos a lo largo del cuatrimestre.

La organización de los estudiantes para dar respuesta a este planteamiento didáctico se realiza mediante grupos de trabajo estables durante todo el cuatrimestre. El primer día de clase se formaron cuatro grupos de cuatro personas, con la excepción de uno de tres y otro de cinco componentes. De esta forma, todas las actividades prácticas, exceptuando las de carácter individual, se han trabajado con el mismo grupo y han estado dirigidas al aprendizaje, lo que les ha permitido construir su PAT.

 Buenas prácticas de Evaluación Formativa y Compartida

Explicación del sistema de evaluación y calificación

El sistema de evaluación de la asignatura lo deciden los estudiantes al inicio del cuatrimestre. Durante la presentación de la asignatura se da a elegir entre un sistema de evaluación sumativo o formativo. El sistema de evaluación sumativo consiste en la realización de un examen final de la asignatura y la realización de un PAT; mientras el sistema de Evaluación Formativa y Compartida implica la realización semanal de varias actividades prácticas, además del PAT. En el presente curso académico, 16 de los 17 estudiantes matriculados en la asignatura han optado por el sistema de Evaluación Formativa que se desarrolla en las siguientes líneas.

La primera acción del sistema de evaluación empleado comienza con la negociación de los porcentajes asignados para establecer la calificación final de la materia. En concreto se da al alumnado la posibilidad de establecer qué porcentaje de la calificación final van a asignar a las prácticas y cuál al PAT. En este caso se acordó que las prácticas puntuasen un 60% de la calificación final dejando un 40% al PAT.

El método evaluación para todas las prácticas realizadas consiste en la aplicación de una rúbrica que contiene los criterios de evaluación y que se utilizará para realizar heteroevaluación, coevaluación y autoevaluación según se requiera (ver ejemplo en anexo I). Esta rúbrica se presenta al alumnado, junto con la explicación de la actividad, en unos guiones, donde se refleja qué tienen que hacer, cuándo lo tienen que hacer y, en ocasiones, condiciones o requisitos de cómo han de llevarlo a cabo. Los estudiantes, junto con la entrega de la actividad requerida en el guion, deben cumplimentar la rúbrica de evaluación a modo de autoevaluación. Una vez realizada la entrega, las docentes revisan el documento, aportando comentarios con propuestas de mejora y señalando aspectos positivos del trabajo, además de cumplimentar la rúbrica de evaluación marcando los niveles de logro en cada uno de los criterios establecidos, junto con un comentario que recoge el nivel de logro global de la práctica. Finalmente se devuelve el documento a cada uno de los grupos y se ofrece la oportunidad de mejorar a los grupos que no hayan llegado al nivel mínimo requerido para la superación de la actividad. En caso de que los estudiantes no quieran mejorar la actividad en la que no ha superado los criterios mínimos se hará media con el resto de calificaciones; si el conjunto supera la calificación de 5 el alumno aprueba la parte de la asignatura correspondiente a las prácticas.

El sistema de evaluación establecido para el PAT difiere en aspectos básicos con el anterior sistema, a pesar de tener puntos en común, como la presentación de los criterios de evaluación a modo de rúbrica junto con el guion de la tarea. Las principales diferencias residen en la esencia misma del proyecto; al ser un trabajo realizado a lo largo de todo el cuatrimestre para el que se reservan 3 horas de trabajo en el aula, la guía y acompañamiento por parte de las docentes durante su realización es mayor. Se establece un cronograma de trabajo y se fijan fechas claves para el desarrollo y evaluación del trabajo: (1) presentación preliminar en el aula de los avances, donde se realizará una coevaluación, además de la evaluación de las profesoras; (2) entrega de una primera versión del trabajo, que es evaluada y se devuelve con propuestas de mejora; (3) defensa final del

PAT en formato poster, que es evaluada y coevaluada y (4) Entrega final y evaluación y salto a la calificación (de este último proceso no se realiza *feedback* al alumnado). Cabe destacar, por una parte, que durante el transcurso de la asignatura se pueden concertar tantas tutorías como cada grupo lo requiera, siendo obligatoria al menos una; y, por otra parte, que la calificación final del PAT es individual y se consigue ponderando el trabajo realizado por cada uno de los integrantes y evaluando su capacidad de exposición en las presentaciones en el aula.

Al final de la asignatura se concierta una cita individual con cada estudiante para realizar la evaluación final. Ellos acuden al encuentro con un documento en el cual recogen el indicador de logro asociado a cada una de las actividades realizadas y la calificación que ellos asignan a las mismas, así como la calificación total que consideran tener en la asignatura. Mientras, los docentes presentan las calificaciones finales de las actividades realizadas y la calificación final de la materia.

Tabla 1. Tabla resumen actividades de aprendizaje, Evaluación Formativa y criterios de calificación.

Finalidades y/o competencias	Actividades de aprendizaje (prácticas)	Evaluación formativa	Instrumentos de calificación	Criterios de calificación
- Plantear y resolver problemas asociados con las ciencias aplicadas a la vida cotidiana. - Valorar las ciencias como un hecho cultural. - Reconocer la mutua influencia entre ciencia, sociedad y desarrollo tecnológico, así como las conductas pertinentes para procurar un futuro sostenible. - Valorar el conocimiento científico frente a otras formas de conocimiento, así como la utilización de valores y criterios éticos asociados a la ciencia y al desarrollo tecnológico. - Promover la adquisición de competencias necesarias para desenvolverse en una realidad cambiante cada vez más científica y tecnológica.	- Prácticas relacionadas con la perspectiva CTS. *Bloque I *Bloque II - Proyecto de Aprendizaje Tutorado (PAT)	- La entrega de los informes de prácticas y su autoevaluación se realiza con una periodicidad semanal, se devuelve el trabajo con retroalimentación una semana posterior a la entrega. - El PAT es una excepción pues el *feedback* se realiza a lo largo del curso a través de la entrega periódica de los avances del trabajo en las fechas establecidas y tutorías.	- Rúbrica actividades de aprendizaje prácticas (Ver Anexo I). - Rúbrica Proyecto de Aprendizaje Tutorado (Anexo II).	- Cada una de las actividades prácticas realizadas (9 en total) tiene la misma ponderación y peso en la calificación final (60%) y PAT 40%. - Calificación dialogada en una entrevista final.

Resultados-efecto en el rendimiento académico del alumnado

La evolución en cuanto al rendimiento académico del alumnado queda recogida en la Tabla 2. Estos datos muestran la evolución de las calificaciones obtenidas por el alumnado en los distintos bloques de contenido, en el PAT y en el total de la asignatura. Los resultados reflejan un rendimiento más bajo al inicio del curso (bloque I de prácticas), que se fue reconduciendo mediante el sistema de evaluación hasta poder percibirse una mejora en el bloque II de prácticas. El mejor rendimiento queda representado en el PAT, un proyecto muy guiado, sin límite en la cantidad de entregas y Evaluación Formativa de todas ellas hasta tener una buena calidad.

Tabla 2. Rendimiento académico del alumnado.

	Prácticas Bloque I		Prácticas Bloque II		PAT		Calificación final	
Calificación	Alumnos	%	Alumnos	%	Alumnos	%	Alumnos	%
Sobresaliente	3	17,65	5	29,41	9	52,94	8	47,06
Notable	11	64,71	11	64,71	6	35,29	7	41,18
Aprobado	2	11,76			1	5,88	1	5,88
Suspenso								
No presentado	1	5,88	1	5,88	1	5,88	1	5,88
Totales	**17**	**100**	**17**	**100**	**17**	**100**	**17**	100

Principales ventajas encontradas

En la tabla 3 se presentan las principales ventajas encontradas en el proceso de evaluación de la asignatura desde el punto de vista de las docentes.

Tabla 3. Principales ventajas encontradas del sistema de EFyC.

Principales ventajas encontradas a lo largo del curso.
Buen clima de trabajo en el aula, elevada participación en las sesiones realizadas, los alumnos muestran motivación e interés en el desarrollo del curso.
Se plantean actividades muy próximas a la realidad escolar que permite a los alumnos diseñar sus propuestas, implementarlas y evaluarlas junto con los profesores implicados.
Los alumnos consideran la experiencia innovadora y efectiva mostrando un impacto positivo, sostenible y replicable que les permite utilizarla en otros contextos y principalmente en su futuro profesional como docentes.
Las sesiones de revisión y puesta en común del trabajo enriquecen la experiencia y el aprendizaje, además favorecen la implicación del alumno en su propio proceso de evaluación y la inclusión de la Evaluación Formativa como contenido de aprendizaje.
Al tratarse de un número de alumnos tan reducido se consigue un seguimiento personal y cercano, y un mayor dinamismo en el aula. En las sesiones ha resultado muy fácil generar diálogo y situaciones de debate, la implicación y el interés mostrado por los alumnos ha facilitado la tarea docente y ha supuesto un estímulo importante para el profesorado implicado.
El alumnado ha podido observar cómo los contenidos se vinculan a través de actividades interconectadas en las que se emplean metodologías activas y Evaluación Formativa.

A continuación, se presentan algunas de las opiniones que reflejan los alumnos en relación al sistema de evaluación y al desarrollo de la asignatura, reflejadas en el cuestionario anónimo que completaron al finalizar la asignatura (Castejón, Santos y Palacios, 2013):

Estudiante 1: *"La forma en la que está organizada la asignatura me parece genial para adquirir aprendizajes. Las continuas retroalimentaciones se agradecen para poder mejorar. Gracias".*

Estudiante 2: *"La forma de preparar las clases es muy innovadora, enriquecedora y motivadora. Da gusto venir a clase porque trabajas aprendiendo sin u método aburrido de transmisión-recepción. Además, estas clases me han enseñado a pensar y razonar y a relajarme un poco en cuanto al intento de perfección se refiere, pues se ha creado un clima muy bonito que genera confianza. ¡Gracias!"*

Estudiante 3: *"He aprendido mucho con el sistema de evaluación empleado. Me ha gustado la forma de evaluar".*

Estudiante 4: *"Me ha servido no solo para aprender, sino para poder poner en práctica todo lo aprendido en el resto de asignaturas y en la escuela como docente".*

Principales inconvenientes encontrados y posibles soluciones de mejora

El único inconveniente al que se podría aludir está relacionado con el número de horas que el profesorado destina para realizar la retroalimentación de los informes en los plazos establecidos (144 horas), así como la realización de numerosas tutorías con los alumnos, tanto de forma individual como grupal (48 horas). El tiempo de dedicación de ambas docentes asciende a un total de 192 horas de trabajo no lectivo, en base a los registros realizados, aparte de las horas lectivas (60 horas). A pesar de ser una carga de trabajo elevada, las profesoras consideran que el esfuerzo es recompensado con los resultados de aprendizaje obtenidos por los estudiantes y no proponen soluciones de mejora.

El alumnado reconoce haber trabajado mucho y que el grado de exigencia ha sido mayor que el de otras asignaturas. Se solicita a los estudiantes un registro sistemático de las horas de trabajo dedicadas a la asignatura fuera del aula; a pesar de que presentan una mera aproximación, el intervalo de horas no lectivas que dedican los alumnos (trabajo autónomo individual y grupal) se encuentra entre las 50 y las 80 horas, según los casos, con una media en 65 horas. Se observa que las horas destinadas a este trabajo no lectivo son inferiores las reflejadas en el Proyecto Docente (90 horas). En la entrevista final de evaluación se reflexiona con cada uno de los estudiantes sobre la autopercepción que tienen del trabajo desarrollado de forma autónoma, con el fin de que sean conscientes de que no alcanzan las horas estipuladas.

Conclusiones

Todos los alumnos han desarrollado las actividades propuestas con entusiasmo e implicación en las aulas. Esta implicación ha motivado que se haya podido apreciar una mejora en su aprendizaje, la cual se percibe en el rendimiento entre bloques de contenido en las prácticas, así como con la calidad con la que han finalizado sus PAT. En este sentido se han cubierto sobradamente las expectativas al inicio del proceso.

Asimismo, se han recogido testimonios de los alumnos que reflejan la utilidad de la experiencia y su satisfacción durante el desarrollo de la asignatura, pero también la dificultad y la alta carga de trabajo que ha supuesto la elaboración, revisión y coevaluación de las tareas. A pesar de que esta autopercepción en relación con las horas de dedicación no es correcta.

En consecuencia, consideramos que el proceso de enseñanza aprendizaje y, en concreto, el sistema de evaluación se ha desarrollado sin incidencias. El rendimiento obtenido por los estudiantes denota un impacto positivo y tangible.

Referencias bibliográficas

Castejón, F. J., Santos, M. L. y Palacios, A. (2013). Cuestionario sobre metodología y evaluación en formación inicial en educación física. *Revista Internacional de Medicina y Ciencias de la Actividad Física y el Deporte, 15*(58), 245-267. http://cdeporte.rediris. es/revista/revista58/artescala566.htm

López Pastor, V. M. (2012). Evaluación formativa y compartida en la universidad: clarificación de conceptos y propuestas de intervención desde la Red Interuniversitaria de Evaluación Formativa. *Psychology, Society & Education, 4*(1), 117-130.

Anexo I. Ejemplo de rúbrica de evaluación de prácticas

Nombre del estudiante o grupo:
Título de la práctica:

Ítem	A	B	C	D
Citación de referencias (APA)	Las citas y referencias se ajustan, sin errores a lo dispuesto en la normativa APA.	Las citas y referencias se ajustan, con algunos errores poco relevantes, a lo dispuesto en la normativa APA.	Las citas y referencias se ajustan a lo dispuestos en la normativa APA, aunque aparecen errores numerosos o relevantes.	Apenas se emplean referencias y tienen errores graves o no se adecuan a las normas de citación.
Vocabulario y ortografía	Se utiliza vocabulario adecuado al registro académico y el documento no presenta faltas de ortografía ni erratas.	Se utiliza vocabulario adecuado, aunque se detectan incumplimientos ocasionales del registro académico. El documento no presenta faltas graves de ortografía y hay pocas erratas.	El vocabulario presentado en el documento es mejorable. El documento presenta menos de 3 faltas graves de ortografía y hay algunas erratas.	Se utiliza vocabulario impropio del ámbito educativo. El documento presenta más de tres faltas graves de ortografía y más de 10 faltas de acentuación.
Organización y presentación de la información	Presenta la información ordenada y responde a las preguntas/objetivos de forma clara y precisa.	Presenta la información de forma ordenada y responde a las preguntas/objetivos de forma clara.	Presenta la información desorganizada y responde a las preguntas/objetivos planteadas de forma confusa.	Presenta información incompleta y desorganizada. Responde a las preguntas/objetivos de forma incompleta o incorrecta.
Conexión con otras lecturas y conocimientos	Incluye en el discurso abundantes lecturas, relación con otras materias o con las prácticas de otros compañeros.	Incluye en el discurso algunas lecturas, relación con otras materias o con las prácticas de otros compañeros.	Incluye en el discurso escasas lecturas, relación con otras materias o con las prácticas de otros compañeros.	No relaciona su discurso con lecturas, con otras materias o con las prácticas de otros compañeros.
Calidad del análisis	Muy buena calidad de análisis de los diferentes apartados, con reflexiones fundamentadas que responden a las preguntas/objetivos.	Buena calidad de análisis de los diferentes apartados, con reflexiones fundamentadas que responden a las preguntas/objetivos.	Análisis muy simples de los aspectos indicados, con escasas aportaciones de cierto valor reflexivo que responden a las preguntas/objetivos.	Análisis erróneos de los aspectos indicados. Faltan reflexiones fundamentales o se realizan análisis demasiado simples que no llegan a responder a las preguntas/objetivos.

ANEXO II. Rúbrica evaluación Proyecto de Aprendizaje Tutorado

Nombre del grupo

	Ítem	A	B	C	D
1.1 Aspectos formales 35%	Citación de referencias (según APA)	Las citas y referencias se ajustan, sin errores, a lo dispuesto en la normativa APA (6ª edición).	Las citas y referencias se ajustan, con algunos errores poco relevantes, a lo dispuesto en la normativa APA (6ª edición)..	Las citas y referencias se ajustan a lo dispuesto en la normativa APA (6ª edición), aunque aparecen errores numerosos o relevantes.	Apenas emplea referencias y tienen errores graves o no se adecuan a las normativas de citación.
	Formato y estructura (según guía del PAT)	El trabajo se ajusta a los requisitos formales establecidos en la guía del PAT, en cuanto a dimensiones, extensión, tipo de letra, márgenes, interlineados, títulos e inserción de imágenes, cuadros, gráficos y figuras.	El trabajo se ajusta a los requisitos formales establecidos en la guía del PAT, con algunos fallos poco significativos.	El trabajo se ajusta a los requisitos formales establecidos en la guía del PAT, con fallos significativos.	El trabajo no se ajusta a los requisitos formales establecidos en la guía del PAT.
	Redacción, sintaxis y léxico	La redacción del documento es clara y precisa, con una sintaxis sencilla y un discurso organizado y con cohesión.	La redacción del documento es clara y concreta, en líneas generales, con una sintaxis adecuada, aunque hay apartados que no cumplen este requisito.	La redacción del documento y la sintaxis empleada es claramente mejorable en cuanto a claridad y concreción (por ejemplo, con exceso de coloquialismos, frases muy largas y subordinadas).	La redacción del documento es incomprensible.
		Se utiliza un vocabulario adecuado al registro académico, propio del ámbito educativo y de la disciplina correspondiente.	Se utiliza un vocabulario adecuado, en términos generales, aunque se detectan incumplimientos ocasionales del requisito académico.	El vocabulario utilizado en el documento es claramente mejorable (por ejemplo, uso repetitivo de palabras o uso pobre del registro académico).	Se utiliza un vocabulario inadecuado, impropio del ámbito educativo, sin registro académico.
	Utilización de figuras y tablas	Todas las figuras y tablas aportan información relevante que clarifica lo afirmado en el texto.	No todas las figuras y tablas aportan información relevante.	Las figuras no aportan información relevante. Están bien diseñadas y cumplen las normas establecidas en la guía del PAT.	Las figuras no aportan información, están mal diseñadas y no cumplen las normas establecidas en guía del PAT.
	Ortografía	El diseño y referenciación de las figuras y tablas es correcto y existe un índice de las mismas.	El diseño y referenciación de las figuras y tablas es correcto y existe un índice de las mismas, aunque aparecen algunos errores en cualquiera de estos aspectos.	El diseño y referenciación de las figuras y tablas es correcto, pero aparecen errores frecuentes o significativos en cualquiera de estos aspectos.	El diseño y referenciación de las figuras y tablas es incorrecto.
		El documento no presenta faltas de ortografía ni erratas.	El documento no presenta faltas graves de ortografía ni faltas de acentuación o faltas leves. Hay pocas erratas.	El documento presenta menos de 3 faltas graves de ortografía (b/v, g/j, h) o menos de 10 faltas de acentuación o faltas leves. Hay algunas erratas.	El documento presenta más de 3 faltas graves de ortografía (b/v, g/j, h) o 10 faltas de acentuación o faltas leves. Hay muchas erratas.

1.2. Contenido 40%	**Finalidad y justificación**	-Proyecto: debidamente justificado. -Los objetivos: claros, coherentes y viables. Se abordan todos ellos en el trabajo.	-Proyecto: debidamente justificado. -Objetivos: con ligeros problemas de claridad, coherencia o viabilidad. Discrepancia entre éstos y lo abordado en el trabajo.	Proyecto: no debidamente justificado. -Objetivos: problemas de claridad, coherencia y viabilidad, así como incoherencia con el resto del trabajo.	-Proyecto sin justificación. -Sin objetivos o con fuertes problemas de claridad, viabilidad y coherencia.
	Marco teórico	-Fuentes legítimas y fiables, preferiblemente primarias. -Coherencia con el propósito del proyecto. Buen conocimiento del tema.	-Fuentes legítimas y fiables, preferiblemente primarias. -Coherentes con el propósito del proyecto. Lagunas en su aportación al conocimiento del estudio.	-Insuficientes fuentes legítimas y fiables, con abuso de secundarias. -No aportan una buena comprensión del tema en estudio.	-Insuficientes fuentes o inexistentes. Plagios habituales. -Desconocimiento de la realidad en el tema de estudio.
	Metodología	-Metodología, diseño y plan de trabajo adecuados a los propósitos planteados. -Buena justificación de su elección.	-Metodología, diseño y plan de trabajo adecuados, pero precisan aclaraciones posteriores o presentan algunas lagunas. -Justificación de elección adecuada.	-Metodología, diseño y plan de trabajo mencionados brevemente, con lagunas habituales. -Justificación poco clara.	-No hay metodología, diseño y plan de trabajo o es inadecuado para los propósitos del trabajo.
	Argumentación	-Ideas: fluidas, lógicas, conectadas entre sí, centradas en los objetivos. -Argumentación: de fácil seguimiento.	-Ideas: fluidas, lógicas, conectadas entre sí y centradas en los objetivos del trabajo. Ocasionalmente con redundancias. -Argumentación: presenta algún problema.	-Ideas: de manera lógica, pero con falta de fluidez, a veces sin conectar entre ellas. -Argumentación: problemas habituales para seguirla.	-Ideas: desorganizadas y habitualmente no guardan relación entre sí. -Argumentación: no se identifica una línea de razonamiento.
	Conclusiones	-Fuerte y clara relación con los objetivos del trabajo. -Derivan de las evidencias aportadas y de la madura reflexión por parte del estudiante.	-Relacionadas con los objetivos del trabajo. -Derivan de las evidencias aportadas, pero alguna de ellas carece de un análisis o reflexión en profundidad.	-Poco relacionadas con los objetivos del trabajo. -Algunas no se apoyan en evidencias. La reflexión aportada es demasiado simple o no existe.	No guardan ninguna relación con los objetivos del PAT. -No se presentan conclusiones.
		-Contribuyen a la mejor comprensión del proyecto y aportan evidencias.	-Contribuyen a la mejor comprensión del proyecto y aportan evidencias.	-Son pertinentes en su mayoría. Algunos fallos en su organización y en las referencias en el texto.	-No se relacionan con las evidencias en el cuerpo del trabajo y/o no se referencian en el texto.
1.3. Relevancia 25%	**Utilidad**	Trabajo muy útil para la educación o el contexto concreto, aportando evidencias que lo demuestran.	Trabajo útil para la educación o el contexto concreto, aunque no hay evidencias de ello.	Hace aportaciones muy superficiales al contexto del trabajo o resulta ligeramente útil para la educación.	No se encuentra utilidad educativa ni contextual en el trabajo.
	Viabilidad	Evidencias claras y demostradas de la viabilidad del trabajo.	Se percibe gran viabilidad del trabajo, aunque no se presentan evidencias documentales claras de ello.	La viabilidad del trabajo es suficiente, tanto si presentan o no evidencias.	No se considera viable el trabajo.
	Innovación	Las aportaciones del trabajo son novedosas y creativas en el contexto del trabajo y para la educación en general.	Las novedades que aporta son interesantes en el contexto del trabajo, aunque no tanto para el ámbito general educativo.	Presenta algunos cambios y novedades permitentes para el objeto del trabajo.	El trabajo no aporta ninguna novedad en sus resultados o en la propuesta educativa.

CAPÍTULO 20

Evaluación Formativa y Compartida durante el proceso de elaboración y desarrollo de los Trabajos de Fin de Grado

Carla Fernández-Garcimartín y Teresa Fuentes-Nieto

Facultad de Educación de Segovia (Universidad de Valladolid)

Introducción. Los trabajos de fin de Grado

En el año 1999, diferentes países de la Unión Europea crearon el "Plan Bolonia". Dentro del mismo, se estableció el denominado Espacio Europeo de Educación Superior (EEES) con el objetivo de aumentar la compatibilidad entre los sistemas de educación superior europeos, respetando la diversidad de cada uno (Vidal, 2012). El Real Decreto 1293/2007 establece la ordenación de las enseñanzas universitarias oficiales. En él se expone que todos los estudios superiores de grado se concluirán con la elaboración de un "Trabajo de Fin de Grado" (TFG). Este Real Decreto permite que las universidades elaboren sus propios criterios de desarrollo y evaluación de los TFG.

Molina et al. (2020) definen el TFG como un trabajo que realizan los alumnos en la última fase de su plan de estudios, suponiendo entre 6 y 30 créditos denominados "European Credit Transder System" (Sistema Europeo de Transferencia de Créditos) (ECTS), según la universidad. El alumno cuenta con un tutor para su elaboración y para orientarle a lo largo del desarrollo del TFG, tratando que el alumno cumpla los objetivos del mismo (Sancho-Esper, 2018).

Evaluación de los Trabajos de Fin de Grado

El tutor es la figura que está presente en el proceso de elaboración y desarrollo del TFG. Por otro lado, se encuentra el tribunal de evaluación, que se encarga del proceso de evaluación y calificación de los trabajos. En este sentido, Vicario-Molina et al. (2020) exponen que el tutor es la figura que orienta al alumno en la correcta elaboración y consecución de aprendizaje a lo largo del desarrollo del trabajo y, por otro lado, el tribunal de evaluación valora y califica tanto el documento final escrito como la presentación oral del TFG.

Vicario-Molina et al. (2020) defienden que en el TFG se debe evaluar el nivel de adquisición de las competencias de su titulación. Por el contrario, Medina et al. (2020) aclaran que los TFG contribuyen al logro de dichas competencias, lo cual no significa que en él se deban mostrar todas las competencias adquiridas a lo largo de la titulación.

Según Jawitz et al. (2002), para la elaboración y evaluación de los TFG se deben seguir unos criterios concretos. En este sentido, Sharef et al. (2014) y Sánchez et al. (2014) comparten la idea de que el instrumento que permite evaluar los TFG con criterios objetivos y cerrados son las rúbricas.

Las rúbricas como instrumentos de Evaluación Formativa de los Trabajos de Fin de Grado

Apenas se encuentra bibliografía sobre las rúbricas como instrumento de evaluación de los TFG en educación superior y, menos aún, dentro de la Formación Inicial del Profesorado. Panadero y Alonso-Tapia (2017) y Santos et al. (2012) añaden que el uso de las rúbricas para la evaluación de tareas de aprendizaje debe realizarse desde el principio de las mismas y de manera transparente. Así, el alumno conocerá con precisión los criterios y los niveles de logro que le permitirán realizar correctamente la tarea.

El trabajo con las rúbricas de evaluación desde el principio permite dar un uso formativo al proceso de elaboración del TFG. Black & William (2009) exponen que tanto el tutor como el alumno deberán analizar los criterios de evaluación y trabajar con los instrumentos de evaluación para mejorar en el desarrollo del proceso de aprendizaje; siempre que las rúbricas se utilicen correctamente. Para llevar a cabo este proceso formativo, varios trabajos dan una gran importancia al *feedback* (Medina et al. 2020, Rodríguez-Gómez et al., 2016). En este sentido, Panadero & Jonsson (2013) añaden que para que el uso de la rúbrica sirva como aprendizaje para el alumno, el tutor deberá dar información constante al alumno sobre su proceso de aprendizaje y así orientarlo sobre cómo se va a evaluar y calificar el trabajo.

Contexto

En el año 2015, algunos profesores de la Facultad de Educación de Segovia se organizaron para debatir sobre el proceso de evaluación de los TFG. Querían generar unos instrumentos de evaluación que ofrecieran homogeneidad al proceso. Para ello, crearon tres instrumentos analíticos, que se continúan utilizando en la actualidad:

a) Informe del tutor: lo completa el tutor y valora aspectos relacionados con el proceso de elaboración el TFG y el aprendizaje y evolución del alumno. No tiene peso en la calificación.

b) Rúbrica 1. Documento escrito: la completan los miembros del tribunal de evaluación. Evalúa aspectos relacionados con la calidad del documento final. Tiene un 80% de la calificación final.

c) Rúbrica 2. Exposición oral: la rellenan los miembros del tribunal de evaluación tras la exposición y defensa oral del alumno de su TFG. Tiene un 20% de peso en la calificación final.

En cada instrumento se detalla cada criterio de evaluación y se organizan en cuatro niveles de valoración cualitativos (ver anexo 1).

Aplicación de un sistema de Evaluación Formativa y Compartida para la elaboración de los TFG

Inicialmente los instrumentos se crearon para realizar una evaluación sumativa y final del trabajo; pero también puede utilizarse con un enfoque claramente formativo. A continuación, planteamos un protocolo para desarrollar su uso formativo a lo largo del proceso de elaboración del TFG. Tanto la rúbrica 1 como la 2 se pueden utilizar durante todo el proceso de elaboración del trabajo. El informe del tutor no se utiliza en el proceso de elaboración del TFG con el alumno.

Protocolo para la tutorización de los TFG utilizando un sistema de Evaluación Formativa y Compartida

1. El tutor facilita de forma directa y explícita las rúbricas 1 y 2 a sus alumnos de TFG. Les indica que analicen cada ítem, corroborando su comprensión, y les explica cómo van a utilizarlas a lo largo del proceso. En esta primera tutoría se debe que trabajar la importancia que tiene el proceso de Evaluación Formativa y Compartida (EFyC) que se seguirá durante la elaboración del trabajo. Se debe concienciar de la importancia de reflexionar sobre su propio aprendizaje. Aquí se deben mostrar de manera clara y transparente los procedimientos y criterios de evaluación que seguirá su TFG; si hubiera dudas, se resuelven a lo largo del proceso.
2. Fijar un mínimo de 2 entregas obligatorias (fechas aproximadas) a lo largo del curso, donde el alumno tiene que hacer obligatoriamente un proceso de autoevaluación usando la rúbrica del documento final (rúbrica 1).
3. Tras revisar el borrador de TFG entregado, el tutor revisa la autoevaluación del alumno (rúbrica 1) y añade en otro color su valoración sobre la calidad que observa en cada apartado, en la misma rúbrica; de forma que se puedan comprobar las dos valoraciones juntas. En una tutoría posterior se revisa la rúbrica entre los dos y aclaran los aspectos en los que no hayan coincidido, de forma que el alumno pueda tener una información más detallada y razonada de cómo va el trabajo. Se trata de un proceso de evaluación compartida. Este procedimiento con la rúbrica 1 se mantendrá a lo largo de cada entrega de borradores del TFG, bien por apartados, o como marque cada tutor.

   Siguiendo este procedimiento de trabajo, las propias tutorías serían formativas. El *feedback* y el seguimiento continuo que el tutor da al alumno trabajando con los instrumentos de evaluación permite que el alumno: (1) sea consciente de cómo evoluciona su TFG; (2) reconozca la evolución de su proceso de aprendizaje elaborando el trabajo; (3) sepa cómo puede mejorar y/o en qué aspectos del TFG necesita más trabajo.
4. Cuando el alumno entrega la versión final del TFG al tutor, para que dé visto bueno, añade también la rúbrica 1 con su autoevaluación final. El tutor debe revisar dicha autoevaluación, por si tuviera que aclarar algún aspecto con el alumno.

Principales ventajas encontradas

El alumno conoce los instrumentos desde que comienza a realizar el TFG. Si el alumno conoce desde el principio lo que se le va a valorar, podrá reflexionar sobre ello, comprender lo que se le pide con la tarea y autoevaluarse de manera eficaz a lo largo del proceso. Este proceso se le denomina *feedforward.* Hattie & Timperley (2007) afirman que el *feedforward* permite mejorar la tarea a realizar de cara al futuro; además, ayuda a que el alumno se autorregule de manera más eficaz, y le ayuda a reconocer qué aspectos del aprendizaje comprende y cuáles no. Se pueden aprovechar estas autoevaluaciones para contrastar con el tutor su evolución a lo largo del proceso de elaboración del TFG. En caso de que las valoraciones del alumno y del profesor no coincidan, esto permite que el tutor realice un análisis profundo con el alumno de los criterios de evaluación y de su aplicación en el texto concreto de su TFG. Por tanto, genera una oportunidad de aprendizaje a partir del diálogo y de compartir diferentes puntos de vista.

La facultad permite consultar y trabajar de manera transparente con los instrumentos de evaluación del TFG. El tutor puede aprovechar esa transparencia para trabajar de manera formativa con su alumno, utilizando los instrumentos de evaluación desde el primer momento. Esta trasparencia le permitirá al alumno formar parte del proceso de evaluación y así mejorar a lo largo del proceso de enseñanza-aprendizaje.

Trabajar en base a un mismo instrumento durante todo el proceso de elaboración del TFG facilita que el tutor de *feedback* al alumno. Esta retroalimentación permite al alumno: (1) aprender durante todo el proceso de elaboración del TFG; (2) generar procesos de autorregulación en su propio aprendizaje; y (3) conocer la evolución real de su proceso de aprendizaje a través de las rúbricas trabajadas (las autoevaluadas y las evaluadas por su tutor).

Los alumnos que han seguido el protocolo creado con sus tutores han superado el TFG con buenas calificaciones (entre notable y sobresaliente).

Posibles problemas que se pueden dar en el sistema de EFyC y posibles soluciones

En la tabla 1 mostramos una serie de inconvenientes que pueden surgir aplicando este sistema de EFyC en el proceso de realización de los TFG:

Tabla 1. Debilidades del sistema de Evaluación Formativa en los TFG y posibles soluciones.

POSIBLES PROBLEMAS	POSIBLES SOLUCIONES
En general los alumnos olvidan o son reticentes a rellenar la rúbrica 1 como autoevaluación de cada entrega.	Explicar con claridad los beneficios de rellenar esta rúbrica al alumno (es la misma que usa la comisión de evaluación, ajustamos el TFG a los criterios concretos...).
No seguir el cronograma de entregas fijadas en las reuniones iniciales.	Este cronograma puede ser flexible, siempre y cuando se establezca comunicación continua entre el tutor y el alumno y se respete la tarea a realizar.

Conclusiones

Se ha planteado un posible sistema de EFyC para la elaboración de los TFG. El proceso de elaboración del TFG a través de este sistema conlleva un aprendizaje autónomo del alumno, donde los estudiantes pueden aprender de los instrumentos de evaluación y del proceso de elaboración del TFG con su tutor. Los resultados obtenidos muestran las siguientes ventajas de la utilización de este sistema: (1) el aporte de un *feedback* y un *feedforward* de calidad por parte del profesor común desde el inicio del proceso, basado en la utilización de un instrumento de evaluación, y (2) el alumno es más consciente de su nivel y calidad de su TFG de manera que puede mejorarlo de cara a la entrega final (a partir de la autoevaluación con los instrumentos).

Los posibles problemas de la utilización del sistema pueden ser: (1) no completar la rúbrica 1 como autoevaluación de cada entrega del TFG, ya que impide generar el proceso de autorregulación y mejora descrito anteriormente; (2) no cumplir con las entregas fijadas y, por tanto, se pierda la rutina de intercambio formativo en la realización y evaluación del trabajo. Estos problemas se podrían solventar fácilmente: (1) Explicando con claridad al alumno las ventajas que supone rellenar la rúbrica 1 a modo de autoevaluación, (2) planteando un calendario flexible de entregas.

Debido a la escasa bibliografía sobre Evaluación Formativa en el desarrollo de los TFG, esta propuesta puede ser útil para aquellas facultades que quieran aplicar procesos formativos en la tutorización de TFG. El protocolo de EFyC planteado es flexible y puede adaptarse a cualquier facultad, en función de las características que tenga su Guía docente de TFG.

Referencias bibliográficas

Black, P., & Wiliam, D. (2009). Developing the theory of formative assessment. *Educational Assessment, Evaluation and Accountability, 21*(1), 5. https://link.springer.com/article/10.1007/s11092-008-9068-5

Hattie, J., & Timperley, H. (2007). The power of feedback. *Review of educational research, 77*(1), 81-112. DOI: 10.3102/003465430298487

Jawitz, J., Shay, S., & Moore, R. (2002). Management and assessment of final year projects in engineering. *International Journal of Engineering Education, 18*(4), 472-478. https://cutt.ly/ZjkntN6

Medina, C. P., De la Iglesia Mayol, B., Gelabert, S. V., & Ramon, M. R. R. (2020). Diseño, aplicación y valoración del feedback formativo para la tutorización del TFG. *Magister, 32*(1), 1-8. DOI: 10.17811/msg.32.1.2020.1-8

Panadero, E., & Alonso-Tapia, J. (2017). Autoevaluación: connotaciones teóricas y prácticas. Cuándo ocurre, cómo se adquiere y qué hacer para potenciarla en nuestro alumnado. *Electronic Journal of Research in Education Psychology, 11*(30), 551-576. http://ojs.ual.es/ojs/index.php/EJREP/article/view/1568/0

Real Decreto 1393/2007, de 29 de octubre, por el que se establece la ordenación de las enseñanzas universitarias oficiales (BOE nº 260, de 30/10/2007). https://cutt.ly/Cg8AyS4

Rodríguez-Gómez, G., Quesada-Serra, V., & Ibarra-Sáiz, M. S. (2016). Learning-oriented e-assessment: the effects of a training and guidance programme on lecturers' perceptions. *Assessment & Evaluation in Higher Education, 41*(1), 35-52. DOI: 10.1080/02602938.2014.979132

Santos-Pastor, M.L., Castejón, F.J., & Martínez-Muñoz, L.F. (2012). La innovación docente en Evaluación Formativa y metodología participativa: un proyecto compartido a raíz de la implantación de los nuevos grados. *Psychology, Society & Education,*

4(1), 73- 86. http://ojs.ual.es/ojs/index.php/psye/article/view/482/460

Sharef, N., Hamdan, H., & Madzin, H. (2014). Innovation-enhanced rubrics assessment for final year projects. *Global Journal of Engineering Education, 16*(3), 129-135. http://www.wiete.com.au/journals/GJEE/Publish/vol16no3/05-Sharef-N.pdf

Vicario-Molina, I., Martín, E., Gómez, A., y González, L. (2020). Nuevos desafíos en la Educación Superior: análisis de resultados obtenidos y dificultades experimentadas en la realización del Trabajo de Fin de Grado de estudiantes de los Grados de Maestro de la Universidad de Salamanca. *Revista complutense de educación, 31*(2), 195-194. DOI: 10.5209/rced.62003

Vidal, C. (2012). El espacio europeo de educación superior y su implantación en las universidades españolas. *Revista catalana de dret públic, 44*, 253-283. http://revistes.eapc.gencat.cat/index.php/rcdp/issue/view/145

Anexos

Anexo I. Instrumentos de evaluación TFG de la Facultad de Educación de Segovia. Informe del tutor (TFG). Facultad de Educación de Segovia (Uva).

Estudiante: DNI:				Título del TFG:	
Tutor/a:					

1.1 Proceso de realización del TFG	A (Excelente)	B	C	D (Deficiente)	Valoración A – B- C- D
CONOCIMIENTO ESPECIALIZADO	Posee y comprende los conocimientos específicos y muchos de vanguardia del ámbito educativo concreto del TFG.	Posee y comprende los conocimientos básicos y algunos de vanguardia del ámbito educativo concreto del TFG.	Posee y comprende los conocimientos básicos del ámbito educativo concreto del TFG.	No posee ni comprende los conocimientos básicos del ámbito educativo concreto del TFG.	
APLICACIÓN DE CONOCIMIENTOS	Aplica sus conocimientos muy profesionalmente, elaborando y defendiendo argumentos propios y útiles para el ámbito del TFG.	Aplica sus conocimientos profesionalmente, elaborando y defendiendo argumentos propios y útiles para el ámbito del TFG.	Aplica sus conocimientos de manera básica, mostrándose poca utilidad para el ámbito del TFG.	No aplica sus conocimientos, mostrándose ninguna utilidad para el ámbito del TFG.	
RESOLUCIÓN DE PROBLEMAS	Anticipa y resuelve problemas propios del ámbito de estudio.	Resuelve bien los problemas, pero no es capaz de anticiparse a los mismos.	Anticipa los problemas, pero no los resuelve sin una ayuda muy dirigida.	No es capaz ni de anticipar ni de resolver problemas básicos que plantea la elaboración del trabajo.	
APRENDIZAJE AUTÓNOMO	Posee completa autonomía para emprender estudios posteriores y desempeñar su labor docente.	Posee bastantes habilidades de aprendizaje necesarias para emprender estudios posteriores con autonomía y desempeñar su labor docente.	Posee suficientes habilidades de aprendizaje necesarias para emprender estudios posteriores con cierta autonomía y desempeñar su labor docente.	No parece ser capaz de emprender estudios posteriores ni desempeñar la labor docente.	
GESTIÓN DE LA INFORMACIÓN	Reúne e interpreta datos relevantes de fuentes contrastadas para emitir juicios y reflexiones.	Reúne e interpreta datos relevantes para emitir juicios y reflexiones, aunque también incorpora información irrelevante o sin contrastar.	Reúne e interpreta datos, no todos relevantes y contrastados, para emitir juicios y reflexiones si bien el uso que hace de los mismos es limitado.	No organiza ni emplea adecuadamente la información empleada para la realización del trabajo.	
DELIMITACIÓN DEL PROBLEMA	Ha discutido con el tutor la orientación del trabajo al amparo de la temática asignada delimitando correctamente el problema y actuando en consecuencia.	Ha discutido con el tutor la mayor parte del trabajo al amparo de la temática asignada, delimitando el problema en estudio y actuando en consecuencia, con ligeras discrepancias entre los objetivos inicialmente marcados y el trabajo finalmente realizado.	Ha discutido con el tutor la mayor parte del trabajo al amparo de la temática asignada si bien la delimitación del problema, los objetivos marcados y las conclusiones no mantienen la coherencia esperada en función de los acuerdos establecidos.	No es capaz de plantear unas cuestiones de partida o problema de estudio o las conclusiones no están relacionadas con ellos.	

BUENAS PRÁCTICAS DE EVALUACIÓN FORMATIVA Y COMPARTIDA

INICIATIVA Y AUTONOMÍA	Ha llevado la iniciativa del trabajo en todo momento, proponiendo sus propios procedimientos y cronograma de trabajo.	Ha llevado la iniciativa habitualmente. Ha propuesto sus propios procedimientos si bien los tiempos han tenido que ser regulados por el tutor.	La iniciativa ha partido generalmente del tutor, pero no de forma absoluta.	Es completamente dependiente del tutor. Todo lo realizado ha sido fruto de la intervención del tutor.	
TOMA DE DECISIONES	Ha consensuado con el tutor todas las decisiones relevantes a tomar.	Ha consensuado la mayor parte de las decisiones relevantes.	Ha tomado algunas decisiones no consensuadas inicialmente con el tutor, pero sí se ha informado posteriormente con posibilidad de rectificación.	Las decisiones adoptadas no tenían el visto bueno del tutor.	
COORDINACIÓN	Ha coordinado sesiones de seguimiento periódicas ayudando a su planificación.	Ha coordinado sesiones de seguimiento periódicas dejando su planificación en manos del tutor.	Ha coordinado escasas sesiones de seguimiento periódicas participando poco en su planificación.	No ha mantenido sesiones de seguimiento con el tutor.	
ACTITUD	Ha mostrado una actitud positiva y participativa, considerando sugerencias y orientaciones.	Ha mostrado una actitud positiva moderadamente participativa, considerando sugerencias y orientaciones.	Ha mostrado una actitud positiva pero escasamente participativa, considerando sugerencias y orientaciones.	Ha mostrado una actitud negativa o no ha tomado en consideración ni sugerencias ni orientaciones.	
ÉTICA	Ha respetado los principios éticos de elaboración de trabajos académicos y de investigación/intervención educativa (peticiones de consentimiento informado, protección de datos, etc.).	Ha respetado los principios éticos de elaboración de trabajos académicos y de investigación o intervención educativa, con alguna pequeña deficiencia no intencional en este sentido.	Ha respetado los principios éticos de elaboración de trabajos académicos (con leves problemas iniciales de plagio*) y de investigación/intervención educativa con alguna pequeña deficiencia no intencional en este sentido.	No ha respetado los principios éticos de elaboración de trabajos académicos (en particular temas de plagio*) o de investigación o intervención educativa. **El trabajo no puede ser presentado.**	
OBSERVACIONES					

* Confirmo que el/la estudiante ha subido su TFG a la tarea Antiplagio del Campus Virtual y el resultado de su análisis no desprende problemas significativos de plagio.

Segovia, a __ de _______ de 20__
Fdo.: El tutor/la tutora

Rúbrica 1. Documento final TFG.

Estudiante:
Nombre del evaluador/a:
Título del TFG:

Observaciones:

	Ítem	**A** **Sobresaliente**	**B** **Notable**	**C** **Aprobado**	**D** **Insuficiente** **Sombreado** **implica trabajo** **no apto**	**Valoración** **A-B-C-D**	**Calificación** **evaluador**
2.1. ASPECTOS FORMALES (15% de la valoración total del TFG)	Citación de referencias (según APA)	Las citas y referencias se ajustan, sin errores, a lo dispuesto en la normativa del TFG (*Lo que no está recogido en lo publicado en el Campus Virtual no es penalizable).	Las citas y referencias se ajustan, con algunos errores poco relevantes, a lo dispuesto en la normativa del TFG (*Lo que no está recogido en lo publicado en el Campus Virtual no es penalizable).	Las citas y referencias se ajustan a lo dispuesto en la normativa del TFG (*Lo que no está recogido en lo publicado en el Campus Virtual no es penalizable).	Apenas emplea referencias y tienen errores graves o no se adecuan a la normativa de citación del TFG (publicado en el Campus Virtual). NO APTO		Valorar de 0 a 1,5 todo este apartado de manera global. No es necesario atribuir el mismo valor a todos los ítems.
	Formato y estructura (según guía del TFG)	El trabajo se ajusta a los requisitos formales establecidos en la guía del TFG, en cuanto a dimensiones, extensión, tipo de letra, márgenes, interlineados, títulos e inserción de imágenes, cuadros, gráficos y figuras.	El trabajo se ajusta a los requisitos formales establecidos en la guía del TFG, con algunos fallos poco significativos.	El trabajo se ajusta a los requisitos formales establecidos en la guía del TFG, con fallos significativos.	El trabajo no se ajusta a los requisitos formales establecidos en la guía del TFG. NO APTO		
	Redacción, sintaxis y léxico	La redacción del documento es clara y precisa, con una sintaxis sencilla y un discurso organizado y con cohesión.	La redacción del documento es clara y concreta, en líneas generales, con una sintaxis adecuada, aunque hay apartados que no cumplen este requisito.	La redacción del documento y la sintaxis empleada es claramente mejorable en cuanto a claridad y concreción (por ejemplo, con exceso de coloquialismos, frases muy largas y subordinadas).	La redacción del documento es incomprensible. NO APTO		
		Se utiliza un vocabulario adecuado al registro académico, propio del ámbito educativo y de la disciplina correspondiente.	Se utiliza un vocabulario adecuado, en términos generales, aunque se detectan incumplimientos ocasionales del requisito académico.	El vocabulario utilizado en el documento es claramente mejorable (por ejemplo, uso repetitivo de palabras o uso pobre del registro académico).	Se utiliza un vocabulario inadecuado, impropio del ámbito educativo, sin registro académico. NO APTO		
	Utilización de figuras y tablas	Todas las figuras y tablas aportan información relevante que clarifica lo afirmado en el texto.	No todas las figuras y tablas aportan información relevante.	Las figuras no aportan información relevante. Están bien diseñadas y cumplen las normas establecidas en la guía del TFG.	Las figuras no aportan información, están mal diseñadas y no cumplen las normas establecidas en guía del TFG		
		El diseño y referenciación de las figuras y tablas es correcto y existe un índice de las mismas.	El diseño y referenciación de las figuras y tablas es correcto, aunque aparecen algunos errores.	El diseño y referenciación de las figuras y tablas es correcto, pero aparecen errores frecuentes o significativos en cualquiera de estos aspectos.	El diseño y referenciación de las figuras y tablas es incorrecto.		
	Ortografía	El documento no presenta faltas de ortografía ni erratas.	El documento no presenta faltas graves de ortografía ni faltas de acentuación o faltas leves. Hay pocas erratas.	El documento presenta menos de 3 faltas graves de ortografía (b/v, g/j, h) o menos de 10 faltas de acentuación o faltas leves. Hay algunas erratas.	El documento presenta más de 3 faltas graves de ortografía (b/v, g/j, h) o 10 faltas de acentuación o faltas leves. Hay muchas erratas. NO APTO		

2.2. CONTENIDO (40% del total del TFG)	Finalidad y justificación	-Proyecto: debidamente justificado. -Los objetivos: claros, coherentes y viables. Se abordan todos ellos en el trabajo.	-Proyecto: debidamente justificado. -Objetivos: con ligeros problemas de claridad, coherencia o viabilidad. Discrepancia entre éstos y lo abordado en el trabajo.	-Proyecto: no debidamente justificado. -Objetivos: problemas de claridad, coherencia y viabilidad, así como incoherencia con el resto del trabajo.	-Proyecto sin justificación. -Sin objetivos o con fuertes problemas de claridad, viabilidad y coherencia.		Valorar de 0 a 4 todo este apartado de manera global. No es necesario atribuir el mismo valor a todos los ítems.
	Marco teórico	-Fuentes legítimas y fiables, preferiblemente primarias. -Coherencia con el propósito del proyecto. Buen conocimiento del tema.	-Fuentes legítimas y fiables, preferiblemente primarias. -Coherentes con el propósito del proyecto. Lagunas en su aportación al conocimiento del estudio.	-Insuficientes fuentes legítimas y fiables, con abuso de secundarias. -No aportan una buena comprensión del tema en estudio.	-Insuficientes fuentes o inexistentes. Plagios habituales. -Desconocimiento de la realidad en el tema de estudio.		
	Metodología	-Metodología, diseño y plan de trabajo adecuados a los propósitos planteados -Buena justificación de su elección.	-Metodología, diseño y plan de trabajo adecuados pero precisan aclaraciones posteriores o presentan algunas lagunas. -Justificación de elección adecuada.	-Metodología, diseño y plan de trabajo mencionados brevemente, con lagunas habituales. -Justificación poco clara.	-No hay metodología, diseño y plan de trabajo o es inadecuado para los propósitos del trabajo.		
	Argumentación	-Ideas: fluidas, lógicas, conectadas entre sí, centradas en los objetivos. -Argumentación: de fácil seguimiento.	-Ideas: fluidas, lógicas, conectadas entre sí y centradas en los objetivos del trabajo. Ocasionalmente con redundancias. -Argumentación: presenta algún problema.	-Ideas: de manera lógica, pero con falta de fluidez, a veces sin conectar entre ellas. -Argumentación: problemas habituales para seguirla.	-Ideas: desorganizadas y habitualmente no guardan relación entre sí. -Argumentación: no se identifica una línea de razonamiento.		
	Conclusiones	-Fuerte y clara relación con los objetivos del trabajo. -Derivan de las evidencias aportadas y de la madura reflexión por parte del estudiante.	-Relacionadas con los objetivos del trabajo. -Derivan de las evidencias aportadas, pero alguna de ellas carece de un análisis o reflexión en profundidad.	-Poco relacionadas con los objetivos del trabajo. -Algunas no se apoyan en evidencias. La reflexión aportada es demasiado simple o no existe.	-No guardan ninguna relación con los objetivos del TFG. -No se presentan conclusiones. NO APTO		
	Anexos	-Contribuyen a la mejor comprensión del proyecto y aportan evidencias.	-Son pertinentes en su mayoría. Algunos fallos en su organización y en las referencias en el texto.	-No se relacionan con las evidencias en el cuerpo del trabajo y/o no se referencian en el texto.			
2.3. RELEVANCIA (25% TFG)	Utilidad	Trabajo muy útil para la educación o el contexto concreto, aportando evidencias que lo demuestran.	Trabajo útil para la educación o el contexto concreto, aunque no hay evidencias de ello.	Hace aportaciones muy superficiales al contexto del trabajo o resulta ligeramente útil para la educación.	No se encuentra utilidad educativa ni contextual en el trabajo. NO APTO		Valorar de 0 a 2,5 todo este apartado de manera global.
	Viabilidad	Evidencias claras y demostradas de la viabilidad del trabajo.	Se percibe gran viabilidad del trabajo, aunque no se presentan evidencias documentales claras de ello.	La viabilidad del trabajo es suficiente, tanto si presentan o no evidencias.	No se considera viable el trabajo. NO APTO		
	Innovación	Las aportaciones del trabajo son novedosas y creativas en el contexto del trabajo y para la educación en general.	Las novedades que aporta son interesantes en el contexto del trabajo, aunque no tanto para el ámbito general educativo.	Presenta algunos cambios y novedades permitentes para el objeto del trabajo.	El trabajo no aporta ninguna novedad en sus resultados o en la propuesta educativa.		
					Subtotal calificación del documento:		

Fdo.: El evaluador/la evaluadora

Segovia, _____ de ____________ de 20_

Rúbrica 2. Presentación oral TFG.

Estudiante: Nombre del evaluador/a: Título del TFG:							
Observaciones:							
	Ítem	**A** Sobresaliente	**B** Notable	**C** Aprobado	**D** **Insuficiente** *Sombreado implica* *trabajo no apto*	**Valoración** **A-B-C-D**	**Calificación** **evaluador**
3.1. EXPOSI-CIÓN (20%)	**Claridad oral y fluidez**	Excelente, sin leer ningún documento. Comunicación verbal y no verbal eficaz y rica en recursos.	Expone bien su trabajo. Comunicación verbal y no verbal adecuada.	Expone el trabajo con dificultades y usa soporte escrito. Su comunicación verbal y no verbal es limitada.	No se entiende su exposición. Usa explicaciones muy vagas e inconexas o lee toda su presentación. NO APTO		Calificar de 0 a 2 de manera global. No es necesario atribuir el mismo valor a todos los ítems.
	Recursos de apoyo (soporte, materiales...)	Novedoso, excelente y original. El formato es coherente para exponer el trabajo. Usa recursos que ayudan a la comprensión.	Bastante adecuado. El formato es coherente para exponer el trabajo. Usa recursos que ayudan a la comprensión.	El formato es coherente, pero es insuficiente para su comprensión.	Formato incoherente con el tema o ausencia de soporte necesario.		
	Capacidad de síntesis y gestión del tiempo	- Presenta los aspectos fundamentales de su trabajo. - Distribuye el tiempo disponible adecuadamente.	- Presenta los aspectos fundamentales de su trabajo. - No distribuye el tiempo disponible adecuadamente.	- Falta algún aspecto fundamental de su trabajo. - No distribuye el tiempo disponible adecuadamente.	No presenta varios aspectos fundamentales de su trabajo.		
	Defensa de las cuestiones planteadas por la comisión de evaluación	Muestra comprensión y control del tema cuando responde a las preguntas que le formulan. Responde de forma clara y concisa. Se responsabiliza de los posibles errores de su trabajo.	Muestra comprensión y control del tema, pero cuando responde a las preguntas, lo hace de forma poco concisa. Se responsabiliza de los errores de su trabajo.	Responde a las preguntas, aunque muestra carencias en la comprensión y control del tema. No responde de forma clara y concisa. Se responsabiliza de los errores de su trabajo.	Es incapaz de dar una respuesta coherente a las preguntas. No se responsabiliza de los errores de su trabajo. NO APTO		

Fdo.: el o los evaluadores de la Comisión

Segovia, _____ de ___________ de 20__

—BLOQUE 3—

Notas finales. Revisión de la actividad del seminario internivelar

CAPÍTULO 21

Reflexiones finales del Seminario de Formación Permanente del Profesorado sobre Evaluación Formativa y Compartida

Miriam Sonlleva Velasco, Cristina Pascual-Arias y Víctor M. López-Pastor

Facultad de Educación de Segovia (Universidad de Valladolid)

Introducción

La finalidad de este capítulo es presentar una panorámica de conjunto sobre el trabajo que se lleva realizando en el seminario desde su comienzo hace 4 cursos, así como las lecciones aprendidas por los participantes a lo largo de este proceso formativo y las líneas que marcarán nuestra trayectoria en los próximos cursos académicos.

Con estas líneas finales tratamos de analizar los beneficios de la formación permanente ofrecida en el seminario internivelar de EFyC y la importancia del trabajo colaborativo para la mejora de la práctica educativa.

Repaso de las líneas de intervención

Mencionábamos al comienzo de este libro, que el seminario tiene fundamentalmente dos líneas de intervención: (a) la realización de un conjunto de actividades formativas dirigidas a mejorar la preparación científica, pedagógica, didáctica y profesional del profesorado de todos los niveles educativos; y (b) la transferencia recíproca de conocimiento entre la escuela y la universidad.

a) *Actividades formativas dirigidas a la mejora de la preparación del profesorado*

Avanzando en la primera de estas líneas, hay que destacar el papel del seminario como núcleo de aprendizaje. Desde el año 2017, profesionales en activo de distintos niveles educativos nos reunimos de forma periódica, una vez al mes, para compartir nuestras experiencias y prácticas en torno a la evaluación.

Las personas que participamos en el seminario hemos aprendido en este tiempo no solo la importancia que tiene repensar nuestras prácticas de evaluación para optimizar el proceso de enseñanza-aprendizaje desde una perspectiva humanizadora (López, 2009), sino el valor que tiene compartir la experiencia sobre estas prácticas en un espacio de diálogo y reflexión con otros compañeros de profesión. En este sentido, el aprendizaje dialógico ha sido clave, pues nos ha ofrecido la posibilidad de discutir, compartir dudas e inquietudes y resolver problemáticas que se presentan en nuestra práctica diaria en EFyC.

El seminario se basa en una metodología de Investigación-Acción, que va desarrollando sus ciclos y espirales a través de las habituales fases: (a) plan: programación de nuestros sistemas de evaluación; (b) acción: puesta en práctica, cada profesor en su aula; (c) observación: observación y recogida de datos sobre lo que acontece durante el proceso; y (d) análisis: análisis individual y colectivo sobre los datos recogidos y las aciertos y errores de cada propuesta.

Estas fases son realizadas por cada profesor de forma individual y puestas en común y analizadas colectivamente entre todos en las reuniones grupales, que se celebran una vez al mes. Precisamente es esa reflexión grupal sobre las experiencias personales uno de los momentos más importantes para desarrollar una formación permanente en competencias docentes vinculadas a la EFyC. Recibir orientaciones y propuestas de mejora por parte de los compañeros, analizar las diferencias que aparecen en los sistemas de evaluación, reflexionar sobre casos concretos y regular nuestra práctica son acciones enriquecedoras para mejorar nuestra experiencia (Pascual-Arias, López-Pastor y Hamodi, 2019).

El apoyo mutuo, la implicación de los participantes en el aprendizaje de grupo y las relaciones que se han establecido entre los profesionales en este periodo, han permitido crear una red interdisciplinar de docentes que trabajamos juntos en la búsqueda de prácticas innovadoras y de calidad en EFyC. Entre las ventajas que se derivan de esta colaboración docente destacamos: (a) la motivación que supone para los participantes el contar con profesionales de distintos niveles que le acompañan en el proceso de cambio de su práctica de evaluación; (b) la mejora de su desarrollo profesional y su capacidad crítica; y (c) el aumento de su autonomía profesional.

Hasta el momento, en el seminario han participado 24 docentes interesados por esta forma de trabajo (Tabla 1). La mayoría de los participantes pertenecen a los niveles de enseñanza primaria y universitaria, aunque también hay profesorado de Educación Infantil y Educación Secundaria. Los docentes se han unido a esta actividad formativa gracias al contacto con los coordinadores y con los participantes de cursos anteriores. Entre los motivos que los profesionales aluden para participar en esta formación permanente se encuentran la necesidad de mejorar su práctica educativa y la búsqueda de un modelo de evaluación democrática y participativa.

En los últimos años, la presencia de estudiantes de la Facultad de Educación ha ido en aumento, contando en el presente curso con cinco maestros en formación. Su participación en el seminario viene motivada por su interés en profundizar en la temática de la Evaluación Formativa y Compartida.

Los maestros de Educación Infantil y los profesores de Educación Secundaria que participan en la experiencia representan casi la mitad del grupo. La otra mitad de profesionales somos docentes universitarios.

Tabla 1. Tipología de participantes del seminario entre los cursos 2017/2018 y 2020/2021.

		Curso 2017/2018	Curso 2018/2019	Curso 2019/2020	Curso 2020/2021
Docentes	E. I	1	2	1	1
	E. P	4	4	8	7
	ESO-FP-Esp.	2	1	0	1
	Universidad	8	9	9	10
	TOTAL	**15**	**16**	**18**	**19**
Alumnos afectados	EI	14	40	16	16
	EP	97	118	203	101
	ESO-FP	38	38	0	30
	Universidad	185	190	90	151
	TOTAL	**334**	**386**	**309**	**298**

b) *Transferencia recíproca de conocimiento entre universidad y escuela*

En cuanto a la segunda de las líneas, que complementa el trabajo del seminario y se asienta principalmente en la formación inicial del profesorado, se han promovido experiencias formativas relacionadas con la evaluación gracias a la elaboración de Proyectos de Aprendizaje Tutorado (PAT). Estas prácticas grupales que se realizan desde el marco concreto de diferentes asignaturas de la facultad, en coordinación con los colegios, favorecen la planificación de proyectos de enseñanza-aprendizaje por parte de los docentes en formación y su posterior puesta en práctica, haciéndoles conscientes de la importancia de la evaluación en todo este proceso. Desde esta perspectiva son más de 200 los estudiantes que se han beneficiado del conocimiento y la puesta en práctica de sistemas de EFyC en su formación inicial cada año.

Además, el periodo de prácticas profesionales también ha sido clave para favorecer esta reflexión sobre la importancia de la evaluación entre nuestros estudiantes. Desde una práctica de programación individual, se trata de hacer consciente al futuro enseñante de la importancia de adquirir competencias respecto a los procesos de evaluación y el valor que tienen estos para asentar cualquier proceso de enseñanza-aprendizaje. En este sentido, es importante resaltar que algunos de los maestros que participan en el seminario han sido tutores de prácticas de los estudiantes universitarios a lo largo de estos años, permitiendo afianzar conocimientos y prácticas sobre la evaluación aprendidos en el seminario.

Desde esta misma línea se ha puesto también el foco en los Trabajos Fin de Estudios (Grado y Máster –TFG y TFM–) y el desarrollo de tesis doctorales. Hasta el momento se han defendido en la Facultad de Educación de Segovia ocho TFG y un TFM de estudiantes que participan en el seminario. Además, ya se han defendido cuatro tesis doctorales directamente ligadas con la temática de la EFyC y actualmente se están desarrollando tres tesis doctorales más vinculadas con la EFyC en la Formación Inicial y Permanente del Profesorado.

Lecciones aprendidas

A lo largo de los cuatro cursos que el grupo de trabajo lleva activo, los participantes hemos adquirido una serie de enseñanzas vinculadas con la aplicación de sistemas de EFyC en el aula y con el propio trabajo en grupo a través de la Investigación-Acción.

a) *Aprendizajes en torno a los usos de sistemas de EFyC en el aula*

Instrumentos de evaluación

Uno de los principales focos de aprendizaje del seminario han sido los instrumentos de evaluación. En nuestros primeros encuentros, se detectaron lagunas conceptuales por parte de algunos participantes en torno a la propia concepción del significado "instrumento de evaluación" y su tipología. Las sesiones iniciales de cada curso tratan de cubrir esas carencias a través de unas lecturas comunes (López-Pastor y Pérez-Pueyo, 2017) y una formación específica sobre el abanico de posibilidades que ofrecen los diferentes instrumentos de evaluación (listas de control, escalas graduadas, escalas numéricas, escalas verbales, escalas descriptivas (rúbricas), fichas de auto-evaluación, etc.) y las ventajas y desventajas de cada uno de ellos. El manejo de un lenguaje común permite saber qué instrumentos son los más adecuados para la elaboración de nuestros sistemas de evaluación. La falta de precisión y el problema que genera la utilización de una terminología no homogénea, afectan directamente a la coherencia y transferibilidad del aprendizaje del alumnado (Pérez-Pueyo, Hortigüela y Gutiérrez-García, 2017).

Esta formación conceptual nos permitió empezar a plantearnos nuevas formas de evaluar. Sin embargo, desde el comienzo advertimos que no se trataba simplemente de introducir nuevos instrumentos de evaluación en nuestra práctica docente, sino de transformar esa práctica hacia modelos participativos y activos.

El tercer paso fue el diseño de nuestros sistemas de evaluación. En este sentido, hemos aprendido que cada sistema de evaluación debe ser construido de acuerdo con el contexto del que parte y de los objetivos que cada docente se plantea en su propuesta docente. No existen "fórmulas mágicas" para conseguir este objetivo, pero sí buenas prácticas de otros docentes que nos permiten tener un punto de referencia para planificar nuestros sistemas de evaluación.

A pesar de que cada instrumento de evaluación exige atender a una serie de criterios específicos en su diseño, podemos tener en cuenta algunos aspectos generales para la creación de instrumentos, como son:

- Redactar los objetivos de aprendizaje que se pretenden alcanzar.
- Seleccionar dentro de cada actividad de aprendizaje los aspectos que queremos evaluar.
- Definir los indicadores de logro.
- Elegir el instrumento de acuerdo con la técnica de evaluación a utilizar.
- Aplicar el instrumento de forma experimental antes de utilizarlo, para comprobar su idoneidad y corregir posibles errores.

 Buenas prácticas de Evaluación Formativa y Compartida

- Evaluar el diseño de cada instrumento después de su uso e ir realizando las mejoras que sean necesarias curso a curso.

Técnicas de evaluación

Como mencionábamos, un factor clave en esta programación de experiencias es la asociación de técnicas de evaluación con instrumentos. Las pruebas específicas (exámenes) y las valoraciones de las producciones del alumnado eran las técnicas más utilizadas por los participantes al comienzo de la experiencia formativa. Los debates en el seminario nos enseñaron que estas técnicas son limitadas para evaluar conocimientos y competencias complejas, además de no reflejar con corrección los aprendizajes realizados diariamente en el aula (López-Pastor, 2008).

El uso de estas técnicas más participativas, nos permite conocer información de relevancia que generalmente no ha sido utilizada para la evaluación de los estudiantes, como la expresión oral, la capacidad de trabajar en grupo, la motivación por el aprendizaje, la situación individual del alumno dentro del grupo aula o la capacidad de respuesta ante situaciones inmediatas. Tener en cuenta todos estos aspectos enriquece el conocimiento que tenemos del estudiante y nos ayuda a realizar una evaluación más real, auténtica y justa.

Feedback

La planificación de actividades de evaluación nos sirvió para darnos cuenta de la importancia que tiene el *feedback* dentro de ellas; a partir de esta temática surgieron algunas preguntas que hemos ido debatiendo en el seminario.

¿Por qué es importante ofrecer *feedback* a nuestros estudiantes? La retroalimentación ayuda a mejorar los logros educativos, clarifica las expectativas y los estándares de aprendizaje y mejora la autorregulación (Brooks et al., 2019). El *feedback* es un elemento clave en cualquier proceso de EFyC y no solo ofrece al estudiante una información sobre su proceso de aprendizaje, sino que le ayuda a orientar sus esfuerzos hacia la mejora, favoreciendo la autonomía y evitando la falta de motivación que promueve la mera calificación.

¿Cuándo debemos ofrecer *feedback*? El factor tiempo juega un papel importante y la retroalimentación debe ofrecerse inmediatamente después de realizar una tarea y tantas veces como sea posible a lo largo del proceso de aprendizaje. También es fundamental cuidar que ese *feedback* no solo se dé de forma individual, sino que se ofrezca durante ciertos momentos del aprendizaje de forma colectiva, permitiendo que el grupo tenga una visión de los aciertos y los errores cometidos y pueda corregirlos, desde un aprendizaje colaborativo y constructivo.

¿Quién debe dar ese *feedback*? En EFyC no es solo el docente el que aconseja y orienta. El uso de metodologías activas y participativas permite que los estudiantes puedan dar valoraciones sistemáticas tanto a su trabajo como al de los demás (Wanner y Palmer, 2018). Esta forma de entender la evaluación favorece que los estudiantes se comprometan con el trabajo personal y grupal. Además, conocer información sobre el propio proceso de aprendizaje que viene dada por parte de distintos sujetos mejora la percepción sobre lo aprendido y ayuda a ser más consciente de lo que falta por aprender.

¿Hacia dónde debe orientarse ese *feedback*? En nuestros debates comenzamos advirtiendo la importancia de centrar nuestro *feedback* sobre la tarea, dejando a un lado las notas numéricas y comprometiéndonos a ofrecer comentarios orales o escritos para favorecer el aprendizaje. Hemos aprendido que resulta fundamental tener en cuenta los objetivos planteados para la tarea y que el estudiante los conozca desde el comienzo. Además, se debe apostar en este sentido por un *feedback* orientado a la autorregulación, guiado por procesos de autoevaluación que permitan al alumnado regular sus tareas, controlar sus procesos mentales hacia las metas de aprendizaje y ser conscientes de sus aciertos y errores. Respondiendo a la pregunta que nos hacíamos al comienzo del párrafo, advertimos que este *feedback* debería orientarse, por un lado, hacia el presente, para comprender aciertos y errores del trabajo presentado; y, por otro lado, hacia el futuro, bien para volver a mejorar y presentar el trabajo realizado, bien adelantando desde el principio los criterios e instrumentos de evaluación, para que los alumnos puedan orientar correctamente sus trabajos.

¿Qué aspectos debemos tener en cuenta en nuestros comentarios hacia los estudiantes? Es importante realizar comentarios lo suficientemente descriptivos y claros para que el alumnado conozca lo que ha aprendido y lo que aún debe aprender. De este modo, el lenguaje se convierte en una herramienta indispensable para clarificar las metas de aprendizaje y generar un compromiso con los estudiantes para lograrlas. Además, resulta importante que la retroalimentación vaya dirigida hacia las cualidades del trabajo, hacia aquellos aspectos que sean susceptibles de cambio, y no hacia las características personales del alumno.

El paso de la Evaluación Formativa a la calificación

Nos guste o no, desde el primer curso de Educación Primaria hasta la universidad, al finalizar todo el proceso de aprendizaje hay que dar el salto entre 3-4 meses (o un curso) de EFyC a la obligada calificación.

En el seminario hemos aprendido la importancia de tener claro cómo dar este salto desde el diseño de los propios sistemas de evaluación a la calificación. Para ello, se deben tener en cuenta varios aspectos: (a) planificar criterios claros sobre la evaluación de cada actividad de aprendizaje planteada y asignar porcentajes; (b) hacer esos criterios y porcentajes públicos y consensuarlos con los estudiantes al comienzo del proceso, haciendo que el sistema sea trasparente y democrático; (c) ir acumulando datos sobre todos los productos generados por el alumnado y valorando los cambios que se van produciendo en el aprendizaje a lo largo del periodo; y, (d) recopilar y analizar esas evidencias al finalizar el periodo y realizar un juicio cualitativo y cuantitativo final para asignar la calificación con la escala utilizada en cada etapa educativa .

Nuestra forma de entender la evaluación tiene una relación directa con un modelo educativo democrático, dialógico y centrado en el estudiante. Avanzar hacia la formación de personas responsables exige voluntad y responsabilidad compartida respecto al aprendizaje, por ello, es necesario fomentar propuestas en las que los estudiantes participen en su proceso de evaluación (López-Pastor, 1999, 2009; López-Pastor y Pérez-Pueyo, 2017). Avanzando en este foco hemos aprendido que plantear procesos evaluativos que integren la auto-evaluación, la evaluación entre iguales, la evaluación compartida y la calificación dialogada permite que los estudiantes tomen conciencia de sus puntos fuertes y débiles y mejoren sus aprendizajes.

Generar dinámicas de reflexión, tanto a lo largo del proceso de aprendizaje como al finalizar el mismo, es clave para el estudiante y también para el docente, pues le permite tener un *feedback* rápido y detallado del proceso de aprendizaje del estudiante y concretar la evaluación.

Entre las ventajas que destacamos de esta participación por parte del alumnado se encuentran la mayor motivación e implicación en el aprendizaje, la autocrítica, la responsabilidad con su propio trabajo y la mejora del autoconcepto. El principal inconveniente se encuentra al comienzo de potenciar esa participación, momento que el alumnado la percibe como una carga de trabajo adicional y no siempre muestra rigor con la evaluación de sus compañeros. Sin embargo, la práctica de la participación de forma constante y recurrente en el aula demuestra que, aunque se trata de un proceso lento, los resultados merecen la pena.

EFyC y gestión del tiempo

En estos años hemos aprendido que llevar a cabo procesos de EFyC no significa saturar a los estudiantes con la realización de trabajos injustificados e innecesarios. Se trata de programar tareas significativas que ayuden al aprendizaje, dosificarlas en el tiempo y medir la carga de trabajo que suponen. La abundancia de actividades de aprendizaje redundantes y poco motivadoras no solo satura a los estudiantes, sino que produce un efecto boomerang que también repercute en su motivación. Resulta necesario planificar al comienzo del curso qué y cuántas actividades son necesarias en cada proceso de enseñanza/ aprendizaje, atendiendo al grupo de estudiantes y a la situación concreta del centro. Para ello, es bueno tener en cuenta algunos criterios como: duración de la asignatura, número de alumnos por aula, tipo y número de tareas demandadas, contexto, etc. (Hortigüela, Pérez-Pueyo y González-Calvo, 2019).

Para que las propuestas de EFyC sean viables y no saturen el horario laboral del docente, también podemos tener en cuenta algunas prácticas que permitan optimizar las correcciones y mejorar la gestión del tiempo. Entre ellas destacamos: la retroalimentación colectiva en determinados momentos del proceso de enseñanza/aprendizaje; la realización de actividades de evaluación entre iguales; hacer una selección de tareas a corregir; pedir a los estudiantes que señalen de forma expresa aquello que no entienden; o programar trabajos auto-evaluables a través de la creación de rúbricas específicas.

Evaluación y docencia on-line

La situación vivida por los participantes en los dos últimos cursos, propiciada por la crisis sanitaria de la COVID-19, también nos ha hecho reflexionar sobre la evaluación y la docencia online. El confinamiento por la pandemia ha obligado a adaptar nuestros sistemas de enseñanza a la educación a distancia, teniendo que hacer un sobreesfuerzo para lograr los objetivos planteados desde diferentes plataformas educativas. Desde el seminario hemos tomado esta tarea como una oportunidad de aprendizaje y hemos aprendido varias lecciones sobre la importancia de:

- Construir sistemas de evaluación lo suficientemente flexibles para que se adapten a cualquier tipo de imprevisto.
- Enseñar a nuestros estudiantes a manejar ambientes educativos virtuales.
- Hacer partícipe al alumnado y a las familias (en los primeros niveles) de los cambios en los sistemas de evaluación y construir con ellos alternativas adaptadas a las limitaciones formativas y personales.
- Favorecer experiencias evaluativas que pongan a los estudiantes en situaciones lo más similares posibles a un contexto real.
- Priorizar evidencias de desempeño, es decir, tareas que permitan generar productos realmente significativos y motivadores para los estudiantes.
- Cuidar que el *feedback* virtual sea suficientemente claro, preciso y constructivo y se ofrezca en un ambiente de confianza y apoyo.
- Promover la evaluación virtual de pequeñas tareas entre iguales, para evitar el aislamiento y la sensación de soledad.
- Favorecer espacios virtuales de grupo como chats o foros, para exponer dudas y retroalimentar el aprendizaje a distancia.
- Motivar procesos de autorreflexión periódicos por parte del docente, que nos hagan reflexionar respecto a dónde estamos y hacia dónde orientamos nuestro trabajo.

b) *Aprendizajes en grupo colaborativo a través de la I-A*

Investigar sobre la propia práctica docente a través de ciclos de I-A, nos ha hecho ser conscientes de los propios resultados de la enseñanza y de la importancia de elaborar una buena programación que se adapte a las necesidades del aula, motive el aprendizaje del alumno y nos ayude a crecer como profesionales.

La reflexión grupal sobre nuestros sistemas de evaluación nos ha permitido comprender la importancia de apostar por sistemas de EFyC desde edades tempranas y su valor para mejorar la enseñanza en todos los niveles educativos. Este trabajo colaborativo ha resultado beneficioso para la transferencia de conocimiento recíproco entre universidad y escuela. Los maestros han puesto en debate algunos problemas que surgen a la hora de evaluar en la escuela, como: el cumplimiento de los modelos de evaluación y criterios preestablecidos, la psicosis de las familias con la calificación, la resistencia de algunos compañeros de centro hacia formas de evaluar menos estandarizadas o la negativa de los centros hacia prácticas de evaluación en las que participen los propios escolares. Los docentes de niveles medios y superiores han comentado el problema inicial que genera entre los estudiantes la participación en los sistemas de evaluación (por la falta de costumbre), la obsesión que estos tienen por la nota y las dificultades que supone el salto de la evaluación a la calificación.

El debate de estas problemáticas ha visibilizado el arraigo que aún tienen en nuestros días las prácticas de evaluación-calificación tradicionales y la importancia de propiciar entre la comunidad educativa una conciencia crítica sobre el valor de la evaluación dentro del proceso de enseñanza/ aprendizaje.

Además, el conocimiento situado que aportan los maestros que participan en el seminario ayuda a que los docentes universitarios promuevan debates críticos con nuestros estudiantes de la Facultad en torno a estas problemáticas concretas. Que el alumnado debata y experimente durante la formación inicial con sistemas de EFyC es un objetivo clave para que los futuros maestros puedan poner este tipo de sistemas en práctica en su futuro profesional (López, 2017).

Asimismo, a los estudiantes de la facultad que participan en el proyecto les permite conocer de primera mano los problemas y dificultades a los que se enfrentan a diario los docentes en cuanto a la evaluación. Estas dinámicas les ayudan a conocer la realidad educativa que se presenta en las aulas, a veces tan alejada de la formación inicial (Barba, 2006).

Una mención especial merece también la transferencia de conocimiento entre los participantes del mismo nivel educativo. El seminario ha puesto en contacto a docentes del mismo nivel en distintos centros. Esta conexión ha favorecido no solo la posibilidad de compartir materiales e instrumentos relacionados con la evaluación, sino de reflexionar sobre sus propias experiencias, debatir problemas y buscar soluciones conjuntas. El análisis de las actas del seminario nos ayuda a ver cómo se han adaptado y puesto en práctica instrumentos creados por algunos participantes en contextos diversos, comentar las experiencias de las problemáticas que surgen en la práctica y buscar soluciones para la mejora de la misma.

Además, compartir experiencias en torno a la evaluación con otros profesionales nos ha hecho ser conscientes de la importancia de establecer criterios conjuntos sobre nuestra forma de evaluar y la importancia de que el alumnado sea consciente de los sistemas de EFyC que están viviendo y que sea partícipe de su proceso de aprendizaje. Asimismo, se ha visibilizado la importancia de evitar el aislamiento profesional al que se encuentra sometido este colectivo docente y el valor que aporta conformar una red de trabajo colaborativo vinculada con la práctica educativa.

Futuras líneas de trabajo

El seminario tiene como horizonte continuar apostando por procesos de I-A en EFyC a través de la programación, desarrollo y reflexión de prácticas en todos los niveles educativos. Además, tratamos de afianzar los aprendizajes adquiridos y ampliar nuestra red de actuación para seguir dando respuesta a las necesidades del colectivo docente en temas vinculados con la evaluación, con diversas propuestas que comentamos en las siguientes líneas.

Una de las propuestas más interesantes es ligar el grupo con las dinámicas de la red de EFyCE, a nivel nacional, una tarea que se lleva realizando desde el primer año de creación del PID y que consideramos que su práctica resulta ser beneficiosa para el aprendizaje de los participantes.

La participación de estudiantes de Grado en el seminario nos ha llevado a plantearnos también la posibilidad de programar un curso orientado a mejorar sus competencias en EFyC. Contar dentro del proyecto con profesionales de todas las etapas educativas que están llevando a cabo buenas prácticas de evaluación resulta provechoso para que los futuros docentes tomen ejemplo de sus experiencias y construyan, en sus programaciones, sistemas de evaluación coherentes con el nivel educativo sobre el que preparan sus oposiciones, asentados en prácticas ya consolidadas.

Unida a esta propuesta, consideramos también interesante plantear jornadas de intercambio de experiencias sobre buenas prácticas. Esta actividad ya se ha realizado en una ocasión con resultados positivos; por ello, nos planteamos continuar con la propuesta, que se encuentra dentro del proyecto. El fin de estos encuentros es poner en contacto a nivel local a docentes de distintos niveles educativos y centros para que puedan intercambiar experiencias sobre sistemas de evaluación y debatir sobre las mismas. Conocer el trabajo que están llevando a cabo otros compañeros y compartir materiales suele ser una tarea enriquecedora para aquellos docentes que estén interesados en mejorar su práctica.

Otra de las actuaciones que hemos previsto desde el grupo de trabajo, y que ya se lleva ofreciendo por parte de algunos miembros en los últimos años, es la formación permanente sobre EFyC en centros. A través de la demanda de formación por parte de los colegios se plantea ofrecer cursos y/o talleres de formación a maestros, en coordinación con el Centro de Formación del Profesorado e Innovación Educativa de Segovia, para mejorar sus competencias en la temática.

Por último, nos hemos planteado como tarea a corto plazo la difusión del conocimiento generado por los participantes en el seminario. En este sentido trazamos dos itinerarios: (a) participar en encuentros científicos y profesionales para compartir y debatir sobre las lecciones aprendidas en el seminario; y (b) elaborar un número monográfico en una revista sobre evaluación en entornos virtuales, que parte de los aprendizajes derivados de la situación sanitaria a las que nos estamos enfrentando en los últimos meses y supone una forma de ofrecer nuestra experiencia como posible guía para situaciones similares.

Conclusiones

Los resultados acumulados en el seminario internivelar de EFyC durante estos cuatro años, parecen mostrar que este tipo de experiencias de formación permanente ayudan a avanzar hacia modelos de evaluación más prácticos y situados. La apuesta por proyectos colaborativos, a través de experiencias vinculadas con la I-A, favorece el desarrollo profesional de los docentes, así como la superación de modelos tradicionales de evaluación-calificación.

A lo largo de estos cuatro años, hemos ido comprobando que la planificación y puesta en práctica de sistemas de EFyC, que se van perfeccionando gracias al debate dialógico, no solo redunda en la mejora de los resultados de los estudiantes y en su rendimiento académico, sino también en el propio desarrollo profesional de los docentes. La exposición de los aciertos y errores en su práctica evaluativa y la retroalimentación recibida por los compañeros, genera conciencia sobre la importancia de la evaluación dentro del sistema de enseñanza-aprendizaje y el valor de una evaluación justa y democrática.

La experiencia mostrada en este libro nos lleva a seguir apostando por sistemas de EFyC asentados en la práctica del aula; por espacios para que los docentes de distintos niveles educativos puedan compartir sus experiencias, dudas e inquietudes respecto a la evaluación; y por la difusión de buenas prácticas como ejemplos para facilitar recursos prácticos a otros compañeros interesados en llevar a cabo sistemas de EFyC en sus aulas.

Referencias bibliográficas

Barba, J. J. (2006). *Aprendiendo a ser maestro en una escuela unitaria. Vivencias, sensaciones y reflexiones en la primera oportunidad.* MCEP.

Brooks, C., Carroll, A. Gillies, R. M., & Hattie, J. (2019). A Matrix of Feedback for Learning. *Australian Journal of Teacher Education, 44* (4), 14-32.

Hortigüela Alcalá, D., Pérez-Pueyo, A., & González-Calvo, G. (2019). Pero... ¿a qué nos referimos realmente con la Evaluación Formativa y Compartida?: Confusiones habituales y reflexiones prácticas. *Revista Iberoamericana de Evaluación Educativa, 12*(1), 13-27.

López-Pastor, V. M. (2008). Desarrollando sistemas de Evaluación Formativa y Compartida en la docencia universitaria. Análisis de resultados de su puesta en práctica en la formación inicial del profesorado. *European Journal of Teacher Education, 31*(3), 293-311.

López-Pastor, V. M. (Coord.). (2009). *La Evaluación Formativa y Compartida en Educación Superior: propuestas, técnicas, instrumentos y experiencias.* Narcea.

López-Pastor, V. M. (2017). Evaluación Formativa y Compartida: evaluar para aprender y la implicación del alumnado en los procesos de evaluación y aprendizaje. En V. M. López-Pastor & A. Pérez-Pueyo, A. (Coords.). *Buenas prácticas docentes. Evaluación formativa y compartida en educación: Experiencias de éxito en todas las etapas educativas* (pp. 34-69). Universidad de León. Obtenido de: http://hdl.handle.net/10612/5999

Pascual-Arias, C., López-Pastor, V. M., & Hamodi, C. (2019). Proyecto de Innovación Docente (PID) y Seminario Permanente internivelar sobre Evaluación Formativa y Compartida. Transferencia de conocimiento entre universidad y escuela. *Revista de Innovación y Buenas Prácticas Docentes, 8,* 27-34.

Pérez-Pueyo, A., Hortigüela Alcalá, D., & Gutiérrez-García, C. (2017). Reflexión sobre la evaluación en la formación inicial del profesorado en España. En búsqueda de la concordancia entre dos mundos. *Infancia, Educación y Aprendizaje, 2*(2), 39-75.

Purcell, B. M. (2014). Use of Formative Classroom Assessment Techniques in a Project Management Course. *Journal of Case Studies in Accreditation and Assessment, 12* (1), 13-22.

Wanner, T. & Palmer, E. (2018). Formative Self-and Peer Assessment for Improved Student Learning: The Crucial Factors of Design, Teacher Participation and Feedback. *Assessment & Evaluation in Higher Education, 43* (7), 1032-1047.